Early Victorian Railway Excursions

Susan Major

ヴィクトリア朝英国の鉄道旅行史

スーザン・メジャー

白須清美 訳

原書房

ヴィクトリア朝英国の
鉄道旅行史

目次

謝辞

本書は、ヨーク大学および鉄道博物館鉄道論研究所での博士課程の研究を基にしている。その地理的な範囲を拡大できたのは、ひとえに大英図書館19世紀新聞オンラインのおかげである。研究を始めてまもなく、この素晴らしいリソースが開発されたことは、わたしにとって幸運だった。

指導教員であるバーバラ・シュムキ博士には、このテーマに関する6年間の研究で尽きることのない助力をいただいたことに、特にお礼を申し上げたい。コリン・ディヴァル教授（ヨーク大学）とジョン・ウォルトン（イケバスク研究教授）からのアドバイスと意見にも、特に助けられた。ほかにもマーク・ルードハウス博士（ヨーク大学）とヒロキ・シン博士（現マンチェスター大学）から有益な意見やアイデアをいただいた。国立鉄道博物館検索エンジンアーカイブのスタッフは、周遊旅行のチラシなどの稀少《きしょう》なコレクションの利用を許可してくれた。これは何より役に立った。アンドレア・ノウルズ、モーリス・ハンドリー、ジャネット・マーティン博士には、補助的な資料でサポートしてくれたことに非常に感謝している。またペン・アンド・ソード社の原稿整理編集者、バーナビー・ブラッカーには、貴重な提案に謝意を表したい。博士課程の研究中の経済的支援に関しては、歴史鉄道模型協会に大いに感謝している。

最後に、多大な感謝を夫のラルフへ捧げたい。わたしが鉄道周遊旅行の探究にかかりきりになっている間、彼は必要なことをすべてやってくれた。

序文

1830年代に、地元の駅から出る初の周遊列車のポスターが貼り出されたときのわくわく感を想像するのは難しい。旅の準備期間は、現代の（一部の）人々が、最新のスマートフォンやタブレットを手に入れる列に並んでいるときの興奮に似ていただろう。何を手に入れるかはだいたいわかっている――もっと広い世界とのつながりだ――が、実際に試してみるまでは、どんなものか本当にはわからない。18世紀から19世紀初頭の人々は、かなりの距離を徒歩や馬車、船で移動し、競馬や海辺へ出かけるなど、集団で楽しむこともあった。だが周遊列車によって旅はもっと簡単に、そして何より手頃な価格になり、日帰り旅行客に多くの行き先をもたらした。さらには、最貧困の労働者家庭を除くすべての人々に、こうした活動を売り出す機会が拡大した。鉄道は労働者階級の生活のほぼ全般に工場時間という規律を課し、初めて〝仕事〟と〝余暇〟に明確な区別を作るのに一役買ったが、一方で周遊旅行は、ほんの一時ではあっても鉄道のリズムを織機のリズムに代えることで、逃避の手段を与え、一部を埋め合わせていた。それは刺激的なことだったに違いないし、初期の鉄道の試行錯誤を考えれば、相当神経をすり減らしたことだろう。

これらのことは、1830年から本線のネットワークが拡大する中で、鉄道の後援者や投資家、取締役、管理者にとって最重要事項ではなかった。確かに、リヴァプール・アンド・マンチェスター鉄道の開業は、取締役が周遊旅行を主催する機運を高めたが、本当に金になるのは貨物の輸送だと考えられていた。その後の30年、鉄の触手が広がるにつれ旅客が激増したことは予想外であり、少なくとも最初は、金銭的な余裕のある上流階級にほぼ限られていた。現に、鉄道会社の中には、割高な運賃を払えない人々が普通列車で旅行することをわざわざ難しくするものもあった。1844年に導入された、グラッドストンの有名な〝議会〟列車［裕福でない人が安く基本的な鉄道旅行をできるようにするために法律によって定められた旅客列車］も似たり寄ったりだった。1マイル1ペニーという料金は、すぐにほとんどの労働者には払えないほど値上げされたからだ。そのため、社会改革主義者、起業家、さらにはまもなく鉄道会社自身によって、さまざまな理由で奨励された安い周遊列車は、予想外の発達を見せ、たちまち鉄道業の重要な役割を担うようになった。

だが、それがどれほど重要で、どれほど急激なものだったかは、スーザン・メジャーが本書の基となる博士論文を完成させるまで、歴史家も完全に理解していなかった。彼女は労働者階級の周遊旅行に命を吹き込み、こうした初期の旅行がどのようなものだったか、なぜ人々はあらゆる不便に我慢していたのかを、本当の意味で教えてくれる。これから始まる旅を楽しむことだ――もう二度と、満員電車に文句はいえなくなると約束しよう!

コリン・ディヴァル　ヨーク大学、鉄道学教授

第一章　爆発する流動性

「火曜日の午後、ヨーク駅にいると、周遊列車がニューカッスルへ向けて出発するところだった。列車は一等車3両、二等車2両、三等車3両で構成されていた。三等車は屋根のない車両または貨車で、豚や羊を運ぶのにしか適していない。乗客の何人かは、屋根付き車両の切符を持っているにもかかわらず、駅員に無理やり屋根のない貨車に乗せられた。そうした人々は雨の夜の中を85マイル移動する間、あらゆる厳しい天候にさらされなくてはならなかった」[1]（1856年、ヨーク）

19世紀半ばの庶民による鉄道旅行の典型といえば、興奮した旅人でいっぱいの温かい車両が思い描かれるだろうが、実際には必ずしもそうではなかった。前述の人々が経験したように、雨の夜に屋根のない車両に3〜4時間も揺られるというのは現代では考えられないが、だからといって労働者階級の人々がこの新しい機会をつかむのに躊躇《ちゅうちょ》することはなかった。イギリスで列車旅行が急増したことで、価格と速さという新たな魅力が生まれ、人々は家から遠く離れた場所へ行ってみようという気になった。つまり、あらゆる階級の人々が、以前よりはるかに自由に移動できるようになったのだ。汽船会社は、19世紀初頭から最大700人程度が参加できる周遊旅行を提供していたが、これは沿岸や川の旅に限られていた。[2] 今や、はるかに多くの人々が、国内の人口密集地域を走る新しい鉄道を使えるようになっていた。

1840年代の労働者階級が新しい鉄道旅行を強く求めたのは、中産階級の余暇の習慣を模倣したかったためだと考える人もいるかもしれない。しかし、例えばランカシャーでは、鉄道が登場する前から、庶民が徒歩または満員の馬車で大挙してブラックプール［英国最大の保養地］を訪れるのが伝統だった。[3] 共同体は、明確な休日の習慣を持っていたのである。評論家のグランヴィルは1841年、ランカシャーのプレストンについて、細く曲がりくねった薄汚い道が通る新興の工業都市で、「文明、清潔さ、都市の物質的な改善がまったくない」と書いている。彼は、鉄道が通る前から、プレストンの人々は好んでブラックプールを訪れる（「製造業に携わる人々」）一方、マンチェスターの人々はサウスポートを好むと指摘している。[4] 北部では伝統的に、集団で地元の見本市へ行ったり、年次休暇のお祝いに参加したりしていたが、新しい周遊旅行は独特な集団移動現象を生み出し、多くの一般労働者のレジャーを一変させた。もちろん、当時の人々にとって、畑仕事を離れて都市に住み、新たな工場で雇用されるという、行ったきりの転居はよくあることだった。しかし、安い鉄道旅行で遠出し、また家へ戻ってこられるというのは、労働者階級が初めて観光やレジャーに団体で参加できるようになったことを意味する。このことは当時、一般的に公益と考えられており、報道機関もそれを支持した。『イアラ』紙の特派員は、1853年の聖霊降臨節の日曜日に心を動かされ、新しい周遊旅行の革命的効果をシャンパンのコルクにたとえた。

「かつての聖なる日は、現代では休日に代わり、今のように時代がよければ（すなわち、繁栄していれば）、こうした休日が楽しい日になるのは当然だ。人間の中心にある生活や精神を抑え込むことはできず、機会さえあれば飛び出そうとする。さながらワイヤーを切られたシャンパンのコルクだ。そして、百万人が旅をする。一度に千人強が、朗らかな顔と自由を認める手で、お日様の光と金が続く限り、周遊旅行に出かけるのだ」[5]（1853年、聖霊降臨節）

評論家たちは、この新しい周遊旅行によって労働者階級の習慣がどのように洗練されたかを、熱心に示そうとした。1846年6月、プレストンからブラックバーンへの鉄道が開通すると、新しい旅が貧しい人々の間に新たな習慣をもたらすだろうと、どこか上から目線で主張している。

「こうした鉄路には、洗練の傾向がある。家族で旅行の話をすれば、『まずは少しお金を貯めなければ』という者が出てくる。こうして計画性が植えつけられる。このように、貧しい人々は恩恵を受けている。今では、これまで下層階級の長旅での不名誉な習性だった不摂生《ふせっせい》をすることなく、長い旅ができるようになった。旅行への障壁の多くは取り除かれた。遠くに住んでいる人々が、兄弟のように集まれるようになった[6]」

こうした論評は、〝合理的娯楽〟という考えを反映している。有力な労働者階級の集団によって押しつけられたこの社会統制の一形式は、1830年代から1840年代にかけて盛んに推奨され、議論された。これは、労働者階級が余暇を過ごすのにふさわしい方法と、そうでない方法があるという主張だ。だが、この考えは新しいものではない。早くも1755年には、貴族院におけるマンチェスター劇場法についての議論で、演説者は次のように主張している。

「貧しい労働者が労働のつらさを癒《い》やすことに、弊害《へいがい》があるとは思えない。彼らは合理的娯楽や気持ちを和らげる楽しみによって道徳心を取り戻し、快いやり方で人間性という教訓を学ぶのである[7]」

19世紀半ばに合理的娯楽を主張した人々は、主に中産階級、特に日曜日が安息日であることを守ろうとする安息日厳守主義者だった。例えば任意団体にかかわる改革論者、聖職者、地方紙の編集者だ。合理的娯楽の議論は、報道機関に大々的に取り上げられた。このことは、こうした有力なグループの運動に〝承認〟を与えたと見ることができる。彼らは労働者階級に、パブや残酷なスポーツ、賭博、路上でのゲームといった不道徳な娯楽とされるものを避けるよう熱心に説き、図書館、博物館、浴場、そして新しい周遊旅行を勧めた。[8] だが同時に、1840年代は政治的扇動の10年でもあり、プラグ・プロット暴動や1842年のチャーティストによる北部でのゼネストなどがあった。[9] 1840年代のチャーティスト運動や急進主義により、さまざまなレベルの群衆による活動があったことは、ときには怒りを抱いた大規模な群衆が、多くの町でありふれた現象となり、暴徒に対する不安が高まっていたことを意味する。結果的に、このことは新たな周遊旅行の群衆への潜在的な不安と、第三者が彼らをどのように見ていたかを示している。

19世紀半ばまでには、工業化によって多くの労働者の生活や労働条件が変化していた。ほとんどの庶民にとって、週の就業日は月曜から土曜まで拡大し、休日は日曜日のみとなった。ほかの休暇や娯楽の機会は、主にクリスマス、イースター、聖霊降臨節に加え、伝統的な見本市やまだ存続している守護聖人の祭りだった。聖霊降臨節は主要な休暇であり、守護聖人の祭りのないマンチェスターでは特にそうだった。聖霊降臨節の週は、1850年代には多くの人を引きつけ、そのうちの〝口を開ける土曜日〟には、人々が店のウィンドウに見とれた。[10] そのほかに、マンチェスターの労働者階級にとって毎日の娯楽の中心といえばパブだった。1843年には住人154人に1軒の酒場があり、酒を飲むだけでなく、音楽や、そこを基点とした親しい集まりといった活動が繰り広げられた[11]。

工業化の影響により、ほとんどの社会集団の規模は大幅に拡大し、工業都市が発達するにつれて、工業的〝大衆〟である半熟練の工場労働者は特定の中心地域に隔離され、しばしば無視され、非常に密集した状態で生活するようになった。町や都市の変化によって、狭い道路は過密になり、こうした労働者が利用できる戸外の空間は制限された。1841年、リーズは悪臭のする空気で汚れているといわれた。「リーズでは、工場と高い煙突が民家の間にちりばめられて」おり、マンチェスターでは「民家が工場と高い煙突の間にちりばめられている」というのだ[12]。新しい周遊旅行によって、市場、見本市、競馬大会、守護聖人の祭りといった従来の行事よりも、はるかに多くの新しい空間に労働者が触れられるようになった[13]。肉体労働者を労働者階級の代表とすれば、19世紀半ばのイギリスでは人口の約75～80パーセントがこの階級に属していた。1851年から1861年にかけての総人口は1600万～1800万人である[14]。したがって、この時期に鉄道旅行が急増したのは、レジャーとして国内を回りたいという多くの庶民の要望に対する顕著な反応だった。

鉄道旅行の初期には、「巨大遊覧」列車が到着する光景は一大スペクタクルだった。1840年8月、「おそらく史上最長の」巨大列車が、ミッドランド・カウンティーズ鉄道によってノッティンガムからレスターへと向かった。列車は4台の機関車と67両の客車で、3000人近い乗客が乗っていた。これは、ノッティンガム機械工展示会の委員と後援者が、レスター機械工展示会を答礼訪問するために企画されたもので、ヨークシャーの人は「まるで動く通りのようで、そこに立ち並ぶ家には人がぎっしり詰まっていた」と表現している。[15] 1840年10月、シェフィールドからリーズへ向かう周遊旅行に関する報道では、5台の機関車とシェフィールドの機械工で満員の61両の客車について、「ハラムシャーの煙の多い地域を出発した最も驚くべき貨物」と表現している。それは多くの見物人を集め、集まった数千の人々の前を通り過ぎるたびに「驚きと歓喜の叫び声」を浴びた。その光景は目をみはるもので、「ブライトサイドに至るまで、線路の両側に広がる野原には見物人がずらりと並び、雨や泥をものともせず、その壮大な眺めを我慢強く待っていた」という。[16] この鉄道旅行はよくある失敗に終わった。乗客と客車の数が多すぎて牽引《けんいん》に問題が生じ、疲れ切った乗客は翌日の午前1時まで帰ることができなかった。

ときには、新しい現象が人々を驚かせることもあった。1841年、数百人の機械工とその家族を含む鉄道旅行客が、ロンドン・アンド・バーミンガム鉄道のロンドン駅に通常の始発列車到着の2時間前に姿を現し、駅周辺から大きな驚きと注目を集めた。『タイムズ』紙には、例によってもったいぶった論評が掲載された。「このように、鉄道は商業のみならず、多くの人々が旧来の移動手段では得られなかった知的満足を促進することにもなった」[17]

1846年、1800人の少年がエディンバラのエリオット病院からノース・ブリティッシュ鉄道でベリックへ向かうと「観光客は住人の間に大きな興奮を巻き起こし、どこへ行っても、うっとりした大勢の人々がついてきた」という。彼らがツイードマスを歩くと「大群衆が後に続き、興味深い行進に歓声をあげた」[18]。1849年のウィットビーへの周遊旅行に関するある報道は、「ハルとイースト・ライディングからの『巨大列車』が、先週の月曜日にこの人気の海水浴場に到着したとき、1000人以上の人々が、鉄道が走る美しい谷の景色を楽しんだ」と指摘している[19]。1851年8月には、別の「スカボローではかつて見たことのない巨大列車が、ダービー、ノッティンガム、レスターなどから3000人近くの人々を連れてきた。彼らはスカボローに1週間滞在した」とある[20]。こうした報道には、車両と乗客の数がたびたび記された。1850年6月の、リポンからスカボローへの日曜学校の旅行は、地元の人々の興味を引くあまり、リポンからは1300人が39の車両に「ぎっしり詰まり」、現役のヨークシャー軽騎兵隊のバンドが同行したという。ワス、サースク、ヨークではさらに乗客が増え、最終的にスカボローでは49両の車両に2台の機関車、約1600人の観光客に膨れ上がった[21]。1850年6月には、多くの人々が地方の町を訪れた。ヨークシャーとリンカンシャーから合計6600人が、大禁酒祭のためにハルを訪れたのだ[22]。

こうした鉄道旅行は、特に最初期には、催しや目的地だけでなく、新しいテクノロジーによる旅そのものの重要性が注目された。現に、旅行者が目的地より移動のほうを楽しむこともあった。1835年6月、ウィットビー・アンド・ピカリング鉄道は、ウィットビーの人々のためにラスワープの見本市への往復旅行を催した（片道2マイルの旅である）。１０００人を超える人々が、16両の混雑した車両でこの往復旅行に参加した。しかし地元の新聞によれば、参加した家族が見本市でなく往復の運賃に全財産を使ってしまったため、業者から苦情が出たという。[23]

周遊旅行は、19世紀の報道では一種の〝興行〟としてしばしば取り上げられた。１８４０年初頭、シェフィールドからリーズへ向かった職人集団の列車は、「怪物列車」とドラマチックに書かれ、線路沿いに作られたステージ上の観客はそれを見て「出発するぞ」と叫んだという。[24]のちに、ブラスバンドは目的地で旅行者を歓迎するために使われるだけでなく、列車に同乗するようになった。例えば１８４７年6月の、ウェスト・ヨークシャー機械工協会のカースル・ハワードへの大規模な団体旅行や、１８４９年8月のリーズ禁酒会の８００人がリポンを訪れた旅行などだ。[25]１８５０年にトーマス・クックが催行した、スコットランドへの聖霊降臨節の休暇旅行では、シャプコット・サクソルン・バンドが同行し、ニューカッスルとベリックで列車が橋を渡るときと、主要駅で演奏することが確約されている。[26]子供や特定のグループのメンバーが関係する場合、バンドはしばしば目的地の通りを行進したと報じられている。例えば１８４９年7月の、ハルからバーバリーへの日曜学校の旅行などだ。[27]

もちろん、１８４０年代にはほかの輸送手段による周遊旅行もあった。例えば長い歴史を持つ汽船での旅だ。汽船会社は自ら周遊旅行を企画し、鉄道会社に手本を示し、鉄道会社の考え方に影響を与えるような例を見せた。しかし、汽船会社の活動が沿岸地域や川に限られている一方で、鉄道が及ぶ範囲ははるかに広かった[28]。ときには鉄道会社が周遊旅行の人気を高めるために、汽船会社と協力することもあった。例えば１８４０年に開業した新しいプレストン・アンド・ワイヤ鉄道は、汽船会社にフリートウッドからスコットランドのアードロッサンへの就航を促し、その先は鉄路でグラスゴーへ行けるようにした[29]。１８４５年までには、ジョーゼフ・クリスプもトーマス・クックも、鉄道と汽船を組み合わせた周遊旅行を提供している。１８４６年の鉄道と汽船によるクックのスコットランド旅行は、当時直通の鉄道がなかったこの国への初めてのものだった[30]。鉄道という新たな現代性が汽船会社に与えた影響は、１８３５年の旅行に顕著に表れている。旅客は午前4時20分に、最新の列車でリーズを出発してセルビーへ行き、ここから「レールウェイ」という汽船に乗ってハルへ、さらにスパーン周辺の海へと向かった。この旅行には「年齢も職業も身分も異なる５５０人の男女」が参加し、リーズからスパーンの往復二等車料金は、前部船室を含め6シリングだった[31]。最終的にリーズへ戻ってきたのは、午前零時過ぎのことだ。20時間かけて２０８マイルを移動する長くて疲れる旅であり、現代から見れば楽しい観光旅行というより苦行に思えるかもしれないが、報告からは、当時はこの活動の目新しさが、不便さ以上にプラスにとらえられていたと想像できる。その重要性は、イングランド北部で広く報道されたことからもわかるだろう。

鉄道での周遊旅行は、割引運賃での往復旅行と一般に定義できる。鉄道会社が主催・宣伝するものもあれば、個人主催者が鉄道会社と協力して個別のグループや一般に販売するものもあった。[32]当時は、〝特別列車〟の使用が重複することがあった。これは特定の目的のために鉄道会社が提供する旅客列車のことだ。例えば1846年6月、会長ランクリフ卿率いるノッティンガム・オッドフェロー古代帝国統一騎士団は、ノーサンプトンの仲間に会いに行くための会員向けの旅行を「特別列車」と宣伝している。支部は会社に「多数の乗客」を保証したため、一般にも開放された。主催者側は厳しい指示を出し、「往復とも出発時刻を厳守すること。さもなくば、往復の旅程で2時間の遅延は避けられない」と警告した。[33]

建前上は、列車やクラブなどの組織を借りる資金があれば、誰でも会員を周遊旅行へ連れて行くことができた。場合によっては、既存の列車に特別な取り決めで接続された客車で移動することもあった。聖霊降臨節などの休暇シーズンには、鉄道会社が片道料金で通常列車の往復切符を提供した。後者は必ずしも周遊旅行とみなされないかもしれないが、大人数が移動したし、参加者の視点から見れば、大幅な割引での特別旅行ともいえた。

周遊列車の最初の企画者には、1834年のガーンカーク・アンド・グラスゴー鉄道をはじめとするスコットランドの会社や、1836年のボルトン・アンド・ケニオン鉄道などのランカシャーの会社があったといわれている。[34] 1835年には、グラスゴーからガートシェリーまで毎日一等車での〝鉄道観光旅行〟が提供されている。これは主に混雑と停車を避けるためで、目的地までわずか1時間で到着した。[35]ハル・アンド・セルビー鉄道は、1840年にハル市場へ向かう人々に積極的に特別運賃を提供し、大いに人気を博した。[36]ボドミン・アンド・ウェイドブリッジ鉄道は1836年6月に、この小規模の鉄道でウェイドブリッジからボドミンまで、バンドの伴奏付きで1日1シリングで移動する旅を企画した。初期の周遊旅行のほとんどは、イングランド南部で催行されていたため、これは異例のことだ。[37]

このときまで、伝統的な娯楽は地元を中心としたサーカス、見本市、旅芸人、競馬、公開絞首刑など、視覚や動きの要素が重視される見世物だった。[38]鉄道周遊旅行は、休暇を地元中心の祝祭から、家を離れた活動へと変えた。行き先は海辺が多かったが、ほかの場所もあった。必然的に、19世紀後半には海辺で休暇を過ごす労働者階級の需要が高まった。[39]ランカシャー沿岸が一番の需要の中心であり、続いてヨークシャー沿岸で、イングランド北東部は後れを取った。ランカシャーの綿花労働者は列車という新しい移動手段の恩恵を受けたが、地方の労働者はおおむね賃金が低すぎるのと、日課の仕事に縛られていたため、恩恵を受けることができなかった。

初期の周遊旅行は、当時人気があった展示会や競馬大会への旅行よりも好影響を与えるとして、日曜学校、禁酒会、雇用主が企画した。海辺は「健康と教育的レクリエーション」の機会になると考えられていた。[40]例えばヨークシャーは、魅力的な市場町に加え、美しい海岸線という自然の利点があるため、地元の人々はイングランド中部地方からの旅行者に比べ、近くに住んでいる恩恵を受けていた。国内のほかの地域からヨークへ向かう鉄道が開通してから、1845年にスカボロー線が開通するまで、駅馬車会社はスカボローへの夏期運行をヨークへの列車の到着に合わせて調整しており（車外席で片道7シリングだった）、到着には4時間かかった。[41]しかし、こうした旅ができたのは裕福な階級だけだった。1849年には、紳士が土曜日の夜にヨークからスカボローまでの鉄道の切符を購入し、月曜日の朝に休暇を過ごす家族のところに戻れる「夫用列車」が特別手配された。[42] もちろん、これも裕福な中産階級向けであり、1830年代の似たような汽船旅行を反映したものだった。[43]

鉄道周遊旅行には日帰り旅行も宿泊旅行もあったが、後者の場合はめったに仕事を休めないし、宿泊費もかかってしまう。これらは宣伝や報道でしばしば「格安旅行」と呼ばれた。こうした旅行は、駅での出発前、移動中、新しい旅行空間、目的地への到着後に、多くの混雑を生み出した。これは深刻な危険と困難を引き起こすとともに、報道機関を大いに刺激した。

海辺のほかにも、多岐にわたる目的地が、新しい旅行の広告や記事で取り上げられた。海辺のリゾート地は、かつては中産階級の観光客を引きつけたが、新たな格安旅行が登場し、多くの場所で社交的な雰囲気が変化すると事情が変わった。温泉街もあった。そのひとつ、スカボローは海辺のリゾートでもあった。首都ロンドンは、新しい旅行者にとっての表看板で、1851年に水晶宮で万国博覧会が開かれると、ますます人気になった。ほかにも旅行者を呼び込むイベントがあった。1852年、ロンドンへの特別周遊旅行が、グレート・ノーザン鉄道の協力によりグラント社によって催行された。これは故ウェリントン公爵の「国葬」を見に行くものだ。[44] コヴェントリーの絹織物工見習いウィリアム・アンドリュースは、父親と一緒にコヴェントリーから周遊旅行に参加し、11月17日に出発したと日記に書いている。到着後、彼らはウェスト・エンドで準備の様子を見て、翌朝7時に宿を出ると、コックスパー・ストリートの角に陣取った。彼らにとっては途方もない眺めだった。「葬列が通り過ぎるのに2時間かかった。通りはひどくごった返し、5000人の軍隊もいた」[45]

リヴァプールやマンチェスターのような大きな町や都市は、当初から発達していた鉄道のおかげで、地方の住民や近隣の町に住む人々の旅行先となっていた。ヨークのような歴史ある都市や市場町も人気があった。地方では、チャッツワース、ウェントワース・パーク、カースル・ハワードといった大きな田舎の屋敷が、労働者階級の大規模な団体、特に機械工協会や禁酒協会を引きつけた。貴族はこうした旅行を広報活動として利用し、小作人や周辺の田園地帯の人々、近隣の町の人々を丁重に歓迎する姿勢を示した。ときには、貴族が驚くべきもてなしをすることもあった。1852年、ハリントン伯爵主催の周遊旅行で4000人がノッティンガムシャーのエルヴァストン・ガーデンを訪れた際、豪雨に見舞われたため、伯爵が雨宿りのために屋敷を開放したと報じられた。これほどの群衆を迎えるのは、勇気ある行為だった。[46]

遊園地やコンサートホールは人気があり、興行主の中には、周遊旅行の奨励に積極的に取り組んだ者もいた。マンチェスターにベルヴュー遊園地を設立したジョン・ジェニソンは、特にイングランド北部や中部地方からの、聖霊降臨節の周遊旅行客の誘致に熱心だった。[47] 1845年9月には、これもマンチェスターで、ボルトンのスター・コンサート・ルーム・アンド・ミュージアムの経営者が珍しい戦略を採用した。特別列車を借り、彼の興行を楽しむ旅行者を、マンチェスターからボルトンまで1シリングで乗せたのである。[48]
教会や城といった歴史的な場所は、川や岩山、その他の自然の絶景と並んで、非常に人気があった。町や都市で開かれる展示会は、1840年代の旅行者、特に機械工協会の人々を引きつけた。レスター博覧会では、技術工芸品とともに主要な芸術家の作品が驚くほど多数展示され、数か月前に鉄道が開通した結果、近隣の町の人々を特に集めた。[49] しかし、最も有名な旅行先は1851年の万国博覧会で、各運輸会社がさまざまな周遊旅行を提供するのに大きく影響した。運賃の安さはさまざまな旅行者を引きつけ、作業着姿の労働者階級の旅行者が多数参加したと報じた新聞もあった。[50] 6年後の1857年に開かれたマンチェスター美術名宝博覧会も、大きな呼び物だった。[51]
ほかにも幅広いイベントが旅行を生み出し、中には競馬大会や懸賞ボクシング試合など、粗暴な客が参加するものもあった。絞首刑見物の周遊旅行も数多い。1859年、ランカシャー・アンド・ヨークシャー鉄道は、殺人者ジョン・ライリーの処刑見物のために、ランカシャーのアクリントンからヨークまでの周遊旅行を企画した。この処刑には何千人もの群衆が詰めかけた。翌日には絞首刑の記事が公開され、群衆の様子や教訓、死の苦しみについて報じられた。[52] 禁酒会の催しや〝デモ〟などのイベントは、もっときちんとした形で行われた。1849年、安価な周遊列車がストウマーケットまで走ったが、これはヴォクソールのロイヤル・ガーデンで、飛行士のミスター・C・グリーンが気球を飛ばすのを見に行く人々のためだった。[53] 壮観な眺めそのものが目的地となることもあった。驚くべきことに、1852年3月には200人を乗せた特別列車が、洪水によってもたらされた「最近の恐ろしい災害の光景」を見るためにヨークからホルムファースまで運行された。記者は輸送機関の安全性を強調している。「この日はよく晴れていた。恐ろしい壊滅と破壊の光景を見た後、旅行者は夕方にヨークに戻り、8時半にはまったく無事に到着した[54]」。同じ年には、チェシャーのライトアップされた塩鉱への旅行が企画された。[55]一部の旅行先では、旅行に製造工程の見学が含まれていた。軍隊の召集や野営は意外な目的地で、例えば1860年のウィンチェスター近郊の野営には、ロンドン・アンド・サウス・ウェスタン鉄道の周遊列車が出たが、これは晩秋の「ショルダー・シーズン［中間程度の混み具合の時期］」には利益を生む演習だった。[56]ときには、軍が休暇中の人々から志願兵を募《つの》ることもあった。例えば1854年6月には、シェフィールドで軍楽隊が休暇の時期に町をパレードしている。[57]

当時、目をみはるような革新的な産業開発は、新たな近代性のシンボルとして観光客を引きつけ、北ウェールズのブリタニア管状橋は、有名な新型船とともに非常に人気の高い観光地だった。[58]1859年10月には、ホリーヘッドでブルネルの汽船グレート・イースタン号を見るために、チェスターをはじめとする大きな町から1日に15本もの周遊列車が乗客を運んでいる。[59]その他の見どころとしては、鉄道技術の功績にまつわるものもあった。1851年の、マルトンからバーデール・トンネル（長さ1マイル強で、1847～53年にかけて建設され、ペヴズナーに「ヴィクトリア朝の土木工学の傑作」と称された）へ向かう旅などである。クリンプル高架橋

（1847年建設）は、1849年のナレスボローへの旅行で追加ツアーの目的地となった。[60]

ついには大陸への周遊旅行も登場した。例えばヘンリー・マーカスは、サウス・イースタン・アンド・ドーヴァー鉄道の代理として、ロンドンからパリへの旅行を1850年に主催した。[61] 中には、労働者階級によって、あるいはまた労働者階級のために実施された（または企画された）旅もあった。例えば1860年に実施された「労働者のパリ周遊旅行」などだ。[62]

目的地は非常に多岐にわたっていて、そのほとんどは、周遊旅行が登場するまで大人数の団体が訪れることのなかった場所だ。これらは多くの新聞広告や記事、解説で紹介された。こうした記事やレポートは、ほとんどの場合、中産階級の目を通したもので、社主の見解や政治的立場に沿って編集されていた。例えば次のような、上から目線の批判的な内容も多かった。

「こうして内陸から連れてこられた人の群れ——ほとんどが労働者階級である——の中を歩き、彼らが初めて目にするさまざまなものに感想を述べるのを聞くのは興味深いことだ。中にはとんでもなく世間知らずな者もいる」[63]（1846年のスカボローの報道記事）

それでも、まれに労働者階級の旅行者がじかに報告したものもあり、新聞はこの新しい現象の規模、特徴、多様性について多くの情報を伝えている。

1840年代、鉄道周遊旅行は胸躍る新機軸であり、そのために、1840年のノッティンガムからレスターへの旅のように、その活動は詳細に、また初期にはしばしば芝居がかった調子で報道された。1860年には、『ノッティンガムシャー・ガーディアン』紙が、聖霊降臨節の日曜日にはノッティンガムから各地へのさまざまな旅行が実施され、何千人もの旅行者が参加したと伝えている[64]。マンチェスターの報道でも、同様の発達をたどることができる。1840年の短い記事では、聖霊降臨節の日曜日にマンチェスターを出発する短時間の「周遊旅行」が描かれ、川や運河、最近開通した多数の鉄道を利用できると書かれている。しかし、これらは通常の運行便を利用した観光旅行であり、金銭的にも時間的にも労働者階級には合わなかった[65]。それに比べて、1860年には同紙が、聖霊降臨節の日曜日には数十万人に向けた格安旅行や特別列車がふんだんに提供され、マンチェスターから各方面へ出発していると紹介している[66]。

この時期の周遊旅行を報じるステレオタイプな表現は、新聞社が報道でどのような側面を重視していたかを示している。例えば、庶民の群衆に対する肯定的な見方（群衆を潜在的な暴徒として表現する考えから脱却しようとする試み）、旅行者が見たものすべてに向ける普遍的な賞賛（労働者階級をやや見下した見解）、開催地での損害の少なさ（地元経済にとって重要な点）、怪我もなく無事に帰宅すること（鉄道会社への後押し）などが中心だった。周遊旅行の広告は、しばしば報道欄に付随する「推奨文」に支えられていた。こうした記事は通常、周遊旅行の楽しみに関する論評から始まり、その後、一面などに掲載された周遊旅行の広告にさりげなく言及する。図1の広告は、1857年にチェスター、レクサム、シュルーズベリーからリーキン、

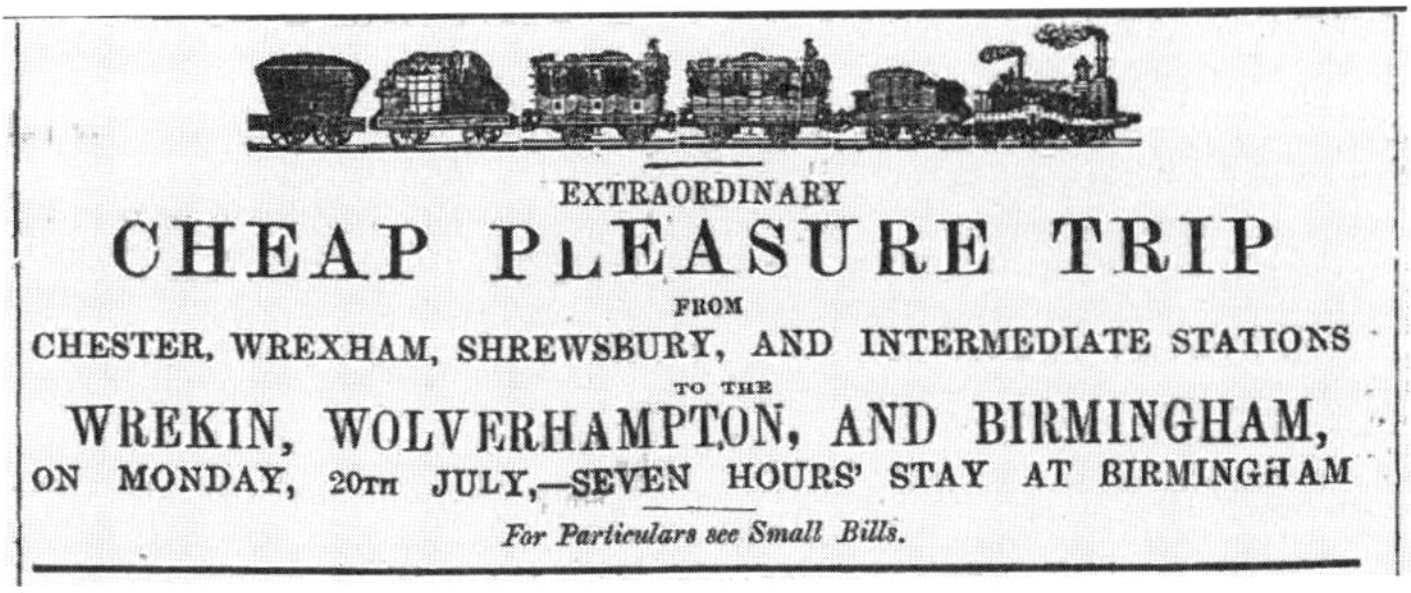
EXTRAORDINARY
CHEAP PLEASURE TRIP
FROM
CHESTER, WREXHAM, SHREWSBURY, AND INTERMEDIATE STATIONS
TO THE
WREKIN, WOLVERHAMPTON, AND BIRMINGHAM,
ON MONDAY, 20TH JULY,—SEVEN HOURS' STAY AT BIRMINGHAM
For Particulars see Small Bills.

図1. 1857年7月18日、『レクサム・アンド・デンビーシャー・ウィークリー・アドヴァタイザー』紙の広告。（大英図書館）

ウルヴァーハンプトン、バーミンガムへ向かう旅行のもので、新しい周遊旅行がもたらした社会の変化を賞賛する長い論説が添えられている。それは「骨折り仕事をする機械工」が鉄道や汽船に乗って「自然の美しさを眺める」ことを可能にしたというのだ。[67] 記事は続いて、「一般の人々が利用する」ことを期待して、格安旅行の広告に読者の注意を引く。これは地方の人々が工業都市を訪れ「わが国の『貴金属』の多くが生産されている場所」を見る機会を提供する旅だというわけだ。このような論説は、「老人」、「労働者」、「素朴な若者」といった潜在顧客を表す言葉づかいによって、周遊旅行に対するメディアの見方と、こうした旅行の市場について貴重な洞察を与えてくれるが、潜在市場に関する新聞の見方と現実が一致していなかった可能性もある。１８５０年にウェイクフィールド近郊のノルマントンからダービー、バーミンガム、ブリストル、ハル、ブリドリントンに向かう旅行の広告（図2）にも、新しい周遊旅行を賞賛し、ウェイクフィールドの周遊旅行業者カトル・アンド・カルヴァリーの「きめ細かな」手配を強調する記事が添えられている。[68]「記事体広告」が獲得する額は、有料スペースの大きさとは関係がないようだ。広告スペースの支払いに、「特典」としての記事のサポートが含まれていたかどうかは不明である。いずれの例も、その号に掲載された唯一の旅行広告であり、新聞社は余ったスペースを提供することで、より多くの周遊旅行の広告主を引きつけようとしたのかもしれない。「推奨文」が、安価な鉄道周遊旅行が庶民のレジャーの移動手段に革命をもたらしたと強調し、旅行市場を拡大したのは間違いない。

１８５０年には、ある鉄道会社（ミッドランド鉄道）が珍しい宣伝文句を使った例がある。それはマトロックへの旅行の広告で、独自の宣伝用「推奨文」を取り入れたものと考えられる。

CHEAP TRIPS ARRANGED FOR AUGUST, 1850.

TO DERBY, BIRMINGHAM, AND BRISTOL.

ON TUESDAY, 13th August, 1850.—To leave NORMANTON STATION at Half-past Nine in the Morning, for the above three important places.

FARES FROM NORMANTON.

	First Class.	Second Class.	Third Class.
To Derby and Back	9s. 0d.	7s. 0d.	5s. 0d.
To Birmingham and Back	12s. 6d.	9s. 6d.	7s. 6d.
To Bristol and Back.........	17s. 6d.	13s. 0d.	10s. 0d.

Children under Twelve Years of age Half-price.

The Train will return on Monday, 19th August, leaving Bristol at 6 30 a.m., Birmingham at 12 noon, and Derby at 2 30 p.m.

TO HULL AND BURLINGTON.

On WEDNESDAY, 21st August, 1850.—To leave NORMANTON STATION at Half-past Nine o'clock in the Morning, for the above last named two places.

FARES FROM NORMANTON.

	First Class.	Second Class.	Third Class.
To Hull and Back...........	4s. 6d.	3s. 6d.	2s. 6d.
To Burlington and Back...	6s. 0d.	5s. 0d.	4s. 0d.

Children under Twelve Years of age Half-price.

RETURNING FROM

Hull the same evening, or Thursday, 22nd, at ...... 6 p.m.
Burlington on Friday or Saturday, 23rd and 24th, at 4 p.m.

N.B.—The RETURN on Saturday the 24th being only extended to First and Second Class passengers from Burlington.

Parties can join the above two Trips at Normantom by Train leaving MANCHESTER at 6 a.m., calling at

Sowerby Bridge, at......................................	7 38	a.m.
Halifax, at	7 35	,,
Elland, at..	7 50	,,
Brighouse, at	7 58	,,
Huddersfield, ...	8 3	,,
Mirfield, at	8 13	,,
Dewsbury (Thornhill Lees), at.......................	8 26	,,
Horbury, at...	8 35	,,
Barnsley, *via* }	8 20	,,
Wakefield, at }	8 45	,,

Tickets may be bought at the Huddersfield and principal Stations, or will be sent by return of post on receipt of a post-office order. Letters prepaid, and enclosing postage stamp for reply, addressed to Mr. JOHN CUTTLE, ACCOUNTANT, WAKEFIELD.

図2. 1850年8月10日、『ハダースフィールド・クロニクル・アンド・ウェスト・ヨークシャー・アドヴァタイザー』紙の広告。（大英図書館）

対照的に、ほとんどの鉄道周遊旅行の広告は事実を淡々と伝えるものだった。[69] この例では、潜在顧客を引き込むために「今シーズン最高の鉄道旅行」という宣伝文句が使われている（図3）。

このような広告は、当時の周遊旅行のマーケティングの一要素に過ぎない。1860年のノッティンガムの報道では、労働者階級の大衆をまともに狙ったさまざまな広告が紹介されている。これには、格安旅行を案内する「巨大な『ポスター』、中くらいの大きさのプラカード……至るところで配られる小さな『チラシ』」が含まれていた。[70] ポスターやチラシは、周遊旅行の企画者にとって特に便利なものだった。税がかからず、新聞紙面の高価なスペースの制約もなく、安価な労働力で素早く製作、配布、壁への掲示ができるからだ。[71]

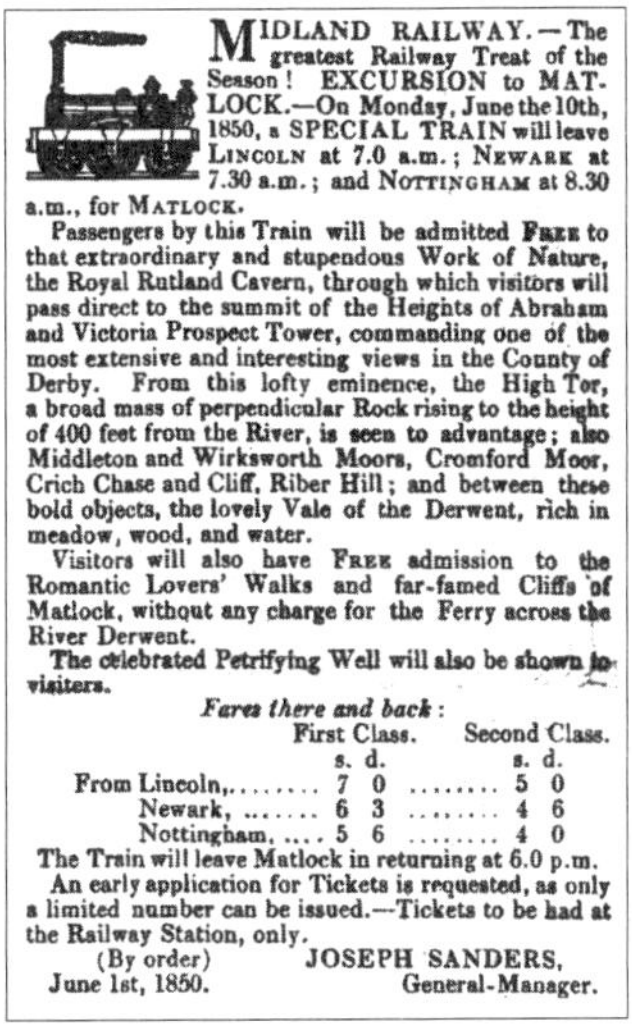

図 3. 1850 年 6 月 6 日、『ノッティンガムシャー・ガーディアン』紙の広告。(大英図書館)

ほかの広告主も新しい周遊旅行に刺激を受け、近代化の象徴として利用した。「格安旅行」を広告の見出しに使って、商業施設に客を呼び込む商人もいた。[72] リーズのブリゲートにある仕立屋兼紳士服店のS・ハイアムは、広告に詩を頻繁に取り入れ、鉄道広告と同じページに定期掲載した（図4）。彼らは衣料品の宣伝に「驚くほど低価格の、ロンドンとフランスへの格安旅行！」という見出しを使い、格安旅行の楽しさを謳《うた》った。[73] ほかの事業者も、衣料品をこの新しい活動に結びつける機会を利用した。例えば、マンチェスターの洋服店は1849年、観光旅行用の「ワイド・アウェイク」（田舎の人々がかぶる帽子の一種で、つばが広く頭部が低いフェルト帽）をひとつ2シリング6ペンスで販売すると宣伝した。[74] ほかにも、思いがけない問題を引き起こした広告キャンペーンがあった。ミッドランド鉄道は1855年、イングランド北部に支店を持つ仕立屋兼洋品店のモーゼス・アンド・サンに対して、シェフィールドの治安判事に苦

図4. 1846年5月30日、『リーズ・マーキュリー』紙の広告。（大英図書館）

情を申し立てた。モーゼスは、本物そっくりのミッドランド鉄道の周遊切符を宣伝用に配布しており、それを使ってシェフィールドとロザラムを往復した市民がいたのである。[75] しかし、ヴィクトリア朝のイギリスでは衣服は貴重な生活必需品であり、災難が起こることもあった。1849年の聖霊降臨節には、プレストンからリヴァプールへの周遊旅行に出かけた青年が、「『頭から爪先まで』見事な服装をしていた」が、その服が旅の途中で盗まれ、結果として彼は「全裸とまではいかないまでも、ほとんど裸の状態」で、家まで20〜30マイルの道のりを帰り、午前3時頃にリヴァプールに到着したと報道されている。[76]

本書では、1840年代から1850年代にかけて、イギリスでどのように鉄道周遊旅行が発達したか、また当時の旅行者たちの体験、旅に伴う極度の不快感と危険、そして彼らの行動がどのように報道されたかを探究する。目的地での彼らの行動に関する記事は、日曜日に娯楽をたしなむことに反対する運動家によって歪曲《わいきょく》されることもあった。伝統的な鉄道史では、初期の周遊旅行を語るときにトーマス・クックに焦点が当てられるが、実際には、大衆がレジャーに出かけるのを促進する上で、トーマス・クックが果たした役割はきわめて小さい。ほかの多くの人々や集団のほうが、当時ははるかに重要であり、中には驚くほどの重要性を持つ存在もあった。その筆頭が鉄道会社である。

第二章

鉄道会社

「庶民層の旅行欲を刺激するために安い観光旅行を提供するという方針は、ようやくわが国の大半の鉄道取締役の考えに浸透した。少なくともこの近隣では、1マイルにつき1ペニーと規定した最近の法律のように、立法府が介入して強制的に運賃を引き下げ、彼らに利益について教える必要がなくなることが望まれる」[1]（1845年7月、マンチェスター）

19世紀半ば、大衆向けの鉄道周遊旅行の爆発的な普及に重要な役割を果たしたのは、鉄道会社という強力な組織だった。1845年『マンチェスター・タイムズ』紙に掲載された右記のコメントは、こうした旅行を支持する世論の高まりを示している。1840年代にイギリス全土で鉄道路線が急速に建設されたことで、鉄道会社は一般労働者による休暇旅行の需要に応える大きな可能性を手に入れた。

これは一筋縄ではいかなかった。1840年代、旅客列車の操業は比較的新しいものだったため、鉄道会社の決定は長年にわたる慣例に基づくのではなく、その場しのぎの方法で下されることが多かった。決定権を持つ人々は、鉄道が発達する前の貨物輸送の考えからなかなか脱却することができず、各社の主な目標は既存事業の輸送手段を改善することだった。[2] 大規模な幹線鉄道は当初、高価な旅客事業に特化していたが、グラッドストンによる1844年の鉄道規制法によって安価な旅行が増加し、運輸業の経営者は利幅の少ない大口ビジネスに移行せざるを得なくなった。1845年から1870年にかけて、乗客のプロフィールは徐々に変化していった。1845〜46年には、三等車の乗客は総輸送量のほぼ半分、総収入の5分の1を占めていたが、1870年には、乗客の65パーセントが三等車を利用し、収入の44パーセントを生み出した。

起業家精神に富んだ鉄道会社の中には、1840年代初頭という早い段階から、周遊旅行に投機的戦略の可能性を見出した者もいた。こうした会社は、旅客税を最小限に抑えるため、通常は復路無料の半額運賃で特別旅行を企画し、多くはイースターや聖霊降臨節の休暇に催行した。[3]

イングランド北東部の路線は早くから旅行の可能性を認識しており、ウィットビー・アンド・ピカリング線は1839年にグロスモントへの旅行を催行している。[4] 最初期の事業は、鉄道会社が大規模なグループの要望に応じて考案したものが多く、それぞれが乗客数を保証していたため、鉄道会社にリスクはなかった。例えば、1840年5月、カーライル機械工協会の会員は、ニューカッスル・アンド・カーライル鉄道の指定列車を割引運賃で利用し、ニューカッスルで開催された工芸教育博覧会を訪れている。翌月にはリーズ機械工協会の会員が、やはり割引運賃でリーズ・アンド・セルビー鉄道とヨーク・アンド・ノース・ミッドランド鉄道を利用し、ヨークへ月曜旅行に出かけた。1840年6月には、ホーソンからの職場旅行で、320人の乗客がニューカッスルからカーライルまで半額で移動した。1840年8月のリーズからハルへの旅行では、40両の客車に約1250人の織物職人が乗ったが、これは当時の記録だったようだ。当時は安息日厳守主義者の圧力があったが、どちらの職場旅行も日曜日に行われている。鉄道会社が禁酒会の日帰り旅行を積極的に実施することもあった。1841年8月にダービーで開催された大規模な禁酒集会には、イングランド中部地方やイングランド北部のさまざまな町から、周遊列車が何千人という人々を運んだ。[5] 珍しいことだが、個人所有の機関車を使って旅行を催行した初期の例が、少なくともひとつある。地方の運送業者であったボルトンのジョン・ハーグリーヴス・ジュニアは、1841年から1845年まで、ボルトンからリヴァプール、ロンドン、マンチェスターへの小旅行を主催し、その後はグランド・ジャンクション鉄道が引き継いだ。[6]

ロンドン・アンド・サウス・ウェスタン鉄道は1841～42年という早期から周遊旅行を始め、週末用の格安切符を販売した。[7] ロンドン・アンド・ブライトン鉄道、イースタン・カウンティーズ鉄道、サウス・イースタン鉄道など、ほかにも南部の鉄道会社の多くが1844年の復活祭から周遊旅行事業に乗り出し、報道機関は「休暇旅行の新時代」ともてはやした。[8] だが、

1847年にサウス・イースタン鉄道がロンドンからラムズゲート、マーゲート、ドーヴァーへの「休日列車」を宣伝するプラカードを掲示すると、苦情が寄せられた。当然、格安旅行だと思われたが、実際には通常の運賃が請求されていたのだ。[9] 報道機関は、新しい周遊旅行は鉄道会社の取締役が汽船会社にならって格安の休暇旅行を提供したことから発生したと主張し、1840年代初頭にドーヴァー、ブライトン、サウサンプトンへの路線が開通すれば、こうした海辺の町への格安鉄道旅行が提供されるのは自然な成り行きだと予測している。また、この新機軸は運賃を引き下げたいという鉄道会社の要望によるものだとし、周遊旅行用の低運賃が通常の取引を損なわないという証拠を示した。

1840年4月、殺人罪で有罪判決を受けたライトフット兄弟の、ボドミン刑務所での公開処刑を見るために、コーンウォールのウェイドブリッジから1100人を乗せた3本の列車が周遊旅行に出た。[10] グレート・ウェスタン鉄道による、ロンドンからバース、ブリストル、エクセターへの最初の周遊旅行は1844年9月に催行されたが、同社は早くも1842年には、逆方向の最初の周遊旅行を実施していた[11]（9月の聖ミカエル祭の休日の、バースとブリストルからロンドンへの2日間の格安旅行で、約800人の旅行客が参加した）。1840年代には、ノースイースト、バーミンガム、サウス・ウェスト間の周遊列車で、軌間《ゲージ》の問題による長時間の遅延が発生し、乗客は客車を乗り換えなければならなかった。それに加えて、例えば1849年のバーミンガムなどでは、客車を1両ずつ別のレールに持ち上げなければならなかったこともあった。[12]

報道機関は、こうした周遊旅行を、利益を求める動機が背後にあるのを無視して、一般大衆への大いなる恩恵として紹介する役割を果たした。記事は、「取締役の思いやり」や「企業の寛大さ」に言及した。[13] 強調されたのは、旅行の手配に携わった会社の多大な努力だった。1847年9月にヨークからエディンバラへの周遊旅行を企画した会社は、「多大な苦労の末、かつてない素晴らしい旅行の手配ができたと喜びとともに宣言した」と報じられている。[14] しかし、1856年までには、鉄道会社は周遊旅行の需要を満たすことが利益獲得のチャンスになると認識しており、『マンチェスター・ガーディアン』紙の特派員は、ロンドンから三等運賃で利用できる安価な旅行の数々を次のように紹介している。[15]

サウス・ウェスタン鉄道

日曜旅行……ワイト島5シリング、ポーツマス、ソールズベリー、ウィンチェスター、サウサンプトン、ファーンバラ（オールダーショット・キャンプ行き）3シリング6ペンス

平日旅行…ウィンザー2シリング6ペンス、リッチモンドーシリング、ハンプトン・コートーシリング3ペンス

ロンドン・ブライトン・アンド・サウス・コースト鉄道

日曜旅行……ブライトン3シリング6ペンス

サウス・イースタン鉄道

日曜旅行……ヘイスティングス、マーゲート、ラムズゲート、サンドウイッチ、ドーヴァー、ディール、フォークストン5シリング、タンブリッジ・ウェルズ3シリング、オールダーショット・キャンプ3シリング、ストルード（チャタム、ロチェスター行き）2シリング、グレーブゼンドーシリング6ペンス

グレート・ノーザン鉄道

日曜旅行は現在なし

平日旅行……ボストン6シリング、リンカンシャー、ノッティンガム、シェフィールド、ドンカスター7シリング6ペンス、ウェイクフィールド、リーズ、ブラッドフォード、ハリファックス8シリング6ペンス、ヨーク11シリング

グレート・ウェスタン鉄道

日曜旅行……バース5シリング、ブリストル6シリング（オックスフォード大学の講師陣の反対により、オックスフォードへの日曜旅行はなし）

平日旅行……（土〜水）ウェストン＝スーパー＝メア13シリング、エクセター16シリング、トーキーまたはトットネス18シリング、プリマス20シリング、（土曜日から2週間）バーミンガム9シリング6ペンス、チェスター15シリング、バーケンヘッドとリヴァプール17シリング

ブライトンへの周遊旅行は、チャールズ・ロシターの絵『ブライトンまで往復3シリング6ペンス』に描かれ、客車には家族がぎっしり乗っている。ここでは客車に屋根はあるが、側面は開いている。しかし、イースタン・カウンティーズ鉄道のように、めったに周遊旅行を催行しない会社もあった。

YORK AND NORTH MIDLAND RAILWAY.

CHEAP PLEASURE TRIP TO HULL.—
SEA VOYAGE.

On THURSDAY, SEPTEMBEER 12TH, 1844, a SPECIAL TRAIN will leave the LEEDS STATION at Six o'Clock in the Morning, and return from Hull at Seven o'Clock in the Evening of the same Day.

FARES TO HULL AND RETURN GRATIS.
First Class, 4s. Second, 3s. Third, 2s.
Fares for the Sea Voyage—First Cabin, 2s. Second Cabin, 1s.

The above comprises a novel and delightful Excursion by Railway and Steam Ships, returning the same Day to Leeds.

The Large, Powerful, Sea-Going LONDON STEAM SHIPS, WATERWITCH, Captain Gibson; and GAZELLE, Captain Hurst, will on the above Day convey Passengers to Sea, along the North Coast, as far as BRIDLINGTON BAY, and return to Hull in Time for the Special Train at Seven o'Clock in the Evening.

These Two Steam Ships, being of great Size and Power, afford an opportunity to the Public of enjoying the refreshing Breezes of the German Ocean, and the delightful Scenery of the North East Coast.

The Vessels will sail from Hull at Nine o'Clock precisely.
Provisions, &c., on board at moderate Charges.

Passengers Booked at the Station for Hull and Sea Voyage also.

Early Application should be made for Sea Tickets, as the Vessels cannot comfortably convey more than One Thousand Passengers.

図5.1844年9月7日、『リーズ・マーキュリー』紙の広告。(大英図書館)

鉄道会社は、旅行の宣伝において、スピードとパワーを強調した汽船会社の手法を反映することはほとんどなかった。最小限の事実情報を提供するにとどめていたが、これはおそらく、次の共同広告（図5）に示されているように、利用できる時間内に特定の陸路を移動する唯一の手段だったためだろう。鉄道周遊旅行が汽船の周遊旅行とまともに競合している場合、汽船会社は「人気の快速船」や「全部門

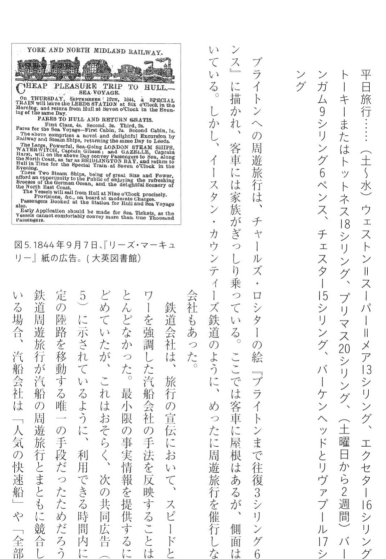

GLASGOW AND AYRSHIRE RAILWAY.

FAIR HOLIDAYS.

GRAND PLEASURE EXCURSION to KILMARNOCK and AYR, on FRIDAY and SATURDAY the 18th and 19th July.
TWO SPECIAL TRAINS,
Of FIRST, SECOND, and THIRD CLASS CARRIAGES, for KILMARNOCK and AYR, will, on each of the above HOLIDAYS, Start at the undernoted Hours:—
† AT HALF-PAST EIGHT o'CLOCK MORNING,
AND HALF-PAST NINE o'CLOCK MORNING,
When the following REDUCED FARES will be Charged by these Trains *only*:

	1st *Class.*	2d *Class.*	3d *Class.*
To KILMARNOCK AND BACK,	4s.	3s.	2s.
To AYR AND BACK, ...	5s.	4s.	3s.

Passengers purchasing a KILMARNOCK Ticket, will be allowed to travel to and from LOCHWINNOCH, BEITH, KILBIRNIE, DALRY, or STEWARTON; and Parties having an AYR Ticket, will have the privilege of coming out at any Station on the Line, and return to GLASGOW.

The RETURN TRAIN *will leave* AYR *at 6 o'clock Evening, and* KILMARNOCK *at 20 minutes past 6 o'clock Evening.*

Parties will thus have an opportunity of spending SEVEN or EIGHT HOURS in Viewing the Beautiful and Romantic Scenery of the
LAND OF BURNS.

図6. 1845年7月14日、『グラスゴー・ヘラルド』紙の広告。（大英図書館）

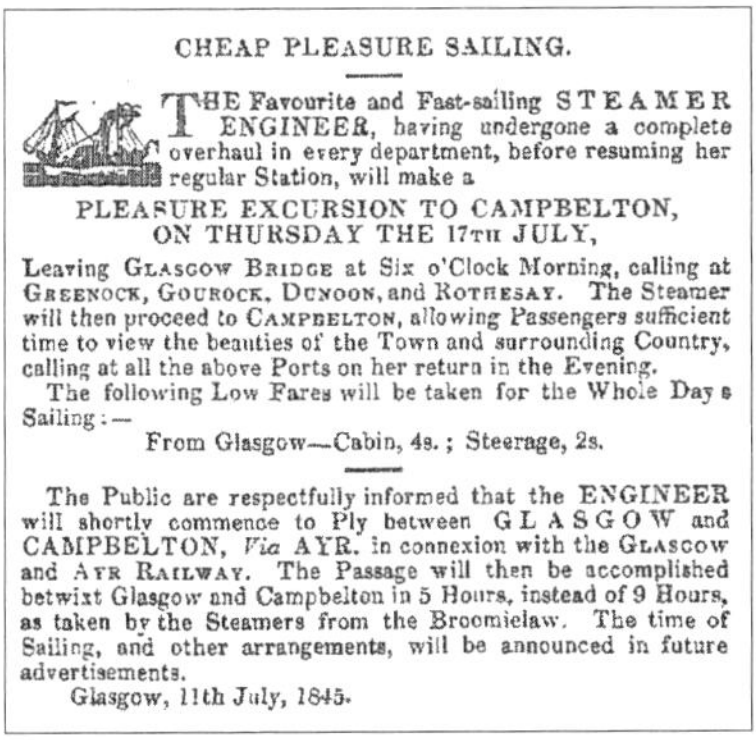
CHEAP PLEASURE SAILING.

THE Favourite and Fast-sailing STEAMER ENGINEER, having undergone a complete overhaul in every department, before resuming her regular Station, will make a
PLEASURE EXCURSION TO CAMPBELTON,
ON THURSDAY THE 17TH JULY,
Leaving GLASGOW BRIDGE at Six o'Clock Morning, calling at GREENOCK, GOUROCK, DUNOON, and ROTHESAY. The Steamer will then proceed to CAMPBELTON, allowing Passengers sufficient time to view the beauties of the Town and surrounding Country, calling at all the above Ports on her return in the Evening.
The following Low Fares will be taken for the Whole Day's Sailing:—
From Glasgow—Cabin, 4s.; Steerage, 2s.

The Public are respectfully informed that the ENGINEER will shortly commence to Ply between GLASGOW and CAMPBELTON, *Via* AYR, in connexion with the GLASGOW and AYR RAILWAY. The Passage will then be accomplished betwixt Glasgow and Campbelton in 5 Hours, instead of 9 Hours, as taken by the Steamers from the Broomielaw. The time of Sailing, and other arrangements, will be announced in future advertisements.
Glasgow, 11th July, 1845.

図7. 1845年7月14日、『グラスゴー・ヘラルド』紙の広告。（大英図書館）

で完全なオーバーホール済み」といった説明的な表現を使っているのが目立つ（図6および7）。おそらく鉄道会社は、どの車両が旅に使われるかを予測できず、古くて不適切なものになる可能性があったのだろう。一方、汽船会社は最新鋭の汽船を使って、より明快な計画を立てることができた。

1851年の万国博覧会はひとつの転機だった。博覧会クラブの結成によって市場が明確になり、何十万人もの人々がロンドンへの格安旅行を利用した[16]。グレート・ノーザン鉄道、ミッドランド鉄道、ロンドン・アンド・ノース・ウェスタン鉄道などの鉄道会社がウェスト・ヨークシャーからロンドンへのツアーを催行し、グレート・ウェスタン鉄道も同様の周遊旅行を実施した[17]。これはいくつもの理由で大成功をおさめた。この頃には、鉄道網のインフラが整備され、労働者階級がそれなりに豊かになり、さらに重要なことに、ロンドンには手頃な宿が豊富にあったからだ[18]。ロンドン・アンド・ノース・ウェスタン鉄道は、新技術を利用して競争で優位に立った。職員が新しい電信を使って、予想される輸送量についてロンドンと連絡を取ることができたのだ[19]。だが、グレート・ノーザン鉄道、ミッドランド鉄道、ロンドン・アンド・ノース・ウェスタン鉄道の間で起こった価格競争は、各社に大きな問題をもたらした。ミッドランド鉄道は、通常の旅客輸送の半分が博覧会のせいで台無しにされたと不満を漏らしている。運賃の安さと路線距離の短さ、そして他の地域からの利益を生む輸送が割を食ったためだ[20]。鉄道会社の競争は報道機関を驚かせた。1851年7月の報道は、ややぎこちない文章でこう伝えている。「大衆は、衆多名詞で命名される手に負えない集団に席を用意するのに、鉄道会社が丁重で腰の低い態度で臨むと考えていたが……ここ7日以内に、普段は静かな同胞市民を驚かせるような発表を行うほど、各社が互いを出し抜こうとしていたとは、誰も思わなかっただろう[21]」。ついには、グレート・ノーザン鉄道の周遊旅行業者が、リーズからロンドンまで往復5シリングという極端に安い価格を6ペンス引き下げることを提案したが、マンチェスター・シェフィールド・アンド・リンカンシャー鉄道に支払う料金で利益が相殺《そうさい》されてしまうため、グレート・ノーザン鉄道は結局撤回する羽目になった[22]。

この時期の周遊旅行の旅客数と収入に関する明確な証拠を見つけるのは非常に難しい。半年ごとの会議が、ときおり報道されているのみだ[23]。ロンドン・ブライトン・アンド・サウス・コースト鉄道は、1849年下半期の周遊旅行旅客数が2万6329人と大幅に増加し、1981

ポンドの収益を生み出したと報告している。前年は2373人で、収益は481ポンドに過ぎなかった。また、通常の輸送量も減少していないという。[24] 1851年には、周遊旅行の輸送収入は年に1万7715ポンドとなり、1850年から1万5695ポンドの増加となっているが、地方とロンドンの輸送量は減少したことを認めている。[25] 1850年に『ビルダー』紙に掲載された記事では、営業費と推定収入とともに、周遊旅行の輸送による収益を試算している。ここでは3200人の旅客を乗せたオックスフォードからロンドンへの旅行の推定収入を650ポンドとし、営業費30ポンドを差し引いた。編集者のジョージ・ゴドウィンは、レジャー旅行の費用を安くすることは、「事業の質を落とし、搾取する」のとは異なる、普遍的な利益とみなすことができると主張した。彼はこのことが「共倒れ的な競合から来るぺてんや搾取、その他の害悪を助長することは一切ない」とした。[26] しかしその後、鉄道会社が無秩序な周遊旅行を実施したことで、考えを改めた。[27] 周遊旅行の経費を過度に単純化して計算したことは、のちに金融アナリストに批判された。彼らは運行費（通常は、単に人件費と石炭費とされていた）に一般経費への寄与を加え、さらに臨時列車の需要や他の輸送の遅延などに対する特別経費を考慮する必要があると説明した。[28]

グレート・ウェスタン鉄道は1850年、特に日曜日に周遊旅行を実施したことで有名になった。これは毎週の収入を2000ポンド増加させたと報じられている。[29] 会長は1851年、自社の周遊列車は強力で、機関車が1台しか必要ないため、他の路線よりも安く運行できると述べた[30]。1851年上半期、同社は1850年に比べて5000ポンド多い収益を周遊旅行から得たと報じられている[31](旅客による収益の増加分の合計は3万7115ポンドだった)。同年下半期には、博覧会への周遊列車輸送が「顕著に」増加し、半期の旅客数は48万7549人増え(うち26万6645人は周遊列車の旅客)、収入は12万2427ポンド増加した[32](うち4万3329ポンドは周遊列車の収入)。これとは対照的に、グレート・ノーザン鉄道は1852年の聖霊降臨節の日曜日に周遊旅行を催行しなかったことで苦情が出た[33]。

戦略的に配置された駅の一部は、周遊旅行の輸送で非常に圧迫された。1857年の下半期には、約33万人にものぼる周遊旅行の客がチェスター駅を訪れたと報告されている。これは通常の旅客に週に約1万2000人が加わった数で、1日に110本の列車、1週間に5万人の旅客があった。その半数はグレート・ウェスタン鉄道で北ウェールズを旅し、残り半分はバーケンヘッドからマンチェスターやロンドンに向かった。チェスター・アンド・ホリーヘッド鉄道は、「追加の費用はなかったが、鉄道職員にとって楽しい労働となった」と、やや楽観的な報告をしている。これらの周遊旅行は、チェスターではミスター・ジョーンズとミスター・ミルズ、シュルーズベリーではミスター・ケリー、バーケンヘッドではミスター・マッキーによって「実施」されたが、これらはすべて周遊旅行業者と思われる[34]。過大な数字のようだが、1858年には5万2000人の旅行者が聖霊降臨節に鉄路でチェスターを訪れたといわれている[35]。

19世紀半ば、鉄道会社の組織と方針は、さまざまな方法で周遊旅行とその客を形成した。運賃、運行時期、季節、運行頻度などに関する決定が、労働者階級の旅行者の参加を促したり、思いとどまらせたりした。さらに、快適な客車か屋根なし貨車かといった、やはり参加を左右する可能性のある設備についても、鉄道会社が決定した。また、海岸線、湖、町、都市といった地理的な魅力のある場所への既存の路線を利用することもあった。

経済的恩恵に関する報道は、鉄道会社の構想を後押しし、促進した。これらの報道は、周遊旅行客の購買力を評価し、地域経済への有益な効果を認識させるものだった。1852年、シェフィールドで開催された8月の禁酒デモに訪れた周遊旅行客の支出は、鉄道運賃、庭園の入場料、その他の費用を含めて1500ポンドにのぼったと推定されている。[36] 1857年の美術名宝博覧会に関するブラックバーンの報道は、マンチェスターをイギリスの「格安旅行地帯」と表現し、この展覧会が国内各地から観客を集めることで、ランカシャー、ヨークシャー、チェシャーの主要取引を刺激すると予測している。[37] 同時に、社説特集では鉄道の周遊旅行事業を大衆の繁栄レベルの代理とするのが一般的で、このことは貧困に「値する」人々の社会的・経済的状況に敏感な中産階級の懸念を和らげる役割を果たしたと思われる。[38] 1850年には、聖霊降臨節から夏にかけて格安列車でリヴァプールに到着した何千人もの旅行者について、時代が繁栄している証拠だといわれた。彼らはみな、身なりもよく栄養も行き届いており、「必要なものを手に入れるのに十分なだけでなく、生活を楽しめるだけの余分な金も稼いでいる[39]」。その結果、中産階級は、こうした労働者階級の旅行者の身なりが「立派である」ことに安心感を覚えた。『リヴァプール・スタンダード』紙は1851年、イースト・ランカシャー鉄道が周遊旅行イベントの一覧表を作成したと報じた。これには出発地と目的地、乗客数、主催団体のタイプ、さらに「道徳的、経済的にかなり水準の高い工業地帯」のものであることが記載されていた。[40]

19世紀半ばには、旅行客の需要に応える技術開発はほとんどなかった。鉄道会社は既存の古い客車を、屋根ありも屋根なしも取り混ぜて使い続け、照明も暖房もなかった。貨車が使用されることもあり、一度に何千人もの旅行者に対応する設備が整っていなかったため、駅での混雑が問題となった。1852年までには、一部の鉄道会社の役員会で、周遊旅行輸送による「法外な収益」は、配当金として支給するよりも留保すべきだという意見が一般的になった。これをレール、機関車、客車などの消耗費に充て、駅や側線を改善すべきだというのだ。[41] 鉄道会社は、周遊旅行が収益を上げるチャンスとして奨励すべきものであるかどうか決めかねていたようだ。ただし19世紀の後半には、駅は大量の予測不能な乗客数の問題に徐々に対処し、解決していた。混雑に対処するため、特別な周遊旅行用ホームが1850年代から登場しはじめた。ブリストル・アンド・エクセター鉄道では、1854年にウェストン＝スーパー＝メアとブリストルで導入された。ヨークのノース・イースタン鉄道では、1864年にホルゲート・ブリッジ、1865年にレッドカー、1869年にスカボロー、1870年にミドルズブラで周遊旅行ホームが使われ、その後1873年に拡張された。ロンドン・アンド・ノース・ウェスタン鉄道では、バーミンガム・ニューストリートで1866年に、プレストン・アンド・ワイヤ鉄道ではブラックプールで1871年に使用された。[42]

新たな組織も一役買った。鉄道精算所は1842年に9つの鉄道会社によって設立された。その目的は各社の業務を調整することで、特に重要だったのは、旅客の通し切符の手配の促進だった。[43]同組織は鉄道会社が複数の異なる路線にまたがる周遊旅行を企画する能力を高める重要な役割を担っていた。これは市場のニーズに応え、交通を活性化させるために役立った。鉄道精算所は、ロンドン・アンド・バーミンガム鉄道のジョージ・カー・グリン会長、ヨーク・アンド・ノース・ミッドランド鉄道のジョージ・ハドソン、マンチェスター・アンド・リーズ鉄道のローズ大尉など、ロンドンからダーリントン、リヴァプールとマンチェスターからハルまでの路線を網羅する有力者の援助を受けていた[44]（図8）。グリンが主な発起人で、鉄道会社の活動を規格化することに特に熱心だった。しかし、通し切符は周遊旅行に重要であったものの、1851年の万国博覧会まで、精算所は三等旅客には特に関心を持たなかった。この頃から総支配人会議が定期的に開かれるようになり、1947年まで続いている。

1851年、経営者たちは精算所の後援により、長距離を移動する何十万人もの観光客を引きつけそうな重要なイベント、すなわち万国博覧会に向けた周遊旅行の運賃や所要時間などの戦略をめぐって、盛んに会議を開いた。[45]彼らは万国博覧会への周遊列車を7月1日まで運行しないと決定したが、より大きな権力と影響力を持つ水晶宮の設計者ジョセフ・パクストンは、6月2日から運行を許可するよう説得した。[46]彼はミッドランド鉄道の取締役であり、後援会の重要なメ

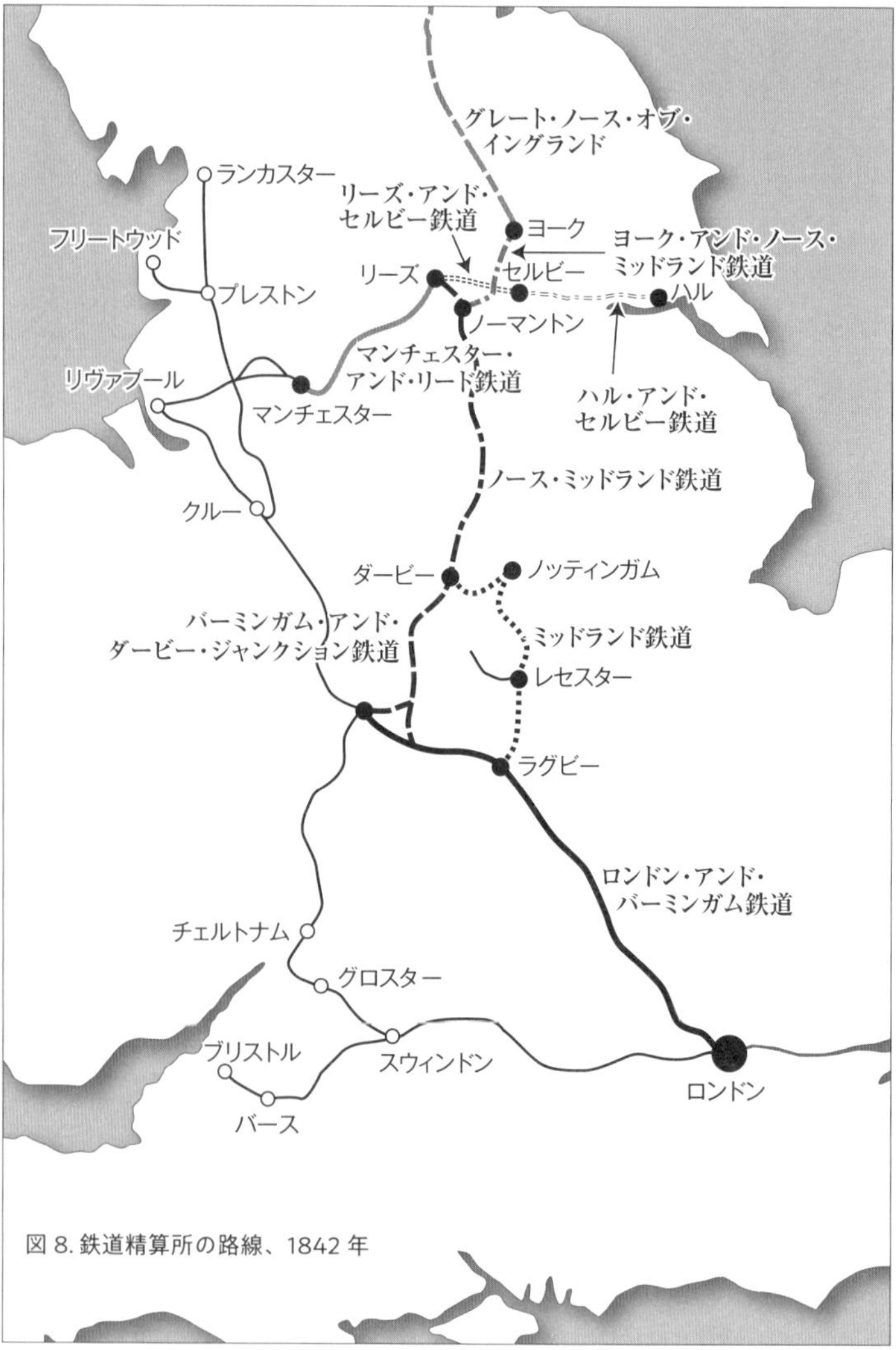
グレート・ノース・オブ・
イングランド
ランカスター
リーズ・アンド・
セルビー鉄道
ヨーク
フリートウッド
ヨーク・アンド・ノース・
ミッドランド鉄道
リーズ
セルビー
プレストン
ハル
ノーマントン
マンチェスター・
アンド・リード鉄道
リヴァプール
ハル・アンド・
セルビー鉄道
マンチェスター
ノース・ミッドランド鉄道
クルー
ダービー
ノッティンガム
バーミンガム・アンド・
ダービー・ジャンクション鉄道
ミッドランド鉄道
レセスター
ラグビー
ロンドン・アンド・
バーミンガム鉄道
チェルトナム
グロスター
ブリストル
スウィンドン
ロンドン
バース

図 8. 鉄道精算所の路線、1842 年

ンバーであったため、精算所の会合でこれを実現できたのだ。ポピュリストだったパクストンは、労働者階級が視野を広げることに賛成だったが、ミッドランド鉄道が一刻も早く輸送量を確保することにも熱心だったようだ。[47] また、聖霊降臨節の休暇の輸送、特にイングランド北部の輸送の分担に関して、さらなる議論があったと思われる。[48] リースからロンドンへ向かう汽船と競争するため、各社は運賃の値下げに同意せざるを得なかった。また、労働者階級の博覧会クラブはレベルの高い周遊旅行客を生み出すという価値を認識し、家族も含めて会員に割引料金を適用することで合意した。輸送は非常に広範囲にわたっていたため、旅行者は特別列車だけでなく普通列車で帰路につくこともあった。

しかし、その根底には、会社間の価格競争が市場からの撤退や経営破綻に影響するのではないかという懸念があった。周遊旅行事業を奨励するために運賃を下げるという戦略は、まんべんなく人気があったわけではなかった。株主の中には、1851年に運賃を大幅に引き下げたことによる利益の減少に不満を訴える者もいた。特に、乗合馬車の経営者たちが、その年に明らかに異なるアプローチを取っていたからだ。彼らは競争が限られていた短距離輸送の運賃を25パーセント引き上げた。[49] 1853年のシーズンには、精算所は周遊旅行業者に注目し、「現在の共倒れ的な競争を阻止するため」、周遊旅行業者に支払われる標準的な手数料を維持しようと躍起になった。マンチェスター・シェフィールド・アンド・リンカンシャー鉄道のハーグリーヴスはグループを設立し、過去3シーズンの周遊列車による収入、支払い手数料、会社が宣伝した旅行の宣伝用印刷費が記載された明細書が作成された。これには周遊旅行運賃と業者への手数料が含まれ、手数料には5～20パーセントの幅があったようだ。各社に回付して採用を勧めるための推奨事項について、合意がなされた。[50] 委員会は、必要な場合は地方都市で最大7・5パーセントの手数料を推奨したが、できれば業者は避けるよう勧めた。最後に、「通常運行が著しく妨げられ、損なわれる」ため、周遊旅行客に通常列車での移動は許可すべきでないと提案された。精算所に属する各社は市場の主要企業だったが、競争を恐れ、競争から身を守るために協力した。この議論の後でどうなったかは、もどかしいほどはっきりしていない。推奨事項は非常に広範囲にわたっていたので、精算所の全会員による役員会では採用されなかった可能性もある。

1857年4月、マンチェスター美術名宝博覧会を目前に控え、旅客管理者は再び会合を開いて、来たるシーズンの周遊旅行の手配について話し合った。推奨事項には、聖霊降臨節の学生とその友人の最低料金、修学旅行の「発案者および添乗員」への手数料を支払わないこと、マンチェスターからリヴァプールへの三等の周遊旅行を、土曜日から月曜日を除いて日帰りのみとすること、周遊旅行客はできる限り特別周遊列車に限定することなどが含まれていた。[51] このことは鉄道会社が、利益の高い大規模な周遊旅行ビジネスを生み出す可能性のある主要イベントの前に計画を立て、安さで勝とうとする他者への防衛策を講じながら手配を整える必要性を認識していたことを示している。

精算所の各社は、1845年には鉄道走行距離の55パーセントしか所有していなかったが、通し切符の仕組みを構築する上で、精算所は全国にわたる周遊旅行の成功に不可欠な存在だった。[52]しかし、この時期の周遊旅行に戦略的な展望があったという証拠はほとんどない。価格設定、時期、季節性、手数料の取り決めといった要素を標準化することもできたし、周遊旅行の廃止を宣言することさえできただろう。しかし、競争に直面した各社は、業者の使用に関する商業的な方針を秘密にしたがっていて、例えば大規模イベントへの輸送に対する合意などでは、交渉はむしろ消極的だったようだ。

周遊列車に関して鉄道会社が採用した事業戦略は、会長や取締役といった意思決定者の態度に左右された。これは利益の問題だけでなく、利益に反しかねない信念に基づいている場合もあった。結果として、周遊旅行の供給量、価格、時期が影響を受けた。利点を理解している取締役もいた。公益のために行動していると見られることで評価が高まり、新しい開発への支援を受けやすくなり、その結果、株主に対して価値が高まる可能性を認識していたのだ。ときには特定の会社が、格安旅行をより利用しやすい他社と比較され、公に批判されることもあった、例えば、1850年にプレストンで起きたランカシャー・アンド・ヨークシャー鉄道に対する苦情などが挙げられる。[53]同じく、1851年の『ハウスホールド・ワーズ』誌の記者は、周遊旅行をめぐるサウス・ウェスタン鉄道とグレート・ウェスタン鉄道会社の方針を比較している。[54]会社の動機に対する世間の認識は変化した。初期の地方紙はおおむね、こうした運行を許可した取締役の「寛大さ」に感謝の意を表していたが、後になると周遊旅行の輸送で金儲けをすることについて批判的な意見を載せた。例えば、1850年のシェフィールド・アンド・リンカンシャー鉄道については、周遊旅行の実施は「『薄利多売』の手口だ」と評している。[55]

利益は当然、ビジネスポートフォリオの重要な要素だが、鉄道会社は長年にわたり、交通運行の経済性をなかなか理解できなかった。それは主に、間接費の認識不足が原因だった。[56] 当時の人々の中には、1844年のブライトン線の新しい周遊旅行は利益が出るだけでなく、通常の輸送による収入にほとんど影響を与えないと考える人もいた。[57] 1850年、ロンドン・アンド・サウス・ウェスタン鉄道が新たに提供した周遊旅行の輸送による半年間の総収入は1万ポンドを超え、20万人以上の周遊旅行客を運んだが、そのうち4000ポンドは日曜日の周遊旅行によるものだった。これは誤解を招く可能性が高い。ここでの時間外労働費は223ポンドと計算され、ポーターや駅員には時間外労働に対する報酬は支払われなかった。[58] のちに政府の委員会でこの活動の経済性について質問されると、多くの取締役や管理職は、特に数日にわたる旅行では（空の車両を元の駅まで走らせる必要があるため）赤字になったと答えた。とりわけ、周遊旅行はより料金の高い通常列車の輸送に取って代わるものと認識されていたためだ。[59] 収益性に対する認識はさまざまだったようだ。場合によっては、周遊列車の運行を継続することが広報活動とみなされることもあっただろう。鉄道会社が一般大衆からよいイメージを持たれることで、より収益性の高いほかの取り組みへの支持を得ることができる。このことは、会社が厳しい監視の対象となった1860年代には、より重要になっていた。

周遊旅行の実施で既存の資源を最大限に活用するため、鉄道会社はしばしばスケールメリットの戦略を採用し、長くて重い危険な列車にできるだけ多くの乗客を詰め込むことでコストを抑えた。合併したばかりのミッドランド鉄道（１８４４年〜）は、１８５７年までロンドンへの直通列車がなかったにもかかわらず、ジョージ・ハドソン会長のもとで周遊列車の評価を高めていたが、その列車は安全性を考慮すると長すぎることが多々あった。数台の機関車が大群衆を乗せた客車を牽引したが、１８４４年にレスターの新聞は、この客車の状況について苦情を訴えた。[60]積み荷の重さによって連結器が破損し、列車の一部が傾斜を後退して衝突事故につながった。ブレーキを担当する車掌が足りないこともあった。極端に長い列車はホームの長さを超え、ときには高架橋に停車して、乗客の転倒につながった。こうした特有の安全管理の欠如は、人々の目には周遊旅行の象徴として映るようになったが、胸躍る新しい旅の抑止力にはならなかった。[61]

競争と企業の反応は市場を形成するのに重要な役割を果たした。例えば、当時のアナリストの中には、鉄道周遊旅行の価格を低く抑えるために、この新しい周遊旅行への汽船の競争効果を歓迎する者もいた。[62]１８５１年の万国博覧会の夏の価格競争は、競合する鉄道会社が事業を維持するためにどこまで価格を下げたかを示している。１８４６年の1年間を詳しく見ることで、周遊旅行の参加者に価格競争がどんな影響を及ぼしたかがよくわかる。[63]リヴァプールとマンチェスターはいずれも、バーミンガムの熟練工や中産階級と比べて、労働者階級の団体を多くを生み出したが、理由は違っていた。リヴァプールでは、1860年代半ばまでロンドン・アンド・ノース・ウェスタン鉄道が独占していた。その結果、1846年当時のリヴァプールからの周遊旅行はほとんどが格安の汽船旅で、その多くが日曜日に催行され、近郊の海岸沿いを目的地とし、人数も比較的少なかった。ロンドン・アンド・ノース・ウェスタン鉄道は日曜日の旅行を催行しなかったので、汽船に対抗するのは困難であり、内陸部への旅行の導入にも失敗した。汽船周遊旅行の料金は安く、時間帯や目的地は労働者階級の人々の利益を反映していた。バーミンガムなどのほかの都市に比べ、リヴァプールでは周遊旅行の利用者に占める非熟練で低賃金の労働者階級の割合が高かったようだ。対照的に、1846年のマンチェスターには、サルフォードを含めて5つの路線が乗り入れる4つの終着駅があり、さまざまな会社が競合していた。1846年までには、あらゆる方面への路線が利用できるようになった。南はイングランド中部地方（アルダリー・エッジへの遊覧旅行を開業したマンチェスター・アンド・バーミンガム線）、ロンドンへはロンドン・アンド・ノース・ウェスタン鉄道、東のシェフィールドへはシェフィールド・アッシュトン＝アンダー＝リン・アンド・マンチェスター鉄道（1845年開業）、リーズへは1840年からマンチェスター・アンド・リーズ鉄道、1844年にはハリファックスへの支線が開通した。1845年にはボルトンへの接続線も開通している。旅行者はプレストン、フリートウッド、アードロッサン、グラスゴーへの戦略的な接続線を利用して、スコットランドへ北上することもできた。1846年にはほかのリゾート地にも行けるようになった。例えばフリートウッドを経由したライサムやブラックプール、フリートウッドからの汽船を利用したマン島や湖水地方などだ。[64] 1846年、マンチェスターで聖霊降臨節の日曜日に大規模な工場閉鎖が行われたことで格好の市場が生まれ、競合する鉄道会社はその1週間、各地の労働者に手頃な価格の旅行を提供した。このことで日曜日の列車不足が補われたため、鉄道会社はときに周遊旅行業者の助けを借りて、周遊旅行客の導入や形成で優位に立った。これらを合わせると、聖霊降臨節の日曜日、マンチェスターでは、約40万人という巨大な移動の光景が見られた。その多くが、この時期に長期間にわたって周遊列車を使い、自由に休暇を楽しむ労働者階級だった。[65]『マンチェスター・ガーディアン』紙は、この光景を次のように評している。

「こうしたさまざまな交通手段によって、聖霊降臨節中のマンチェスターは、人口の途方もない干満の場となる。市民があらゆる鉄の出口、また水路や道路を使って、この巨大なレンガ造りのバビロンから『爽快な野原や牧草地を求めて』あふれ出すのと同じ速さで、半径30マイルの地方から、さらに多くの人々がこの大都市に流れ込んでくる。昼にはカーサル・ムーアに押し寄せ、夜になると女王陛下の領内で最もほこりっぽい場所へ戻ってくる、ほこりで喉を詰まらせそうにしている人の流れは、それ自体が知的なよそ者、哲学者、国家統制主義者、博愛主義者の強い興味を引かずにはいられない……

……判断し得る限り、鉄道は地方からマンチェスターへの観光客の流入と、田舎を訪れたり、遠方の国内に旅行したり、競馬場の喧騒《けんそう》へ出かけたりするのを好む人々の、急速に拡大する流出の両方を増加させている。このように双方向で、鉄道は人々の休暇の楽しみを促進する強力な手段となっているのだ[66]」

最初期の鉄道会社の役員や管理職は、ビジネスチャンスを開拓するという役割や活動の性質上、必然的に社会関係資本を形成する幅広い社会的・商業的人脈を持っていた。こうした人脈を活用することで、任意団体や教会団体と協力して大規模な周遊旅行事業を生み出すことができた。ミッドランド鉄道とその前身は、トーマス・クックに関連して鉄道周遊旅行の歴史にしばしば登場するが、大事なのは、その前身のひとつであるミッドランド・カウンティーズ鉄道が、ジョン・フォックス・ベル事務局長の奨励で、早くも1840年から周遊列車を走らせていたことだ[67]。同社は開業と同時に、ノッティンガムとレスターの出版社アレン・アンド・アレンと協力し、大規模な周遊旅行の草分けとなった。この出版社は1840年に『レイルウェイ・コンパニオン』という観光ガイドを出版したが、これは補助的な宣伝資料の価値を意識した共同事業だった[68]。鉄道会社は1840年の夏、レスターとノッティンガム間で4つの大規模な周遊旅行を提供し、これらはのちに「こうした性質の列車として、イギリスの鉄道で初めて走ったもの」といわれた[69]。鉄道会社は、地元の組織と協力する利点をはっきりと認識していた。1840年7月20日の最初の旅行は、ノッティンガム機械工協会の委員会によって主催されたが、彼らは鉄道会社に切符の販売を保証する前に名簿を作成していた。[70] しかし、鉄道会社がチャンスを逃すこともあった。拡大する周遊旅行の潜在的な需要を見抜けず、交通機関と宿泊施設の連携や協力が不足していた可能性もある。[71]

鉄道会社は公共財産だという見方は格段に多かった。重要な新しいサービスを提供する組織であることから、民間企業にもかかわらず、人々は鉄道会社をみんなのものだと感じていた。鉄道は、幅広い所得層の人々を雇用し、移動させ、彼らの家族や荷物を運び、地元の商人を支援し、地元の土地所有者と交渉した。このように、鉄道の役割ははっきりと目に見えるものであり、一般市民は自分たちの利益に合った機能を鉄道に要求できると感じていた。鉄道は一種の社会奉仕とみなされたため、消費者は、よりよい体験と周遊料金を求める権利があると感じていたのである。結果として、鉄道会社は事業戦略、特に事業構造の性質によって、日曜の運行に関する戦略を形成する上で制約に苦しめられた。製造業、銀行、保険会社など、他の営利企業とは対照的に、鉄道は大衆の需要に絶えず対応しなければならなかった。例えば、1848年にランカシャー・アンド・ヨークシャー鉄道の取締役が発表した報告書にはこう記されている。[72]

「鉄道はしばしば公共の財産といわれ、公然とそう主張されることさえある。残念なことだが、本来の姿である民間の営利事業としてではなく、そのように扱われることがあまりにも多い。その成功は、大衆にどれだけの利益をもたらすかにかかっているとされるのである」

ロンドン・アンド・ノース・ウェスタン鉄道のような合本会社は、事実上「株主、顧客、労働者で構成される『公』に対してある程度の説明責任を負う……政治機関」として運営されており、生き残るためには正当なものであるという威光が必要だった。[73] 残念ながら、1840年代半ばの鉄道建設ブームが合本会社の評判を落とし、1840年代から1850年代にかけて多くの法改正の対象となった。[74] 鉄道会社の役割に対する認識が広まったことで、例えば日曜運行に関する討論など、経営陣が周遊旅行の潜在力に対応する方法に影響を与えるような公開討論が数多く行われた。日曜運行に対する鉄道会社の会長や役員の姿勢は重要だった。日曜日は一般的に、大衆が余暇活動に参加できる唯一の日であり、計り知れないほどの取引が保証されるか失われるかのどちらかとなった。例えば、ストックトン・アンド・ダーリントン鉄道はクエーカー教徒の鉄道であったため、日曜日には運行しなかった。[75] 重要なのはこのように、利益追求の動機が、より広範な文化的・社会的規範によって制約されていたことである。安息日厳守主義者は、収益性の高いビジネス戦略に反対する最も強力な敵であり、この考えはきわめて広く浸透していたため、鉄道の意思決定者も日曜日の旅行に反対することが多かった（第五章参照）。

しかし、1860年代までの周遊旅行を促進し、形作ったもうひとつの大きな要因は、チャンスに対する戦略的アプローチの開発にエネルギーと熱意を傾けたキーパーソンの存在だったと思われる。彼らは社内の資源をめぐる厳しい競争の中、機関車、客車、労働者、宣伝といった資源を効果的に活用するために、十分な社会資本を必要とした。[76]このような原動力がなければ、周遊旅行は非常に限られたものになっていただろう。1850年以降になってようやく、いくつかの鉄道会社が総支配人をトップとする執行体制を標準化するようになった。それまでは「交通管理者、技術者、総務部長、弁護士、ときに取締役会」など、さまざまな人々が指揮を執っていた。[77]彼らは、全体的な経営責任はほとんど取らず、そのことは起業家精神にも影響を与えた。リーダーは部門の専門家チームのまとめ役であり、この構造は19世紀いっぱい続いた。大企業の中には、総支配人方式に従うのが大幅に遅れたものもあった。例えばグレート・イースタン鉄道、グレート・ウェスタン鉄道、ロンドン・アンド・サウス・ウェスタン鉄道、ロンドン・ブライトン・アンド・サウス・コースト鉄道などである。1865年になっても、ランカシャー・アンド・ヨークシャー鉄道には総支配人はいなかったが、彼らの場合、ほかの要因もあって周遊旅行は比較的成功していた（60ページ参照）。1920年までは部門別の方式が主流だったため、鉄道会社が事業の現実的な純収益を評価したり、部門をチームとして協力させたりすることが非常に困難だった。鉄道会社は満場一致で行動すると思われるかもしれないが、取締役、管理職、その部下が、それぞれの役割、特に経営責任の違いから、さまざまな形で周遊旅行を後押ししたり妨害したりした。鉄道の組織内がばらばらだったため、大衆のニーズを予測し、それに応える重要な手段である周遊旅行の考案と宣伝に集中することはなかなかできなかった。

取締役や管理職は、社内や地域社会での権力基盤や職歴によって、戦略的意思決定に個人差が出ることもあった。カリスマ性や行動力で権威を高めた者もいた。ジョージ・ハドソンは、安い運賃について態度を明確にしなかった。1842年に彼がノース・ミッドランド鉄道の経営権を握ると、聖霊降臨節の月曜日にリーズからマトロック行きの船に乗り継いでアンバーゲートへ向かう周遊旅行が開発され、ロンドン行きの週末格安切符も発売された。[78] ハドソンはまた、他の会社が安息日厳守主義者の影響を受けているときに、労働者階級を引きつける日曜の周遊旅行を金儲けの手段と見抜いていた。[79] しかし1844年には、特定の路線の勢圏を「遊覧用」か「商業用」かという文脈で判断する必要があることを認識していた。彼は、安い運賃、人口の多い地区、旅行習慣、株主配当のバランスを取る必要性について触れ、自分の鉄道が汽船の安い運賃に太刀打ちできないことを認めた。[80] ハドソンは安い運賃のリスクを認識していた。1846年、特別委員会に自身の路線に関する証拠を提出した彼は、土曜日に発券すると週末まで延長される一日乗車券を1・5日分の金額で提供した結果、会社の収入が減少したと主張した。同時に、輸送量を増やす戦略にも言及している。例えば周遊旅行によって「3シリング6ペンスで、バーミンガムからヨークまで140マイル、2000人を運んだ」が、彼の路線の輸送量が増加したのは、総じて運賃の安さ以外の要因によるものだと示唆《しさ》している。当時、彼は政府から運賃の値下げを強要されることを懸念していたようで、それが義務化されないことを望んだ。また競合路線との競争も懸念していた。しかし、周遊旅行の輸送がいかに革新をもたらすかをほかの路線に示した点で、彼の影響力は大きかった。[81]

経営者、取締役、会長が周遊旅行の輸送を創出するのに主導的な役割を果たした例はほかにもある。ロンドン・アンド・ブライトン鉄道の経営者ピーター・クラークは、1845年に新聞広告を積極的に活用し、日曜学校や任意団体に平日のブライトン行き特別列車を格安運賃で利用するよう働きかけた。これには最低400人の乗客が必要だった。[82] ロンドン・ブライトン・アンド・サウス・コースト鉄道の会長、サミュエル・レイングは、貧しい人々向けの安価な旅行を支持し、1850年に経済的・道徳的にはっきりとした周遊列車の成功例を示した。彼の会社は、ロンドンで初めて、周遊列車を定期的な収入源とした鉄道会社だった。[83] レイングは、貧しい人々には日曜日の気分転換が必要であり、600人がブライトンを訪れるには、列車には最低4人の人員が必要だと主張した。しかし、彼の主張は、最小限の人員で大型列車を走らせることに伴う安全上の問題や、群衆に対処する駅員の必要性を故意に無視していた。彼は、町の住人は日曜日に「密閉」されるべきではないと強調し、日曜日の運行が中止された後のスコットランドの例は、それが多くのアルコール依存症につながることを示唆していると述べた。彼は周遊列車のランニングコストを1マイルあたり2シリングと計算しているが、これはコークスなどの非固定費に基づくもので、600人の乗客の1人あたりのランニングコストを1マイルあたり25分の1ペニーと見積もるのは現実的ではなかった。彼は、周遊列車は多くの収入を生むが、ほかの日の通常運行からの収入に取って代わるものではないというデータを示し、周遊列車の運行に対する考え方に広く影響を与えた。しかし、ロンドン・ブライトン・アンド・サウス・コースト鉄道が業績を改善することができたのは、万国博覧会向けの割引運賃を提供してからのことだった。[84]

ある個人を詳しく観察することで、キーパーソンが団体向けの周遊旅行の開発にどのような役割を果たしたかを実証できる。彼らが会社を辞めると、方針の変更によって周遊列車の運行量は減少した。このことは、周遊旅行戦略の成功が、会社の構造や資源を活用するための周遊旅行「推進派」の意欲といった要因に左右されたことを示している。[85]

ランカシャー・アンド・ヨークシャー鉄道（1847年にマンチェスター・アンド・リーズ鉄道から社名変更）は、人口の多い地域を結ぶことで大きな恩恵を受けた会社だった。北西部の鉄道網は1850年までにほぼ完成し、ロンドンとスコットランドを結ぶ路線の一部としても機能していた[86]（図9の地図は1851年当時の地方の町や都市を結ぶ路線を示している）。この地域では、それ以前にあったプレストン・アンド・ワイヤ鉄道（1840年にプレストンからフリートウッドまで開通）が早い時期から格安旅行を提供していたため、周遊列車を運行する文化があった。それを促したのは、荷車で海岸を目指す陸路の旅への関心の高さで、1849年にはすでに、同時代の評論家が、毎週日曜日に30～40台の大きな馬車がそれぞれ20人ほどの乗客を乗せてプレストンを出発し、12マイルほど離れたライサムへ向かう光景を描いている。[87]

1844年以降、安価な日曜旅行を定期的に実施したプレストン・アンド・ワイヤ鉄道は、フリートウッドがリゾート地として発展するのを促し、汽船がその港を利用してアードロッサン

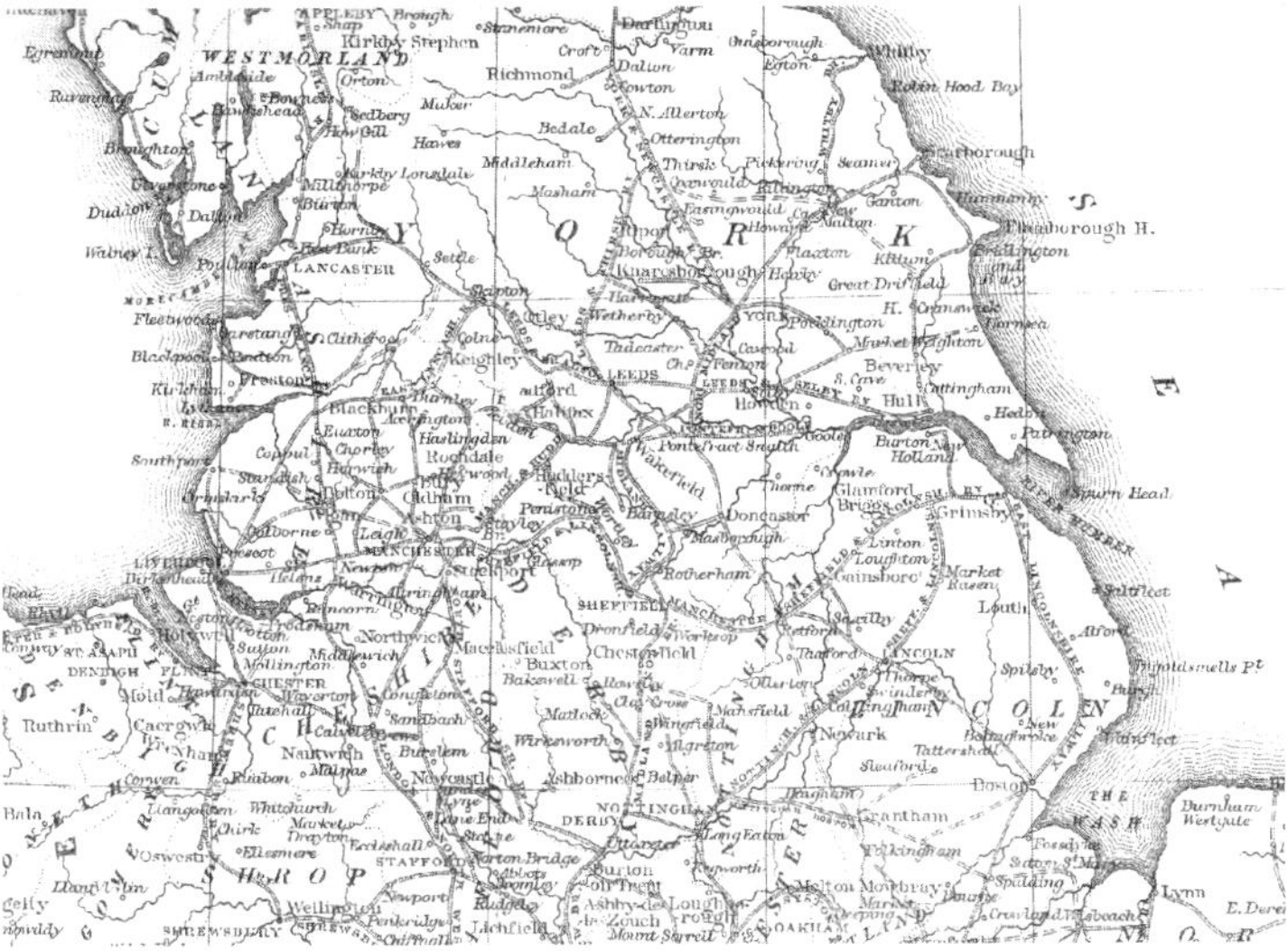

図 9. エドワード・チャートン、『The Rail Road Book of England』の地図の一部。(ロンドン、1851 年)

に就航するように仕向け、その先を鉄路でグラスゴーまで行けるようにした。距離は短いが、この路線はロンドンを発着する海路と鉄路を結ぶため、戦略的に重要だった。1846年にブラックプールとライサムへの支線が開通すると、多くの労働者階級の周遊旅行客が鉄道でこれらのリゾートを訪れるようになった[88]。ランカシャー・アンド・ヨークシャー鉄道は、特に安息日厳守主義者に抵抗できたため、突出した周遊旅行の運行で評判になったが、結局は1856年に日曜日の周遊旅行を廃止した[89]。この問題や、教会の礼拝と周遊列車がかち合うのを避けるためのさまざまな戦略に関する議論をめぐって、辞任する取締役もいた。取締役の少なくともひとりは、この問題は道徳的なものであるため、取締役会だけでなく株主全員で検討すべきだと提案した。日曜日の旅行は明らかに成功し、収益性が高く、特に猛反対した取締役たちがいなくなったことで継続に踏み切ったようだ[90]。だが重要なのは、長期にわたる周遊旅行の推奨と支援の中心的役割を果たしたのが、ヘンリー・ブラックモアという旅客管理者だったことである。ブラックモアは1850年、総支配人のローズ大尉の下、マンチェスターとヨークシャーを担当するほかの2名とともに、ランカシャー・アンド・ヨークシャー鉄道のランカシャー地域旅客管理者となった。1853年にマンチェスターの旅客管理者が辞任すると、会社はふたつに分割され、ブラックモアは西部地区の責任者となった[91]。1859年、ランカシャー・アンド・ヨークシャー鉄道はイースト・ランカシャー鉄道と合併し、独自の旅客管理者を持つイースト・ランカシャー部門が設立された。1871年に部門管理が廃止され、ブラックモアは路線管理者となった。

ヘンリー・ブラックモアはのちに、ロンドン・ノース・ウェスタン鉄道の同僚管理者ニーレから「精算所や周遊旅行の会議の常連で、労働者や日曜学校の子供たちのための格安旅行の熱心な支持者であり、素晴らしい企画者であり、とことん率直で単刀直入な人物」と評された[92]。彼の成功は、自分の責任を真面目にとらえたこと、ほかの鉄道精算所のメンバーと協力したことによるもので、中でも彼を高く評価する同僚たちの支持を得られたことが重要だったと思われる。ブラックモアの起業家精神にあふれた戦略は、ふたつの方法で周遊旅行を支えることに焦点を当てていたようだ。すなわち、さまざまなグループと協力したことと、人気リゾートへの投機的な周

LANCASHIRE AND YORKSHIRE
RAILWAY COMPANY.

BLACKBURN DISTRICT.

WHIT-WEEK.

THIS Company is prepared to make arrangements, on liberal terms, for CHEAP TRIPS, on MONDAY, TUESDAY, and WEDNESDAY, in WHIT-WEEK, from any part of the Blackburn Line, to MANCHESTER, LIVERPOOL, WHALLEY, CLITHEROE, or CHATBURN.

Parties are permitted to visit the beautiful Ruins of Whalley Abbey, Clitheroe Castle, and Sawley Abbey, every day (Sundays excepted).

Early application is requested to either Mr. BLACKMORE, Superintendent, Salford Station, Manchester; or to Mr. YEO, Darwen Street Station, Blackburn.

BY ORDER.

May 20th, 1851.

図 10. 1851 年 6 月 4 日、『ブラックバーン・スタンダード』紙の広告。(大英図書館)

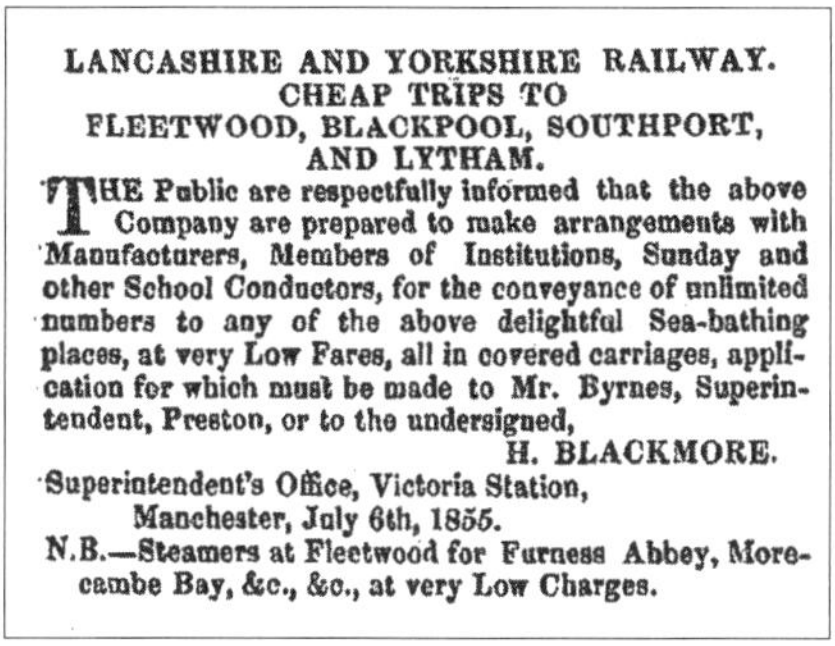

LANCASHIRE AND YORKSHIRE RAILWAY.
CHEAP TRIPS TO
FLEETWOOD, BLACKPOOL, SOUTHPORT,
AND LYTHAM.

THE Public are respectfully informed that the above Company are prepared to make arrangements with Manufacturers, Members of Institutions, Sunday and other School Conductors, for the conveyance of unlimited numbers to any of the above delightful Sea-bathing places, at very Low Fares, all in covered carriages, application for which must be made to Mr. Byrnes, Superintendent, Preston, or to the undersigned,

H. BLACKMORE.

Superintendent's Office, Victoria Station,
Manchester, July 6th, 1855.

N.B.—Steamers at Fleetwood for Furness Abbey, Morecambe Bay, &c., &c., at very Low Charges.

図 11. 1855 年 7 月 7 日、『プレストン・クロニクル』紙の広告。(大英図書館)

遊旅行を実施したことだ。

ブラックモアは、協力的なネットワークを利用して、任意団体や教会グループを促して保証された取引を生み出した。彼は、1849年9月にマンチェスターからブラックプールへ向かうマンチェスター機械工協会の旅行の連絡担当者だった。このとき彼は、往復100マイルの帰路を1シリング（さらに1シリングの追加で翌日帰着も可能）で提供するのに、機械工協会が1500枚の切符を販売するという保証を取りつけた。報道によれば、ブラックモアはこの旅行を非常に効率的かつ積極的に組織し、特にさまざまな人々が混じり合う集団の中で、大勢の作業員を管理することに気を配っていたようだ。というのも、アシニーアム・クラブや多くの機械工協会の会員は、どちらかといえば中産階級に属する人々だったからだ。[93]ブラックモアは、未開発の需要があると見た団体旅行を積極的に奨励した。1851年の広告では、聖霊降臨節の格安旅行の手配に携わるグループから仕事を募っている（図10）。1855年にも、ロンドン・アンド・ノース・ウェスタン鉄道、マンチェスター・シェフィールド・アンド・リンカンシャー鉄道、イースト・ランカシャー鉄道の同様の広告と並んで、ランカシャー・アンド・ヨークシャー鉄道は日曜学校の添乗員のためにマンチェスター周辺の聖霊降臨節の旅行を手配すると宣伝している[94]（図11）。1855年の広告は、当時としては異例だった。この頃には、ブラックモアは興味深い広告戦略を採用し、「人数無制限」、「楽しい海水浴場を激安で……すべて屋根付きの客車」など、きわめて肯定的な言葉で売り込んでいる。こうした手法は、鉄道会社の簡潔で事実に即した広告では、通常は見られないものだった。これは特定の言葉を使って団体客の欲求を刺激する初期のマーケティング手法を示すものだが、ブラックモアの場合は自社が新型客車を導入し、より多くの乗客を収容できるようになったことに触発された可能性もある[95]。

ブラックモアの経営方針を示すいくつかの証拠が、1858年の検視審問に関する報道記事に掲載されている。ダドリー近郊のオックスフォード・ウスター・アンド・ウルヴァーハンプトン鉄道で起きた、日曜学校向けの格安周遊列車が巻き込まれた重大事故に関する記事で、彼は周遊列車の慣行に関する専門家証人として呼ばれている。彼は、自社が日曜学校に「列車を提供する」と宣伝したのは、日曜学校の子供向けの列車を宣伝するのとは対照的なことだと述べた。列車を提供した後は、「日曜学校とは無関係の人々に無差別に切符を発行することを駅長に許可せず」、彼らの慣行は、「その列車に乗る人々にひとまとめに切符を発行する」ものだった[96]。これは、周遊旅行で自分自身や会社が個々に切符を売るという仕事から距離を置く効果的な方法に見えるし、旅客数をコントロールする方法にも思われる。

しかし事故報告書からは、ブラックモアと同僚がランカシャー・アンド・ヨークシャー鉄道の周遊旅行の運営で人員と車両コストを最小限に抑えることで、スケールメリットを強く求めていたさらなる証拠が見て取れる。1857年、リヴァプールからウィガンに戻る工場労働者の周遊列車が貨物列車と衝突し、その原因のひとつはカークビーでの遅れだった。[97] この事故に関する報道と調査官の報告書には若干の相違がある。前者は、1100人の乗客から切符を回収していたのはひとりの男性とひとりの少年だけで（これがカークビーで停車した理由である）、衝突が起きたのは切符の回収が「半分も終わっていない」20分後のことだったと示唆している。調査官の報告では、3人の車掌と駅長、ひとりの少年が、衝突のわずか5〜8分前にこの作業を行っていたという。真相がどうだったにせよ、衝突の一因はこの厄介な旅客処理のプロセスであり、主な原因は、タイミングの不一致に加え、貨物列車の運転手と車掌が信号を無視したことだった。しかしブラックモアは、できる限り自分の義務を果たした。自ら負傷者のもとを訪れ、金銭が支払われるよう手配した。

ランカシャー・アンド・ヨークシャー鉄道は一般的に、利益至上主義の「悪徳会社」と指摘されており、同社が乗客をうまく利用していた明らかな証拠がある。[98] 1849年、労働者階級の周遊旅行者は、座席もなく屋根もない家畜車に押し込められ、主に修理のための停車が原因で往路は6時間、復路は5時間、ずっと立ちっぱなしだったという体験が記録されている。[99]同じやり方は1859年10月にもあったが、政府の調査官がこの路線の乗客が風雨にさらされていることに異議を唱えたため、仮設の屋根が取りつけられた。[100]

この路線では周遊旅行の乗客が激増したことで、定期運行から撤退した客車が使われるようになり、駅のポーターは車掌として働かなければならなくなった。1853年、会社は特別委員会から、周遊列車の運行に関する危険な慣行について厳しく批判された。[101]その原因のひとつは、周遊旅行業者を利用したことだ。ジョセフ・スタンレーのような周遊旅行業者に切符を販売させ、総売上高の10パーセントの手数料を支払った場合、会社が需要を予測できないことが判明した。こうした列車は乗客数への対応が不十分だったことがよくあり、多すぎる客車や貨車を牽引する機関車に危険な過重量を負わせることになった。ブラックモアに直接委託された、特定の人数を対象とした団体周遊旅行なら、規模が予測できる点で多少は安全だった。1860年までには、ランカシャー・アンド・ヨークシャー鉄道の管理者ノルミントンは、経費節減のため、そしておそらくは、より安全な荷重での需要予測のため、周遊旅行業者を使わないよう会社に提案した。取締役たちは、「職工、学校、協会、ベルヴューへの日帰り旅行」といった「保証された」周遊旅行、つまり簡単な事業は地域の管理者に任せ、投機的な事業、すなわち広告を出すような周遊旅行にのみ業者を使うことにし、手数料は純利益9580ポンドまでは4パーセント、それ以上は7・5パーセントとした。[102]

ブラックモアの第二の戦略は、やはりスケールメリットを生かして、ブラックプールの成功に続く海辺のリゾートへの投機的な周遊旅行を独自に開発することだった。1855年7月、ランカシャー・アンド・コークシャー鉄道とノース・イースタン鉄道は、マンチェスターからスカボローへの特別格安往復旅行を実施し、4年後にはさらに、ランカシャーからスカボロー、ブリドリントン、ハルへの旅行を提供した。[103] ブラックプールへの周遊旅行の運行を促進したブラックモアの役割は1860年に認められ、地元の有力な商人たちは彼に銀食器を贈った。[104]

キーパーソンの重要性は、鉄道の急速な変化の中で明らかになったため、ほかの鉄道会社の代替案をよそに戦略を形成することができた。ランカシャー・アンド・ヨークシャー鉄道は、他社が乗り気でなくなった1860年代を通じて、引き続き周遊旅行を推し進めた。1867年には、同社の貨物輸送管理者J・スミチェルズが鉄道に関する王立委員会に、特に聖霊降臨節には収益性の高い周遊旅行を数多く運行し、熱心に奨励していると報告している。[105] この輸送は、同社の路線を使った10マイルほどの短距離だった。[106] しかし、1870年代初頭には会社は方針を変更しはじめ、1875年にブラックモアが引退した頃には大きく変わった。[107] 同僚のひとりは、1871年の中央集権化に伴い、部門管理が廃止されたことで、周遊旅行の成功が妨げられたと指摘している。手配を求める地方団体からの問い合わせがマンチェスターの本部に転送され、対応が遅れるためだ。また、同社は周遊旅行の運賃を値上げしたため、客は運賃の安い他社を利用するようになった。[108] 周遊旅行の開発におけるブラックモアの役割は、社会的目標に敏感なビジネス戦略に集中したことであり、同社がこの事業で成功したのは、彼の着眼点が大きな要因だったと思われる。しかし、スケールメリットを利用した同社の手法は、団体旅行者を非常に劣悪な状態で輸送したため、評判が悪かった。

鉄道会社は新しい周遊旅行の手段を提供したが、周遊旅行に対する大衆の需要を刺激したのは、特定の社会的組織だった。急速に拡大した任意団体は、教会グループとともに、大規模な周遊旅行団体を動員した。

第三章

さまざまな任意団体と教会グループ

「マンチェスター・アンド・リーズ鉄道――月曜日にウェイクフィールドからハルへ向けて出発した特別遊覧列車は97両編成で、乗客はおそらく今までに例のない、4000人という途方もない数だった。彼らは『古代フォレスター騎士団』とその他の支部会員、その友人たちだ。少しの事故もなく、夜になって一行は予定時間に30分と遅れず帰ってきた。誰もが大いに喜び、安くて楽しい旅に満足していた。この路線の経営者は、こうした巨大列車を普通列車と同じくらいやすやすと使いこなしているようだ。同じような無数の周遊旅行が計画されている。夏の間、製造業の労働者が、同様の娯楽をわずかな費用で楽しめない週はほとんどないだろう」[1]（1844年）

19世紀半ば、新しい鉄道周遊旅行の需要開拓に大きな役割を果たしたのは、任意団体や教会グループだった。日曜学校、機械工協会、禁酒協会、共済組合などであり、その「立派な」イメージにより、彼らの活動は労働者階級の余暇を改善するのにふさわしい方法として、中産階級に支持された。彼らは旅行の意欲があり、団体として鉄道会社と交渉する能力を持った既製のグループであるという特徴を持っていた。そのため、彼らは19世紀の旅行史では珍しく、この活動において利用者の代表になれたのである。1844年、『マンチェスター・ガーディアン』紙は、周遊旅行の安い運賃を実現したのは鉄道会社自身ではなく、宗教団体の需要だったと評している。[2]任意団体が周遊旅行を奨励したのには、さまざまな動機があった。貧しい人々を楽しませるため、会員を拡大するため、あるいは道徳的集団としての評判を高めるためなどだ。資金集めを期待するものもあった。1850年代の地方紙には、資金集めが目的の旅行を提供する任意団体の例が数多く掲載されており、周遊旅行者に、慈善事業のためになる旅行に参加することを勧めている。[3]

日曜学校は19世紀半ばの子供にとって重要な体験であり、1851年には15歳以下のイギリス人口の38パーセントが日曜学校に在籍していた。大きな工業都市で教会や礼拝堂に通うのは10人に1人以下だった時代のことだ。[4]リーズのエドワード・ベインズが1843年に計算したところでは、日曜学校の生徒はヨークシャーの製造業地区で15万8528人、ランカシャーで21万8412人、チェシャーとダービーシャーでは3万5591人を数え、合計40万8531人にのぼった。つまり、これらの地域の人口のおよそ5人に1人が日曜学校に通っており、その大半は非国教徒だった。一方、これらの製造業地域の平日学校の生徒数は21万5592人で、右記の半分に過ぎなかった。[5] しかし、いくつかの差異はある。ベインズはマンチェスター、リーズ、プレストンの日曜学校の生徒数が、当時の平日学校の生徒数を圧倒的に上回っていたのに対し、リヴァプールではそうではなかったと示唆している。おそらくこれは、アイルランドからの移民によってカトリックの子供の数が増えたためだろう。とはいえ、プレストンもカトリック人口は多かった。

日曜学校に通う子供や若者のほとんどは労働者階級で、現にマンチェスターなど一部の地域では、日曜学校は労働者階級の若者のクラブだった。このことは、20世紀にもある程度当てはまる。[6] この地域の日曜学校は伝統的に、鉄道の開通によって大量輸送が可能になる前は、ダナムまでの遠足に300人乗りの運河定期船（ボート）を使っていた。日曜学校の生徒の数が増え、指導者や改革者が合理的娯楽を求めた結果、起業家精神にあふれた中産階級の日曜学校経営者という新たなグループが生まれ、彼らが組織的な影響力を駆使して、巨大市場に向けて周遊列車を開発し、宣伝できるようになったのは明らかだ。これらは1840年代から1850年代にかけての鉄道旅行の主要な構成要素となり、旅行の水準や需要を形成した。またこれらは、競馬週間など放蕩《ほうとう》が繰り広げられそうな場から大勢の子供たちを地方へ遠ざける方法としても宣伝された。こうした旅行は、1831年にはすでに委託されており、リヴァプール・アンド・マンチェスター鉄道が、日曜学校の旅行で150人の乗客がマンチェスターからリヴァプールまで往復するのを、通常の3分の1の料金で許可している。[7] 休暇の鉄道周遊旅行の需要に対応するためのインフラが整備された、例えば、1846年にマンチェスターで出版された『半日休のハンドブック』は、日曜学校がこの地域の周遊旅行を計画するのに役立った。[8] その年の聖霊降臨節の休暇には、約1万4000人の日曜学校の子供たちがマンチェスターからシェフィールド・アッシュトン＝アンダー＝リン・アンド・マンチェスター鉄道の周遊旅行に出かけたが、さらに3000人の子供が、定員に達したため残念ながら残ることとなった。また、マンチェスター・アンド・リーズ線の旅行には1万2000人の学生が参加したが、安全上の理由から、その客車はすべて普通列車に連結された。[9]

報道機関は日曜学校運動を支援し、鉄道周遊旅行は合理的娯楽だと強調した。記者や解説者は、日曜学校の周遊旅行者たちの眺めを、のどかで牧歌的なものとして抒情的《じょじょうてき》に表現することが多かった。

「日曜学校の経営者や教師は、興味深い子供たちの集団をまとめ、列車を手配して田舎に連れて行く。子供たちは屋外でロールパンやケーキ、ミルクを振る舞われ、気の向くまま好きなように楽しむことが許される。鉄道で旅する人々は、樹木が茂る野原のあちこちに、こうした楽しげな日曜学校の子供たちが集まっているのをたびたび目にすることだろう」[10]

一方、1848年にリーズの新聞に掲載されたマンチェスター近郊の旅行に関する記事では、日曜学校旅行の性質のばらつきが浮き彫りになっている。純粋に日曜学校の生徒向けで、管理者が指揮する旅行もあれば、一般市民が含まれ、生徒たちが混雑した群衆の、ときにけしからぬ行為の対象となるような旅行もあった[11]。旅行が危険なものになったり、しばしば大混雑が発生したりすることもあった。リーズのセント・ジョージ・スクールとセント・フィリップ・スクールが9月に44両の列車でヨークへ向かった修学旅行では、6歳未満の子供には親か友人の同伴が必要だと念を押された[12]。6～7歳の子供が最小限の監督下でこうした活動に参加するという発想は、現代のイギリスの慣習と比べると衝撃的だが、1842年の工場法に従えば、当時は8歳の子供でも合法的に織物工場で働くことができたのだ[13]。

1858年、ダドリーのすぐ南でショッキングな事故が起きた。オックスフォード・ウスター・アンド・ウルヴァーハンプトン鉄道による、ウルヴァーハンプトンからウスターへの格安日曜学校旅行でのことだ[14]。当時、これは最悪の鉄道事故だった。安い往復運賃（ウルヴァーハンプトンから大人1シリング、子供6ペンス）のため、数多くの大人の旅行客が集まり、45両の客車に約2000人が詰め込まれた。その結果、列車は2本に分割された。事故は夕方の復路で起こった。最初の列車が急勾配を苦労して上ろうとしていたが、やがて後部客車の一部が連結を外れて猛スピードで後退し、2本めの列車の正面に衝突した。大人15人が死亡、80人以上が負傷し、その多くは重傷だった。車掌は事件の直後、適切にブレーキをかけなかったとして故殺の有罪判決を受けた。

日曜学校旅行の主催者は、周遊旅行を一種の集団パフォーマンスに見せ、道徳改革という文脈で組織力を誇示した。子供たちが参加するときには、見物人に自分たちの善行を強調するため、地元でも旅行先でも、整然とした行進をさせた。もちろん行進は、周遊旅行が発達する前から、祝祭日における子供の伝統的な活動だったが、周遊旅行はそれが普段の生活空間から遠く離れた場所で行われることを意味した。大事なのは、共同体の通りを歩く権利は伝統的に重要な意味を持ち、注目を集めるものだったため、グループがこのような方法で正当な権利を見せつけたという事実だ[15]。

1856年の『フレイザーズ・マガジン』誌の記者は、同年のマンチェスターからウォートリーへの日曜学校旅行について書いている[16]。彼は一等車から観察していた中産階級の乗客だったが、その描写は典型的な旅の喧騒をとらえている。客車の一部は屋根のない家畜車で、子供たちは動物のようにうなったり、ぶうぶういったりした。彼は、目的地の駅にひしめく群衆について、「人間の川」が、さまざまな方向に枝分かれして、「支流」となったと語っている。教師は部屋を12時間借りていたので、お茶をいれる前に「よく手を洗う」ことができた。日曜学校の経営者が周遊旅行の団体を管理するのに使ったさらなる手段は、旅先で賛美歌を歌うことだった。これもまた、道徳的改革という考えを強化するものだ。1846年8月のリーズの日曜学校によるスカボローへの旅行には、870人の生徒を含む約2540人が、54両と40両の客車からなる巨大列車で参加した。指導者は、この機会に道徳的なモチーフを取り入れようと、子供たちに『気高き鉄道』を歌うよう促した。この賛美歌は、数年前にアメリカの詩人J・アダムスが鉄道の発達を受けて作曲したもので、人々を鼓舞すると同時に、やや脅迫的な内容でもあった。この曲は、信仰を守った者だけが天国への上り列車に乗り、悔い改めなかった者は地獄への下り列車に乗るとほのめかしている。[17]したがって、鉄道はよい人生を表し、罪人は駅に置き去りにされる。この考えは、生徒たちのものの見方や行動を強化するためのものだった。しかしこの旅行は、参加人数が多かったため、コントロールするのが難しかった。到着後、子供たちはスカボローの教室まで行進する予定だったが、多くの参加者が砂浜に行くのを不安がったため、計画は断念せざるを得なかった。砂浜へ行くのは「多くにとって、初めての体験だった」のだ。[18]

教会の旅行には、年配の周遊旅行者が参加することもあった。ウォリントンの教区牧師だったウィリアム・クケットは、1857年にシドナムの水晶宮への周遊旅行を主催し、415人の教区民が参加した。[19]クケットはそれ以前のキャリアの大半をロンドンのイースト・エンドで過ごし、その先駆的な活動によって、チャールズ・ディケンズに「模範的な牧師補」と仕事ぶりを評された。[20]「教区牧師の旅行」と呼ばれた水晶宮への旅行は、その実現に向けた準備のレベルの高さが際立っていた。1年前、クケットは旅行者に、旅行代金を毎週積み立てる貯蓄クラブを始めるよう勧めた。また、水晶宮の展示での主な見どころを紹介する一連の講義を設け、ロンドンの重要な名所に関する覚え書きを配った。出発当日の早朝には、ラッパ吹きが午前4時半にラッパを鳴らして旅行者を起こし、駅ではクケットが旅行者を30人ずつの客車グループに分け、それぞれ「隊長」が率いた。ロンドンに到着すると、彼らは隊列を保ったまま水晶宮へ向かった。ロンドンで2泊し、数え切れないほどの名所や景色を楽しんだ後、一行はウォリントンに戻った。

1830年代から1840年代にかけて、製造業の町では多くの任意団体が設立され、さまざまなグループが複雑に入り交じっていた。彼らは都市文化の発展や、社会の経済問題に対処しようとする中産階級のエリートたちの欲求と密接に結びついていた。同時に彼らは、改革主義への懸念の影響も受けた。町や都市は団体にとって発展性のある受け皿であり、団体が存在することは地域社会の安定度を示していた。こうした団体は周遊旅行にうってつけの市場であり、推進力でもあった。社交性と、より遠くへ行ってみたいという意欲のある、大規模なグループだったからだ。例えばリーズでは、実際には政府よりも任意団体のほうが革新や実験において力を発揮し、鉄道会社がこの新しい輸送に車両を使う実験に間違いなく影響を与えたといわれている。[21] 主な世論形成者は、合理的娯楽として会員に熱心に旅行を奨励し、同時に会員もアイデアを共有して、ほかのコミュニティとの障壁を取り払おうとした。[22]

より小さな町では、団体が周遊旅行を主催した例もある。マンチェスターの東に位置するデューキンフィールドに村立図書館を設立したサミュエル・ロビンソンは、機械工協会の熱心な支持者だったが、チャーティストの影響力が強まることへの懸念から、知識を広める一方で、労働者に雇用主と協力するよう促した。1839年の会合で、ロビンソンは次のような乾杯のあいさつをしている。

「村の旅行者と、周遊旅行の楽しみに乾杯。そして、鉄道や汽船によって実現した、楽で早く経済的な交通手段によって、多くの人が休暇を利用して、祖国のあちこちにある美しい自然の情景や興味深い建造物に親しむことができますように[23]」

ロビンソンはここで、任意団体の力を利用して労働者に観光地の美しさを楽しませる、一種の浄化剤としての周遊旅行を熱心に支援しようとしていたようだ。同時に、労働者と雇用主間の権力争いを懸念した彼は、周遊旅行を一種の「飴《あめ》」として、階級闘争や労働者の権利の要求といった考えを取り除こうとした。

任意団体のほとんどは、都市の有力なエリートの権力と身分を強調するために作られ、こうした組織の大半は中産階級が占めていた[24]。サー・エドワード・ベインズ・シニアは、『リーズ・マーキュリー』紙の発行だけでなく、リーズ機械工協会やヨークシャー機械工協会組合の指導者として重要な役割を果たした[25]。1846年にはブラックバーンで任意団体が権力を行使した例がある。聖霊降臨節の月曜行進委員会は、地元の商人が慈善協会による聖霊降臨節の祝賀行事を支援しないことに不満を抱き、来年は別の場所に周遊旅行を依頼すると脅した[26]。また、中産階級のリーダーが貴族と交渉し、品行方正な任意団体が周遊旅行で田舎の屋敷を訪れる手配をすることに大きな喜びを感じていた例も数多い[27]。

場所によっては、1846年のハルのように、機械工協会や文芸哲学協会があっても旅行を委託するような団体を組織できる有力な中産階級がおらず、別の人々がその役割を担うこともあったようだ。[28]この年、ハルで報道または宣伝された周遊旅行は、2件を除いてすべて鉄道会社や汽船会社が直接主催したものだった。ハルの中産階級は概して少数で、例えばリーズやバーミンガムのように、任意団体が周遊旅行の手配で強力な役割を果たすことはなかったと思われる。[29]バーミンガムには、労働者とその家族を対象とした貯蓄クラブや慈善協会が数多くあった。1851年には、「現実であれ想定であれ、共済のための協会という原理がバーミンガムほど広く行き渡っている町は、おそらくイングランドにはないだろう」と報告されている。[30]そこには家族のためのクラブがいくらでもあった。

「家庭の父親は、同業者クラブ、オッドフェローズ、介護葬祭共済組合、あるいは自由保有土地協会、マネークラブ、時計・印章クラブ、周遊旅行クラブなどを組織する。母親は医療クラブ、石炭・コークスクラブ、小麦粉クラブ、ショールクラブ、シルクドレスクラブ、そしてクリスマスにはプディングクラブやガチョウ・ジンクラブに参加する。一方子供たちは、学校に通っている場合、2週間に半ペニーを疾病クラブや衣料品クラブに持っていく[31]……」

このようなクラブの例は、周遊旅行のための貯金がごく普通のことだったことを意味している。ほとんどの任意団体は中産階級に起源を持つが、共済組合は、例えばマンチェスターなどでは、本質的にはほとんど労働者階級の組織だった。これらはさまざまな理由で中産階級の攻撃を受けたが、特に居酒屋で会合を開くことが非難された。多くの団体が鉄道旅行を主催した。オッドフェローズとフォレスターズは１８４６年にリーズからスカボローまで行き、古代フォレスター騎士団は１８４６年9月にリーズからハルへと、さらに遠出した。[32]同じく、69ページに掲載した報告では、１８４４年にウェイクフィールドからハルへ向かう「怪物列車」に乗った４０００人のフォレスターズの大群衆が描かれている。[33]

機械工協会は、鉄道周遊旅行の歴史上、重要な役割を果たした。１８２０年代、急速に拡大する町に対する懸念は、不安定さと労働者階級の騒乱への不安を招き、篤志家たちは、こうした問題に対応できそうな解決法として、機械工協会に盛んに資金を提供した。賞賛に値するその目的は、「町や地域の階級の低い人々」を会員に引き入れ、「科学、文学、芸術を指導する」というものだった。[34]最初期の機械工協会は１８２３年にロンドンとグラスゴーに、１８２５年にはバーミンガムに設立され、１８４９年までにはイングランドとウェールズに２０４の機械工協会が存在した。機械工協会を支配していたのは善意の中産階級が多かったため、一般労働者をどれほど引きつけたかは定かではない。[35]マンチェスター機械工協会の会員のほとんどは、肉体労働者というより「事務員、倉庫番、小規模の商人、店主」だったことが示されている。[36]マンチェスター、リヴァプール、ロンドンの機械工協会は一般庶民には遠い存在で、ランカシャー、チェシャー、イングランド中部地方では、「多数の」労働者階級が通う機械工協会はほとんどなかったようだ。[37]しかし、ヨークシャーでは事情が異なるようで、ヨークシャー機械工協会は労働者の教育需要を支え、多くの場合、労働者によって管理されていたことが示唆されている。例えば、ブラッドフォード機械工協会には1858年に1203人の会員がいたが、そのうち65パーセントが「機械工、労働者、倉庫作業員」だった。[38]他の地域で労働者階級があまり参加しなかった理由としては、魅力的なテーマがなかったこと、党派政治を排除したこと、より基礎的な教育が必要だったこと、中産階級が力ずくで労働者階級を管理しようとしたことなどがあったようだ。[39]

機械工協会による周遊旅行は、主要人物の利益に応じて、いくつかの目的で発展した。彼らは新しい鉄道の潜在力を歓迎し、労働者を郊外へ連れ出したり、文化的な体験を紹介したりする啓《けい》蒙《もう》的な方法とみなした。総じて、会員とその友人や家族によるこうした周遊旅行は、機械工協会のより広範な目的にかなうものであり、機械工協会の役割を広く知らしめるためのものだった。[40]周遊旅行は、合理的娯楽のためだけでなく、「観察の範囲を広げ、知性を向上させ、人間の本質にある優しく博愛的な性質を育むため」にも奨励された。[41]マンチェスター機械工協会（1824年設立）に所属する銀行家ベンジャミン・ヘイウッドは、「地質学的、植物学的、動物学的に興味深い場所」への旅行や、鉄道の切り通しの断面、炭鉱、塩鉱の見学を提案した。[42]彼はまた、会員にブラックプールを訪れることを勧めた。ここには彼の家と、深い交友関係があり、それらは驚くべきことに軽い娯楽だけでなく、海に沈む夕日を眺め、「宇宙を形成し、自然を支配する全能の力」を崇敬《すうけい》するためのものだった。だが、彼がこの野望を達成したのは1849年のことだった。[43] ヘイウッドは新しい汽船に触発され、1827年には早くも機械工協会の周遊旅行を提案していたが、マンチェスター機械工協会がリヴァプールへの周遊旅行を企画したのは1833年のことで、その後は1840年代後半まで行われなかった。[44] 主な演説者は、自分たちのグループがこのような大規模な周遊旅行を実施するのを可能にする、蒸気の力を褒めたたえた。1838年には早くも、ヨーク機械工協会が、新しい汽船エボール号でウーズ川を下り、ヨークからナバーンへ向かう水上旅行を企画した。220人が参加したこの旅行は、レクリエーションと娯楽に「知的・道徳的な精神修養」を組み合わせることを目的としていた。[45]

機械工協会の中には、会員に地方の新鮮な空気を体験させせようとするものもあった。もっと高尚な目的としては、コミュニティ間の障壁を取り除くというものがあった。[46] ほかの機械工協会との関係を発展させせようという考えも、周遊旅行を推進する原動力のひとつだった。農業地区には機械工協会は少なかったが、周遊旅行は機械工協会の活動範囲を都市部から農村部へ拡大する布教活動のひとつとして利用できた。ヨークシャー機械工協会組合（創設者のひとりはリーズのエドワード・ベインズ）は、1849年6月にフランボロー・ヘッドへの旅行を企画し、フランボローの人々に協会の開設を勧めた。[47] 参加者のひとりはワズワースの若い製造業者で、300人近くを雇っていたといわれるが、この旅行に何人の労働者が参加したかははっきりしていいない。この旅行に参加したある講演者は、ヨークシャーの評判が「市民社会の範囲を超えた」視点から見てどれほど変わったかを振り返り、今では「よそ者は恐れることなくわれわれの町を訪れる」と語った。こうした周遊旅行では、旅行者はヨークシャーのウェスト・ライディング（西部）とイースト・ライディング（東部）の風景を見比べることができた。重要なのは、このような旅が、機械工協会のメッセージを広める役割を果たしたことで、要人たちは地元の漁師にこのような機関を設立することを促した。[48]

1840年の機械工協会の旅行は、大群衆によって報道機関や大衆の目を引き、ほかの組織もそれにならうようになった。[49]最初の「怪物列車」は、1840年8月にリーズ機械工協会からハルまで運行されたものといわれており、40両の客車に1250人を乗せている。これが数多い怪物列車の最初であり、その後、ノッティンガムやレスターが続いた。[50]1840年代から1850年代には、機械工協会のグループが年1回の周遊旅行に出かけた例が数多くある。リーズ機械工協会は、ウェントワース・パーク（1846年）、カースル・ハワード（1847年）、ボルトン・アビー（1848年）、チャッツワース（1849年）、湖水地方（1850年）、ウィットビー（1852年）、マンチェスター美術名宝博覧会（1857年）への旅行を企画した。ハダースフィールド機械工協会は、ヨーク（1844年と1846年）、リヴァプール（1845年）への旅行を企画し、1847年には野心を発揮して、フリートウッド、ブラックプール、湖水地方、マン島へと旅した。これは明らかに、ほかの機械工協会の訪問というよりも観光であった。興味深いことに、このような旅行が企画されたのは、「青年層に『大規模で封建的な乱痴気騒ぎ《らんちき》』、すなわち1週間も続き『深刻な不摂生』につながる地元の祝宴への嫌悪を抱かせる」ためだったといわれている。ブラッドフォード機械工協会は、1846年にウェントワース・パークへの旅行を企画した。キースリー機械工協会の最初の周遊旅行は1850年に実施され、700人の会員とその友人がスタッドリー王立公園、ファウンテンズ修道院、リポン、ハロゲートを訪れた。リポンでは、「彼らは製造業の町の喧騒に比べ、通りの静けさにひどく驚いた」という。合同周遊旅行もあった。1847年7月、バーバリー、ブリドリントン、ドリフフィールドの機械工協会がフランボロー・ヘッドへの周遊旅行に参加し、200人以上が47両の客車に乗った。ブリドリントン機械工協会は、「輝かしい1日、力強く美しい風景、目新しい実験、心の団結、野外会議での調和的効果」についてコメントしている。[51] ストックトン機械工協会の会員200〜300名によるリポン訪問では、スタッドリー遊園地とリポン大聖堂の見学があまりに楽しかったため、参加者はリポン機械工協会が用意した特別な「夜会」とティーパーティーを欠席した。リポン機械工協会は、かなりの軽食を無駄にしたことだろう。[52]

1846年7月のリーズ機械工協会によるサウスヨークシャーのウェントワース・パークへの旅行は、ほかの4つの機械工協会との共同だった。近隣のビングリー、ブラムリー、カークストール、ガーフォースの機械工協会を含めた会員、出資者、友人が参加し、のちにブラッドフォード機械工協会の会員200人が加わった。[53] 2本の長い列車は「旗で飾られ」、たっぷりと入る「禁酒用やかん」で、公園の「立派な楡《にれ》の木陰」でお茶が振る舞われ、市長が出席し、バンドが演奏した[54]。リーズ機械工協会は中産階級が率いる大規模で有力なグループで、1500人の会員と出資者がおり、エドワード・ベインズが重要な役割を果たしていた。彼らはその影響力を利用して、フィッツウィリアム伯爵邸への旅行を企画することができた。この旅行に関する記事を見ると、報道機関がこうした旅行を好ましく輝かしいものとして紹介し、「牧歌的物語」を描くことにいかに固執していたかがわかる。一方で、悲惨な死亡事故は無視された[55]。バーンズリーの近くで起きた事故に関する別の記事では、着付け師の青年が別の男性と三等車の座席の上に立ち、印刷されたガイドとともに風景を見ていたと書かれている。屋根のない車両だったに違いなく、不運にも、列車が急に動いたためにふたりとも隣の車両との隙間に投げ出され、死亡した。いずれも労働者階級に属しており、もうひとりの被害者は元仕立屋で、のちにリーズのホテルでバーテンダーをしていた。事故は本人の軽率な行動が原因とされた。彼らは会員ではなかったが、機械工協会はその後、死亡したうちのひとりの息子に対して教育費を支払った。だがこの善意は、もうひとりの不幸な旅行者の子供には届かなかった。そちらは女の子しかいなかったからだ[56]。

この旅行は当初、月曜日に計画されていたが、ダービーからリーズへ向かう別の中部地方の旅と重なる可能性があったため、水曜日に変更された。3つの等級（最も安い等級は2シリング）の切符が発売され、1800枚が売れた。旅行当日、最初に出発した列車は三等車が中心の36

両編成、その30分後に出た第2列車は一等車と二等車の31両編成で、それぞれバンドと旗を携えていた。これは中産階級と庶民に分けようという決意の表れに見える。車両の数から見ておおむね同じくらいの数だったと考えられるが、どちらの日も普通の労働者には都合が悪かったようだ。だが、三等車を利用するのは労働者階級ばかりとは限らず、中産階級は最低限の快適さでも三等車を利用して運賃を節約することに抵抗はなかった。参加者は公園でダンス、クリケット、ボウリングなどを楽しんだ。またお弁当を持参したり（ほとんどの参加者はそうしていた）、事前にお茶のチケットを買っておいたり、ダーフィールド駅近くの「立派な宿」で食事したりすることができた。移動中や目的地ではバンド演奏があった。ほかの田舎の屋敷への訪問と同じく、かなり歩くことが予想された。例えば、ほとんどの人がダーフィールド駅で下車し、およそ5～6マイルを徒歩で移動し、ほかの人々は列車で公園から約4マイル離れたマスボローまで行った。公園ではホルムファース機械工協会の一行も加わり、訪問者の総数は約5000人にのぼった。屋敷自体は要人にのみ公開されたが、人々は公園、庭園、鳥小屋、動物園を見学できた。[57]

主な報道機関の関係者がしばしば機械工協会に関係していたため、機械工協会の旅行に関する新聞記事は通常、長く詳細なものになった。[58]広告も冗長になりがちだった。例えば1848年、ブラッドフォード機械工協会は『ブラッドフォード・オブザーバー』紙に、長文の、おそらく金のかかる広告を掲載した。これは、スキプトンに新しく開業した駅への旅行を告知するためのもので、三等の運賃は1シリング6ペンスだった。安価なガイドブックが利用でき、訪問先の地域に関する無料講義があり、広告にはその一帯の美しさについてワーズワースの詩の一節が添えられていた。このときの旅行は失敗に終わった。切符は348枚しか売れず、全16両のうち12両が三等客車で、新聞の解説者は機械工協会の損失を推定した。[59]成功しなかった理由はいろいろとあるようだ。天候が不安定で、当日は雨だったこと、ブラッドフォードでチャーティストの闘争が起こり、大群衆に対する懸念が生まれたこと、織物労働者が多数失業し、町の商人にも影響したために、景気が悪かったことなどである。『リーズ・マーキュリー』紙の記事からは、『ブラッドフォード・オブザーバー』紙に書かれなかった別の側面が明らかになった。機械工協会はこの旅行を翌週の聖霊降臨節の休暇中に開催したかったが、鉄道会社（リーズ・アンド・ブラッドフォード・エクステンション鉄道）が、何らかの理由で「手配に取りかかるのを拒否」したため、多くの人が旅行に参加できない平日に催行されたというのだ。また、例えば湖水地方への旅など、聖霊降臨節のほかの旅行との熾烈《しれつ》な競争にもさらされていた。[60]驚くべき特徴は、1848年6月5日に実施される旅行の完全な詳細を記した広告が出されたのが6月1日で、切符の申込締切が24時間後だったことだ。広告に記された締切が短かった例はほかにもあるため、口コミやチラシなどほかの宣伝手段に頼っていたか、短時間で参加を決めることに慣れている市場を相手にしていたのかもしれないが、機械工協会にとってはリスクの高い戦略といえるだろう。[61]

1849年9月、1555人がランカシャー・アンド・ヨークシャー鉄道でマンチェスターからブラックプールを目指した機械工協会の旅行の報告には、典型的な要素が数多く見られる。[62]まず、旅行が月曜日に開催された点だ。つまり、多くの労働者が休日に選ぶ「聖月曜日」である（132ページ参照）。料金は非常に安く、日帰りで1シリング、翌日に帰りたい人は2シリングだった。鉄道駅までの通りは、「楽しげな老若男女で混雑し、活気にあふれ、客車の『いい場所』を確保しようと足を速めていた。傘、ショール、オーバーコート、杖、包み、籠など……さらには大型バスケットや瓶……大人には日用品、子供にはペストリーまで……山ほど抱えている」。ある列車には47両、別の列車には17両の客車が連なっていた。車両の等級による料金の差はなく、あらゆる車両が使用されたが、天候のせいで屋根のない車両はなかった。ブラックプールの人々は、「鉄道駅から町に流れ込んでくる途方もない人間の川に驚いた」という。旅行者はさまざまな海辺の活動に参加し、中には「浜辺を調べて貝殻や地質学的な石の標本を探したり、砂丘で植物学的または昆虫学的なものを探したりする」者もいた。

機械工協会の旅行は成功することが多かったようだ。また、機械工協会が周遊旅行を委託することで、クラスや講義の出席者よりはるかに幅広いグループの参加につながった可能性がある。会員は家族や友人を周遊旅行に参加させるよう勧められ、旅行は一般の人々にも宣伝されたためだ。機械工協会は、ときに経済的リスクに直面しながらも周遊旅行の初期にその需要を喚起し、企画する上で重要な役割を果たした。彼らは許容できる娯楽という周遊旅行の評判を高める集団を作り上げたのである。

社交界を起源として1820年代に始まり、1833年までに約15万人の会員を有した禁酒運動は、周遊旅行の発展を推進するもうひとつの起業家精神あふれる強力な団体だった。[63] この運動は、安息日厳守主義、非国教派、チャーティズムとのつながりもあった。[64] アルコール依存などの群衆行動に対する懸念から、評論家や改革者は、きちんと組織された鉄道周遊旅行がこうした問題を減らすのに役立つことを期待した。もう一度いうが、ほとんどの交通史は、主にトーマス・クックの役割に焦点を当ててきた。彼のネットワークが禁酒運動と結びつき、独自のツアーを発達させ、ブランド戦略によって周遊旅行が目に見えるものになり、報道機関や一般大衆にこの新種のレジャー旅行がいかに好ましいものかを知らしめたのは間違いない。しかし、禁酒運動そのものが果たした役割を認識することも重要だ。

禁酒協会は大規模な男性の集団で構成され、初期には労働者階級のものだったことは間違いなく、例えばマンチェスターなどでは急進的な性質が底にあった。中産階級の管理下に入ったのは1860年代になってからだ。[65] 禁酒運動は階級闘争から分裂した。労働者階級は、禁酒改革者が自分たちにビールを買わせまいとしながら、中産階級や上流階級の人々が家やホテルでワインを飲むのを認めていることに不満を持っていた。この運動では、飲酒の問題に対する取り組み方はさまざまで、絶対禁酒を主張する者もいれば、蒸留酒だけを禁ずる者もいた。リーズ禁酒協会は、1836年に絶対禁酒の公約を導入したが、これに反対した創設メンバーは、結局は協会を去ることになった。[66] これらの協会は、福音主義的な取り組みを熱心に行い、その目的を全国に広めたいと切望した。それにより、新しい鉄道を利用した大規模な周遊旅行に適した市場と原動力が生まれ、さらに1840年代から1850年代にかけて、新聞の定期的な記事がそれを広めた。禁酒協会は新しい鉄道旅行の利点を、無視できない一種の自然発生的な広告として見た。熱心な会員は、機械工協会の団体が田舎を歩くときと同じように「集団で」人の目に触れた。こうした大規模な禁酒運動グループは、大都市や町で定期的に大会を開催していたため、旅行の需要が高まり、それを提供する鉄道会社にも利益がもたらされた。1841年にはダービーで大規模な禁酒フェスティバルが開催され、バーミンガム、バートン、タムワース、ノッティンガムから何千人もの訪問者がやってきた。[67] 1850年にハルで開かれた同様のイベントには、列車で6000人以上の訪問者が集まった。[68] 禁酒協会の周遊旅行は、開催地に大集団の力を見せつけることで、グループの潜在的な力を表現するものだったといえるかもしれない。運動の構造に基づいたこのような周遊旅行は、目的追求のため、トーマス・クックというひとりの旅行業者の活動よりもはるかに広範囲に及ぶこともあった。

禁酒委員会の中には、労働者や貧困層のための格安旅行を積極的に企画したものもあった。プレストンでは、禁酒運動がバックとなって、年に1度の「貧民の日」に海辺への日帰り旅行が企画され、20年にわたって続いた。この旅行は、乗客の軽食用にパンとともに大量の牛乳が運ばれたことから、バターミルク旅行とも呼ばれた。軽食付きで1人8ペンスという格安切符は、慈善家や雇用主が購入し、必要としていると思われる人々に配られた。[69] しかし、すべてが順調だったわけではない。1849年7月に『プレストン・クロニクル』紙に寄せられた投書の主は、プレストンからフリートウッドへの慈善旅行は「憂鬱な娯楽だった……その日は……土砂降りだった」と不満を述べている。[70] これは、ランカシャー・アンド・ヨークシャー鉄道を通じて禁酒委員会が企画した、この旅行の公式報告書とは対照的だった。報告書のほうは非常に好意的な内容であり、これもやはり、後援者たちの機嫌を取るためのものだったと思われる。

1846年8月、リーズ禁酒協会はモーペス卿の厚意でカースル・ハワードへの旅行を企画し、敷地や庭園だけでなく屋敷を見学する許可を得た。3つの等級が売り出され、2000人の周遊旅行者が、70両編成の列車2本で旅をした。[71] 駅は屋敷から3マイル離れていて、多少の交通手段は使えたが、ほかの人々は「この距離を徒歩で移動」しなくてはならなかった。近隣の町や村からは、さらに多くの訪問者が訪れていた。バンド演奏と演説によって、禁酒というテーマは広く行き渡り、クリケットや食べ物の屋台もあった。このとき、訪問者は40人のグループになって屋敷を見学することになっており、案内人と内部職員が監督した。カーライル伯爵夫人とその家族が歩いているのも見られた。「不法侵入や損害」はなかったと報告され、それはのちに、報道機関に公開された家族からの手紙で裏づけられた。このときには事故は一切なかった。

資金集めの目的で旅行が企画されることもあった。ブラッドフォード・ロングプレッジド禁酒協会は1849年、さまざまな鉄道会社を利用したリヴァプールやスキップトンへの日帰り旅行を企画し、その利益を会館建設費の借金返済に充てたと報告されている。しかし、1858

年のカークストールへの旅行は赤字だった。[72]

禁酒運動はこのように、この時期の周遊旅行団体の発達を促すのに特に重要だった。無視できない生きた広告手段という新しい鉄道旅行の利点を認識し、格好の市場を作ったのだ。大きな都市や町で催される定期的な大会は、会員に旅行を呼びかけることで取引を増やし、関係した鉄道会社に利益をもたらした。

最後にもうひとつ、旅行の「企画者」の例を紹介しよう。歴史の解説に登場しないからというだけでなく、きわめて地域的なレベルで鉄道旅行を成功させた個人の能力と行動力を示すことができるからだ。ロンドンのベスナル・グリーンの牧師ジョセフ・ブラウンは、その能力と、教区の貧しい人々の暮らしを改善するためのたゆまぬ努力で注目されていた。１８５０年の『ザ・リーダー』紙の記事では、彼は「まさに教区民の中で生活し……その暮らしぶりに熱心に、徹底的に入り込んだ」と評されている。[73]ブラウンは、お金のない人々が手頃な価格で休暇を過ごすことの価値を認め、１８６５年までの20年間、地元の労働者や貧しい人々のために、多額の補助金を出して毎年大規模な鉄道旅行を企画した。最初はベスナル・グリーンの彼の教区（１８４４年〜）で、ロンドンのブラックフライアーズにあるクライストチャーチ教区（１８４９年〜）が続いた。こうした周遊旅行は通常7月の月曜日に行われ、何千人もの人々が参加した。例えばリッチモンドへ１５００人（１８５１年）、ブライトンへ７０００人（１８５９年）、ハンプトン・コートへ２５００人（１８６５年）といった具合である。その資金は、一部は彼自身の資産から、一部は篤志家から、一部は鉄道会社との交渉による値引き運賃から、そして一部は労働者の寄付金からまかなった。彼は豊富な人脈や後援者を利用して資金を調達した。彼には幅広い「高貴で裕福な友人」がいた。活動はこれだけではなかった。その他の慈善活動としては、ブラックフライアーズのアルバート協会（貧民学校、読書室、貸出図書館、寮、浴場、洗濯場があった）、リッチモンドのハムにあるコレラ孤児院、ロンドンにふたつの施設を持つ、「家のない」使用人のための女性使用人の家協会などがある。

ブラウンの遠足には、感化院の収容者、救貧院の入院者、慈善学校の子供たちとその家族が参加した。旅行にはロンドン・アンド・サウス・ウェスタン鉄道、ロンドン・ブライトン・アンド・サウス・コースト鉄道、サウス・イースタン鉄道など、複数の鉄道会社がかかわった。参加者の中には小額の寄付金を払う者もいたが、感化院の収容者など、無料席の恩恵に浴した者もいた。料金は格安だった。例えばリッチモンドへの旅行は6ペンスで、お茶とケーキを含む軽食が出され、年配者にはビールと煙草が追加された。ときおり、旅行の詳細が報道記事に出ることもあった。例えば、7000人近くが参加した1859年のブライトンへの旅行では、労働者の運賃は1シリング2ペンス（無料席以外）で、ブラウンはロンドン・ブライトン・アンド・サウス・コースト鉄道に2シリング6ペンスを払い、その差額を自身の資金と篤志家《とくしか》からの寄付金でまかなったと伝えられている。1回の旅行で、助成金の総額はおよそ430ポンドに及んでいる。[74]

1850年の報道記事は、リッチモンドへの周遊旅行者の様子を生き生きと伝えている。[75]

「リッチモンド駅からこれほど大量の人間が流れ出したことはなかった……『あふれ出してくる、洪水のように押し寄せてくる』と、感服したように旅行者が叫んだ。まさしくその通りだった――奇妙な生きた奔流《ほんりゅう》――身ぎれいな子供たちの波――灰色のショールを身につけた感化院の女性たちのうねり、予想以上に大きな笑顔の少女たちのほとばしり」

記者は、この年に一度の珍しい行事によって、働く大衆と教区の貧しい人々の間に、より深い理解が生まれたと示唆している。

「こののんびりとした流れは、極貧に直面していた。そしておそらく、その歴史上初めて、自らを新しい側面から知り、目に見えないところで働く影響を認識し、自らの悩み、悲しみ、目的、よりよい気質を尊重することを学んだ。こうした知識の目覚めの兆候は、旅が終わっても消えることはなかった……教区は分断を悔いることを学び、共通の利益と共通の感情を知ることを学んだ」

これはブラウンの狙いのひとつだったように思える。つまり、周遊旅行を利用して階級が意図的に交わる機会を作ることで、近くに住む他者の社会的状況を、より思いやりをもって理解させるという考えである。1852年、彼は有名な旅行の成果として、リッチモンドの労働者階級から感謝状を贈られ、この出来事は『イラストレイテド・ロンドン・ニュース』紙で取り上げられた。[76]ブラウンは起業家精神にあふれた並外れた人物だったようで、貧しい人々に余暇の旅行を楽しませるという大義のために、熱意と人脈を持った人物がその資源をどれほど活用できるかを実証している。1867年8月にブラウンはこの世を去り、その後、功績を認められることはなかったようだ。

しかし、さらに広範囲にわたる鉄道周遊旅行の普及に貢献したのは、別のタイプの個人、すなわち周遊旅行業者だった。そして、トーマス・クックが多くの人に知られている一方で、この時期の大移動を推進したのはほかの業者だったのである。

第四章

周遊旅行業者

「故ミスター・スティーヴンソンが鉄道の父といわれたように、ミスター・マーカスは格安旅行の父といってもよいかもしれない。何百万人もの労働者階級が、マーカス氏の尽力のおかげで、健康、娯楽、教養を大いに増進できたことは間違いない」[1]（1853年12月）

旅行業者とは、ひとつまたは複数の輸送会社と組んで仕事をする個人であり、こうした人々は大衆の自由な移動に多大な影響を与えた。イギリスの鉄道史の大半は、鉄道周遊旅行の誕生について論じる際にトーマス・クックに焦点を当てているが、ほかの業者も同時期に活動しており、はるかに大規模な労働者階級市場で事業を展開していた。このことは、リヴァプールを拠点とする周遊旅行業者ヘンリー・マーカスをたたえる右記の新聞記事の証言にも表れている。しかし、トーマス・クックの評判がほかの業者の評判を完全に凌駕《りょうが》し、広く行き渡ったのは、彼の経営が長続きしたからだ。

　独立した周遊旅行業者は、利益を得るために周遊旅行を利用したが、その中で社会的目標を達成し、世間の評判を高めた。彼らは経済的目標と社会的目標を融合させた社会起業家といってもいいかもしれない。1840年代から1850年代にかけて、多くの周遊旅行業者は、特にイングランド北部で「大衆の友」として強大な評判を築き上げ、起業家精神、マーケティング、運営能力を組み合わせて、大量の一般労働者が広く移動できるようにした。彼らは、自分たちの商品の評判を高める、今でいうブランディングの力を認識していた。また、周遊旅行の参加者を支援するためのマーケティング手段として、ガイドブックやその他の仕組みを開発した者もいた。トーマス・クックは現在、こうした周遊旅行業者の中で最も有名で、1841年に初めてツアーを催行した「最初の」周遊旅行業者で、「発案者」で、この分野を代表する業者だと、ほぼ必ずいわれている。[2] しかしそれ以前にも、主に鉄道会社が企画した鉄道旅行は存在した。さ

図12. 1850年、リーズ、ノルマントン、キャッスルフォードからのクリスマス旅行のチラシ。

らにクックは、下位中産階級や地方在住者ではあるものの、中産階級の市場にサービスを提供していた。また当時、特にイングランド北部には、リチャード・スタンレー、ジョセフ・スタンレー、ジョセフ・クリスプ、ジョン・カトル、ジョン・カルヴァリー、ジョセフ・ディアデン、ヘンリー・マーカスなど、同じくらい重要な業者がいた。イングランド中部地方では、ウェリントンとオーケンゲーツのジョン・ホールストン（ホールストンの格安旅行）、ウォルソールのミスター・ブースなどが挙げられる。[3] 図12のチラシは、1850年にリーズのミスター・T・クラパムが企画した、ハル、ヨーク、スカボローへのクリスマス旅行を宣伝したものである。乗客の輸送にかかわる鉄道会社について一切触れていないのが典型的だ。こうした業者の多くは大衆によく知られ、よく利用されていた。

1846年の地方紙に掲載された広告を見ると、1840年代には、特に北部と中部地方にさまざまな鉄道周遊旅行業者が存在したことが確認できる。[4] ヘンリー・マーカスはプレストン、リヴァプール、マンチェスターから、リチャード・スタンレーはマンチェスターから、トーマス・クックともうひとりの無名の業者はリーズからの旅を宣伝している。バーミンガムにはジョーンズ社、J・ガーデナー、サンサム・デイ・アンド・サットンがいた。このように、トーマス・クックは当時営業していた多くの業者のひとつにすぎず、一等と二等の切符のみという高価格帯の市場で操業していた。ただし、彼の運賃は移動距離が長いことを反映しており、1846年にはスタンレーやマーカスの長距離旅行の運賃と同程度だった。

周遊旅行業者の商習慣については、ほとんど説明されていない。業者が普通列車の切符をブロック単位で買い占め、割引販売することもあったようだが、特別周遊列車を出すほうが多かった。同時に、経済的リスク、手数料の割合、鉄道会社への保証という問題もあった。大手鉄道会社は業者に独占権を与えることができたため、こうした業者がこの分野での主役であったことは間違いない。初期の業者は、専業で営業していた者もいたようだが、町で別の商取引に従事する商人であることも多かった。1846年のウェイクフィールドでは、印刷業者のミスター・ヘップワースと会計士のミスター・オールドフィールドが、スカボローへの周遊切符を販売している。[5] 周遊旅行業者が輸送量を増やすには、鍵となる要因があり、1853年のジャーナリストによる記事で論じられている。[6] ひとつ目は、国土の大部分で単一の軌間が利用できたため、必ずしも列車を乗り換えることなく長距離を移動することが可能であったこと、ふたつ目は、鉄道精算所のシステム（第二章参照）により、複数の路線にまたがる通し切符が買えたこと、3つ目は、運賃の低さが大衆にとって魅力的であったことだ。

トーマス・クックが初期に成功を収めたのは、禁酒仲間とのネットワークを利用して鉄道会社の要人と強い関係を築くことができたためだ。若い頃は村を巡回する宣教師だったという経歴も、短期間にさまざまな人をさばくのに役立ち、ときには説教のテクニックを使って取引を生み出すこともできた。1851年のリポンの商人の日記には、クックが1851年に万国博覧会への周遊旅行を告知するためにやってきたが、事前に手配していた会合に誰も来なかったので、外に出てエール樽の上に立ち、注意を引いたと記されている。[7] しかし、費用と時期を考えると、クックの旅行はほかの階級のためのもので、大衆向けの日帰り旅行とは無関係だったともいえる。

クックが一身に注目を集めることで、ミッドランド・カウンティーズ鉄道や、後継のミッドランド鉄道が初期の周遊旅行の企画に果たした役割はかすんでしまった。彼らはクックと同時期にこうした旅行を実施していた。[8] 1840年のミッドランド・カウンティーズ鉄道の「怪物列車」による機械工協会の周遊旅行は、クックがこの事業に乗り出すのに影響を与えたと思われる。ミッドランド・カウンティーズ鉄道のジョン・フォックス・ベルは、ほかにも旅行を企画している。例えばプレストンやリヴァプールからロンドンへの周遊旅行、1842年6月にはマトロック行きの船に乗り継ぐアンバーゲートへの周遊旅行、1843年にはレスターからラグビー、ノッティンガムからダービー、さらにリヴァプールへの周遊旅行を企画した。鉄道会社が消極的で、旅行業者も参入していなかった1840年代初頭に旅行を企画した人々は、仲介業者の支援なしに参加者を募り、鉄道会社と交渉しなければならなかった。このことは関係者へのリスクもはらんでいた。例えば、ある「庶民」のグループは、1846年にブリッグハウスからリヴァプールまで600人を運ぶ列車を予約したが、天候が悪かったため100人しか参加せず、かなりの損失を出した。[9]

トーマス・クックに関する物語は、歴史上ひときわ目立っている。その理由は、彼が

1845年に初めて個人として商業ベースでツアーを行った人物であるとされ、その後の事業が今日まで続く大規模なものへと発展したためである。膨大《ぼうだい》な保存記録の存在も、彼の重要性に関する研究を数多く生み出した。しかし、リヴァプールのジョセフ・クリスプなど、同時期に操業していたほかの業者は比較的短命だったため、長い間忘れ去られていた。[10] クリスプは1840年代初頭に旅行を斡旋《あっせん》し、全国のさまざまな都市で広告を出し、1845年からは大陸への周遊旅行の先駆けとなった。1843年5月の『リヴァプール・マーキュリー』紙と『プレストン・クロニクル』紙に掲載されたクリスプのロンドン旅行の広告には、宿泊施設の情報も含まれている。これらの広告は前年（1842年）の旅行にも言及しており、したがってクリスプのほうが早くからミスター・ヒーリーと協力し、グランド・ジャンクション鉄道やロンドン・アンド・バーミンガム鉄道と契約していたことになる。

周遊旅行の発明でクックが果たした役割は重要だが、それは総合的な体験と切符の組み合わせとしての「ツアー」を最初に考案したひとりとしてであり、格安旅行の先駆者としてではない。例えば彼は、南ウェールズからバーミンガムを通ってイングランド北部やエディンバラへ向かう年1回のツアーを催行した。こうしたツアーは費用もかかり、仕事を休んで時間を作らなくてはならないため、主に中産階級向けのものだった。興味深いことに、旅行の表現方法にも階級が反映されている。労働者階級は「小旅行（トリップ）」、中産階級は「周遊旅行（エクスカーション）」、上流階級は「ツアー」に出かけた。[11] クックのツアー成功の鍵が組織をまとめる能力だったのは間違いなく、それに人脈作りの手腕と禁酒会とのつながりが加わって、商業的な成功に結びついた。団体旅行における彼の重要性は、ほかの業者とともに、こうした事業がどれだけうまくいくかを鉄道会社に示したことだ。ただし、すでに鉄道会社自身が周遊旅行を企画していた例もある。

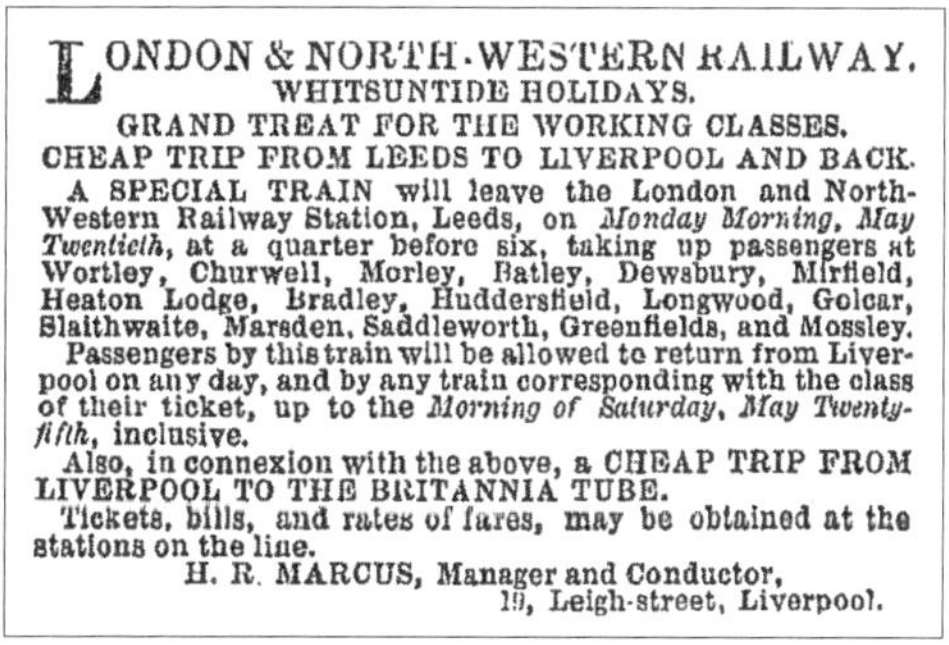

LONDON & NORTH-WESTERN RAILWAY.
WHITSUNTIDE HOLIDAYS.
GRAND TREAT FOR THE WORKING CLASSES.
CHEAP TRIP FROM LEEDS TO LIVERPOOL AND BACK.
A SPECIAL TRAIN will leave the London and North-Western Railway Station, Leeds, on *Monday Morning, May Twentieth*, at a quarter before six, taking up passengers at Wortley, Churwell, Morley, Batley, Dewsbury, Mirfield, Heaton Lodge, Bradley, Huddersfield, Longwood, Golcar, Slaithwaite, Marsden, Saddleworth, Greenfields, and Mossley.
Passengers by this train will be allowed to return from Liverpool on any day, and by any train corresponding with the class of their ticket, up to the *Morning of Saturday, May Twenty-fifth*, inclusive.
Also, in connexion with the above, a CHEAP TRIP FROM LIVERPOOL TO THE BRITANNIA TUBE.
Tickets, bills, and rates of fares, may be obtained at the stations on the line.
H. R. MARCUS, Manager and Conductor,
19, Leigh-street, Liverpool.

図13. 1850年5月18日、『リーズ・マーキュリー』紙の広告。(大英図書館)

イングランド北西部の人々の多くにとって、周遊旅行業者のヘンリー・R・マーカスは、1840年代半ばから「格安旅行の父」、「周遊列車の創始者」として知られていた。このことは、1869年3月、ロンドン・アンド・ノース・ウェスタン鉄道が25年にわたる彼のサービスを廃止した際、『リヴァプール・マーキュリー』紙に掲載された顧客の感謝の言葉に強調されている。[12] 1804年頃にロンドンのホルボーンで生まれたヘンリー・マーカスは、リヴァプールに移り住み、1841年にはリヴァプールのニュートン・ストリートに住んでいた。彼はそこで煙草屋を開いていたといわれている。1843年に地元の女性テオドシア・ファザカーリーと結婚し、この頃から「周遊列車の車掌」として働きはじめたようだ。[13] マーカスは、クックが扱った中産階級の観光客とは対照的に、労働者階級に焦点を当て、彼が企画した旅行の中には「労働者階級の大いなる楽しみ」と直接的に宣伝されたものもある[14]（図13）。彼はロンドン・アンド・ノース・ウェスタン鉄道と協力して、ロンドンをはじめとする都市への周遊旅行を実施しており、1846年の鉄道の設立当初から代理業者に任命されていた。リヴァプールの自宅（当時はリー・ストリート）で独立して仕事をしながら、周遊旅行の宣伝、切符の販売、「列車の運行を管理」することで、シーズンが終わるとロンドン・アンド・ノース・ウェスタン鉄道とその他の鉄道の両方から手数料を受け取っていた[15]。1849年4月には、パリとブリュッセルへの長期旅行を販売し、「娯楽場」や「きちんとしたホテルと宿」の情報を盛り込んだ「手引書」で周遊旅行を後押しした[16]。「マーカスの格安周遊旅行」として知られる彼の旅を宣伝する上で、チラシが重要だったのは明らかだ。

マーカスは価格を低く抑えようとし、例えば1852年にはリヴァプールからバーミンガムまで往復7シリング、ロンドンまで往復18シリングだった[17]。ほとんどの格安旅行運賃は非常に手頃な価格に設定されており、1マイルにつき半ペニーほどだった。これに対して、1851年1〜6月のロンドン・アンド・ノース・ウェスタン鉄道の三等車の運賃は、1マイルにつき平均0・92ペンスだった。1850年のリヴァプールの港湾労働者は週給18〜24シリング、船大工は週給20シリングだったので、当時のロンドンへの往復運賃は、男性労働者の1週間分の賃金に相当するものだった。これでもかなりの多額だと思われるかもしれないが、週単位で慎重に貯金をすれば達成できる可能性はあり、多くの人が一生の思い出となる体験ができたと思われる。社会的目標の達成におけるマーカスの役割は、早くも1853年には公に認められていた。マーカスの栄誉をたたえる紳士委員会が組織され、リヴァプールとマンチェスター地区における彼の仕事の価値に光が当たった。[18] 1846年から1850年にかけて、彼は10万人以上を運び、ロンドンからエディンバラとグラスゴー、ダブリン、リヴァプールとマンチェスター、バンガーとコンウィ、チェスターとシュルーズベリー、バーミンガム、カーライル、ペンリス、ウィンダミア、ケンダル、ランカスター、プレストン、ハダースフィールドへの数日間の周遊旅行を宣伝したと報告されている。[19] 1851年末までには、同年の万国博覧会への膨大な輸送を含め、20万人をロンドンに運んだといわれる[20]（それに比べて、トーマス・クックは1850年のシーズンに1万5246人の旅行者を運んだと発表している）。[21] マーカスは、1851年の万国博覧会への周遊旅行、1852年のウェリントン公爵の葬儀、1857年のマンチェスター美術名宝博覧会への周遊旅行の販売促進で、その奮闘ぶりとエネルギーが記憶されている。[22]

マーカスは車両をうまく利用して事業を成功させた。1853年、ある新聞特派員はマーカスの旅行は双方向で利用できると書いた。つまり、ロンドン市民も北部の市民も恩恵を受けることができ、列車には「楽しみを求める二通りの人々、すなわち出かける人と帰宅する人」が乗っていた。[23] 彼は同時に、社会的利益をもたらす者として知られ、「すべてを動かす有力者……地域社会全般の恩人」と呼ばれた。[24] また、客に対する気づかいも評判だった。例えば、『リヴァプール・マーキュリー』紙のある特派員は、ウィンダミアへの日帰り旅行から戻ったときの不運な出来事について紹介している。リヴァプール・エッジ・ヒル駅で、駅員が周遊旅行客に、暗闇の中、ホームから遠く離れた場所で列車から降りるように命じたが、マーカスが近くでランタンを持ち、足元を照らしてくれたというのだ。[25] 1850年の新聞は、彼の「乗客を楽しませるための疲れを知らない不屈の努力」について報じた。[26] マーカスは、メディアにおける事業の評判の重要性を認識しており、彼の旅行に関する報道に敵意ある批判があれば、熱心に抗弁した。郡裁判所でのマーカスに対する訴訟がときおり報道されているが、それらは周遊旅行客が発券業務の問題で訴えを起こしたもので、彼はその指摘に、慎重かつ詳細に反論している。[27]

マーカスはまた、自分の名前を効果的に使った初期の実業家でもある。クックやクリスプのような起業家が中産階級に焦点を当て、より長時間で高価なツアーを提供したのに対し、マーカスは自分の事業を明らかに大衆市場向けと位置づけ「労働者階級のための格安旅行」という宣伝文句と料金を利用した。マーカスのような周遊旅行業者は、顧客との継続的な関係を巧みに築き、顧客に名指しで旅行を依頼されるように仕向け、毎年特定の時期に周遊旅行を実施した。これは、当時のほとんどの鉄道会社とは対照的だ。鉄道会社は、おそらく多くの目的地に対して独占的に操業していたため、たまに「屋根付き車両」を確約したり、低料金を強調したりする以外には、詳細な事実を並べる以上の宣伝の必要性を感じていなかった。鉄道会社は、大量の庶民を安価で迅速に運ぶ輸送手段を計画すれば、十分需要を喚起できると考えていたようだ。そして、それは事実だった。

このように自分の名前を強調したことは、結局のところ不幸にもマーカスの転落につながった。これはロンドン・アンド・ノース・ウェスタン鉄道との対立関係が原因で、鉄道会社はマーカスの名前が会社名よりも目立つことに反発したのだ。1869年、マーカスがロンドン・アンド・ノース・ウェスタン鉄道を解雇された後、彼の支持者たちが組織した会合の報道記録は、1840年代から1850年代にかけてのマーカスとロンドン・アンド・ノース・ウェスタン鉄道との商業上の取り決めについて興味深い光を当てている。[28] それには、彼が代理業をしていたときに運んだ周遊旅行客が150万人近くと相当な数にのぼっていたことが記録されている。1843年から1850年にかけての取り決めは満足できるものだったようだが、1851年の万国博覧会で生じた好機をきっかけに、鉄道会社との取引関係に温度差ができた。鉄道会社の経営陣と方針が変わり、誤解が広がっていった。競合業者は（売上総利益の）12・5パーセントで事業を引き継ぐと申し出たが、これに対してマーカスは総支配人のマーク・ヒュイッシュに、印刷費と広告費の立替金を支払ってもらうとともに「裁量報酬」で仕事を請け負うことを提案した。彼はロンドン・アンド・ノース・ウェスタン鉄道とランカシャー・アンド・ヨークシャー鉄道から万国博覧会の総代理業者に任命され、クラブや協会は、それぞれの路線の手数料について彼と連絡を取らなくてはならなかった。[29] 残念なことに、ロンドン・アンド・ノース・ウェスタン鉄道はこれを都合よく利用し、博覧会の4か月間で6万5000ポンド相当の仕事を受注したにもかかわらず、マーカスには300ポンドしか支払わなかったようだ。翌年、ヒュイッシュは周遊旅行を実施するスタッフとして彼を直接雇用しようとしたが、彼は拒否している。その後、彼はヒュイッシュの指示の下、独立した周遊旅行業者として活動し、印刷費と広告費を自ら負担して周遊旅行を実施し、総収入の16パーセントを受け取るようになった。あいにくヒュイッシュは1858年に会社を去ったが、新しい経営者のウィリアム・コークウェルに対してマーカスを非常に高い評価で推薦したと報告されている。そのため、マーカスは第2回博覧会が開催された1862年まで同様の仕事を続けることができた[30]（1861年には、一家はウェストミンスターのセント・クレメント・デーンズの、セシル・ストリートに住んでいた）。

マーカスはこのとき、取引条件について会社と明確な合意に至るための交渉をしなかったことで損害を被ったようだ。誤解のせいで、彼は自分が生み出した取引に対して最低限の手数料しか受け取れず、その後の利益は年間50ポンド程度と非常に少なかったと報告されている。特にチラシの制作・配布にかかる費用が年間約1500ポンド前後だったことと比較すると、その少なさが際立っている。これは最も収益性の高い取引が彼から取り上げられていたためだ。このことは、当時のロンドン・アンド・ノース・ウェスタン鉄道の周遊旅行に関する方針の変化を反映していると思われる。コークウェルは、マーカスが周遊旅行の広告でロンドン・アンド・ノース・ウェスタン鉄道ではなく「マーカスの周遊列車」を強調する描き方をしていることを問題視し、マーカスが熟練の経営技術を使って印刷費用を鉄道会社よりも安く上げていたことにまで不満を漏らした。ロンドン・アンド・ノース・ウェスタン鉄道の管理者ニーレは、回想録の中で役職上の立場を反映し、「最終的に、会社が周遊旅行業者のミスター・マーカスと手を切ることになったのは残念だが、彼のちょっとした思慮不足が最終的な解消につながった」と記している。1869年に会社がマーカスの業務を打ち切ると、粗末な扱いを受けた彼に世論の大きな支持が集まった。悲しいことに、マーカスは1875年、列車に轢《ひ》かれて死亡した。耳が聞こえなかったため、レインフォードで線路を歩いているときに警告に気づかなかったのだ。[31] 死亡記事の記録によれば、彼は当時、レインフォードのヴィクトリア炭鉱会社の取締役だった。[32]

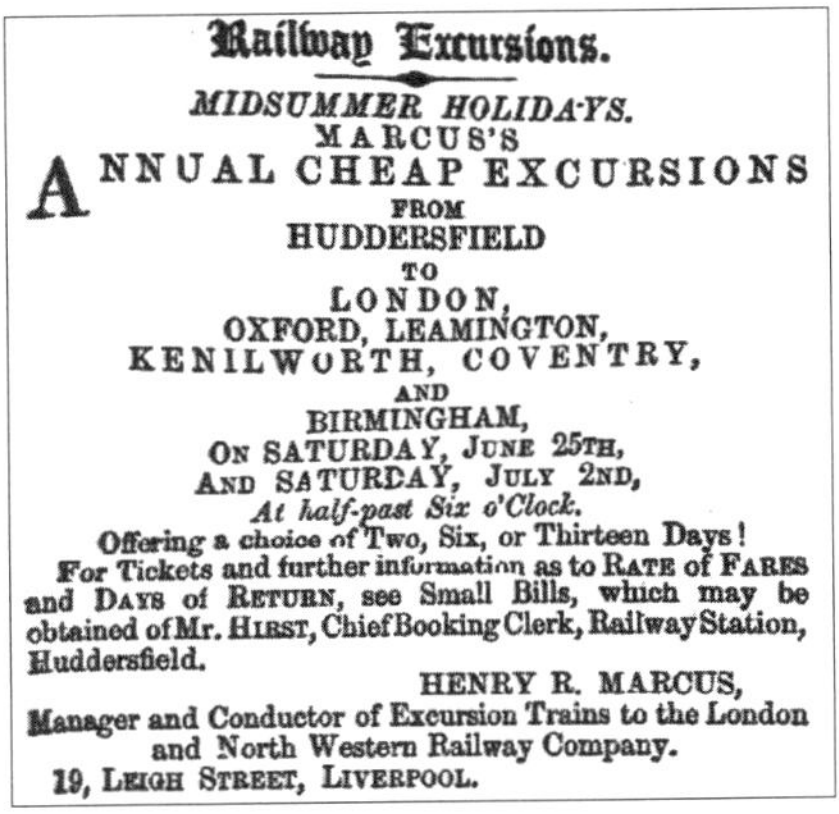
Railway Excursions.
MIDSUMMER HOLIDAYS.
MARCUS'S
ANNUAL CHEAP EXCURSIONS
FROM
HUDDERSFIELD
TO
LONDON,
OXFORD, LEAMINGTON,
KENILWORTH, COVENTRY,
AND
BIRMINGHAM,
ON SATURDAY, JUNE 25TH,
AND SATURDAY, JULY 2ND,
At half-past Six o'Clock.
Offering a choice of Two, Six, or Thirteen Days!
For Tickets and further information as to RATE of FARES and DAYS of RETURN, see Small Bills, which may be obtained of Mr. HIRST, Chief Booking Clerk, Railway Station, Huddersfield.
HENRY R. MARCUS,
Manager and Conductor of Excursion Trains to the London and North Western Railway Company.
19, LEIGH STREET, LIVERPOOL.

図14. 1853年6月25日、『ヘラルド・クロニクル』紙の広告。(大英図書館)

マーカスの宣伝手法は、チラシと新聞広告に大きく依存していた。このマーカスの広告の例では、彼自身の名前を目立たせるのは、鉄道会社を苛立《いらだ》たせることはあっても、サービスをうまく宣伝する上で大きな価値があると認識していたのがわかる[33]（図14）。マーカスは「真夏の休暇」や「年1回の格安周遊旅行」といった言葉を使い、特定の時期に定期的に出かけるという考えを、目立つ自分の名前とともに定着させた。また、目的地と滞在期間の両方に柔軟性を持たせた。クックもマーカスも、自分の名前を使って大成功を収めた。マーカスは一貫して自分の名前を使うことで、マーケティングにおいて顧客との信頼関係を高めていったが、現代の感覚の「ブランド」を積極的に拡大させたり、市場に出したりしたとはいえない。マーカスは困難な道を歩んでいたようだ。労働者階級の移動の自由に大きな影響を与える周遊旅行市場のニーズに応えれば応えるほど、主要なビジネス・パートナーであるロンドン・アンド・ノース・ウェスタン鉄道との関係が脅かされることになったのだ。だが結局は、関係を打ち切る支配力を持っていたのは鉄道会社だった。

周遊旅行業者は19世紀を通じて活動した。1894年には「あらゆる場所に存在する周遊旅行業者が、王国全体を再びネットワーク化した」と報じられている。[34] 19世紀半ばには、彼らは直接的な権力をほとんど持たず、鉄道会社の意のままになっていた。それでも、広報戦略によって彼らは多大な影響力を持った。一般大衆が彼らの社会的役割を認識し、彼らの活動が当時広まっていた価値観に合致していたためだ。ランカシャー・アンド・ヨークシャー鉄道の例では、管理者のノルミントンがヨークシャーの周遊旅行業者に対して期待したような働きをしていないと苦情を訴え、取締役を説得して解雇させようとしたが、この業者は取締役に自分の影響力を行使して復職した。[35] このように、周遊旅行業者はその影響力を利用して、鉄道システムを集団的なレジャー旅行に利するように仕向け、同時に自分たちの商売を成功させたのである。

周遊旅行業者は、驚くべき変革の担い手だった。彼らは社会起業家であり、大衆が地元を離れてレジャーを楽しめるようにした。だが、仕事が休みになる唯一の日である日曜日に遠出するのを阻む、途方もなく大きな障害があった。日曜日のしきたりを守ることを支持する安息日厳守主義者は、こうした旅行に大きな戦いを挑み、その影響力によって旅行の機会を狭めたのである。

第五章 日曜は駄目よ

「さて、日曜日の周遊列車や、日曜日の娯楽へのこうした誘惑は、それがなければ聖なる場所を訪れたはずの人々を教会から遠ざけているだろうか？　色とりどりの派手なポスターが、壁に閉ざされた市民が楽しく思い描く場所に、驚くほど安い値段で連れて行く旅行を宣伝しているが、それらが教会へ通う人々を誘惑し、神聖で賞賛すべき行いをやめさせているだろうか？　われわれは即座に断言しよう。日曜日に規則正しく教会へ通う人の中に、楽しみという圧力によって習慣を破る誘惑にかられる人はまずいない。たとえそれが、どんなに魅力的な楽しみでも[1]」（1857年）

19世紀半ばの鉄道周遊旅行に関する最も白熱した公開討論は、日曜日のレジャーに焦点を当てたもので、レジャーに賛成する人々と、労働者階級のこうした機会を否定する安息日厳守主義者との間で議論が交わされた。日曜日は仕事から自由になれる唯一の日だったが、安息日厳守主義者はこの当時、絶大な力を持っており、人の心に訴える影響力のある反論で、日曜日のレジャーを制限しようとした。

安息日厳守主義は強力なイデオロギー勢力で、1850年代半ばに頂点に達した。それは日曜日の休息と礼拝の遵守に徹する福音主義運動を基本にしていた。1831年に主日遵守協会が設立されると、日曜の鉄道周遊旅行を規定する上で主導的な役割を果たした。イングランド北東部では、1850年以前に安息日厳守運動が特に盛んな時期があり、運動家たちは鉄道委員会への陳情書や請願書、鉄道の株主総会での討論を盛んに利用した。こうした運動は、聖職者が個人的な知り合いに影響力を行使できるような小さな町や村から始まることが多かった。北東部では、安息日厳守運動の背後にはひとつの宗教団体だけではなく、ヨークの英国国教会、ハルのメソジスト派、サウス・ダラムのクエーカー教徒、タインサイドの英国国教会・非国教徒連合などがあった。[2]

安息日厳守主義者の主張は日曜日のしきたりを守ることが中心だったが、度合いは低いものの、日曜日は休息日とするという主張もあった（とはいえ、日曜日に一切の仕事とレクリエーションをやめるという主張は、女性の家事には及ばなかったようだ）。安息日厳守主義者は道徳的に優位にあると主張した。例えば、1845年7月にプレストンで開かれたノース・ユニオン鉄道の会合では、日曜の旅行をめぐる典型的な議論が記録されている。日曜の周遊旅行は「地域社会の道徳的・宗教的な気風」を低下させ、「安息日を冒瀆《ぼうとく》する」というのだ。日曜日が休日とみなされ、それとともに精神的にも肉体的にも自由になって、「堕落した道楽」や「不安定な習慣」につながることが懸念された。さらに、日曜日の周遊旅行は、目的地のパブ経営者や鉄道会社の株主を利するだけだという指摘もあった。同時に、この習慣に対して最も苦情を訴えたのは、結果として売上を失った地元のビール店の経営者だったことも指摘されている。[3] しかし、ノース・ユニオン鉄道はこのとき、安息日厳守主義者の懸念よりも利益が上回るため、日曜日の周遊旅行を継続すべきだと判断した。

一部の聖職者は日曜日の周遊旅行客をきわめて否定的に描き、周遊列車が地方に「怠け者や売春婦」を連れてくるとほのめかした。[4] こうした日曜日の旅行は組織宗教の終わりをもたらすという、純粋な恐怖があったようだ。バンベリー会衆派の牧師ジョセフ・パーカーは、1856年に周遊旅行者のことを「勤労人口の中で最も不潔で、愚かで、怠惰で、貧しい人々」と、かなり悪意のこもった表現で呼んだ。彼は日曜日に周遊旅行に出かける女性について「ごく少数の例外を除いて、彼女たちは放縦《ほうじゅう》、略奪、泥酔を常習にしている」といった。こうした意見は当時、激しい議論を巻き起こし、多くの人々がパーカーの見解に不満を訴えた。[5] ニューカッスル・アンド・カーライル線への反発はとりわけ強く、ニューカッスルとカーライルの安息日厳守主義者が盛んに反対した。キルシスの若い牧師W・C・バーンズは、1841年に日曜旅行に激しく抗議し、「次の主日、人々は安全かつ迅速に地獄に送られる！」という、怒りのこもったポスターを掲示した。国境を越えたスコットランドで、この問題に対する政策が成功したことも、抵抗者

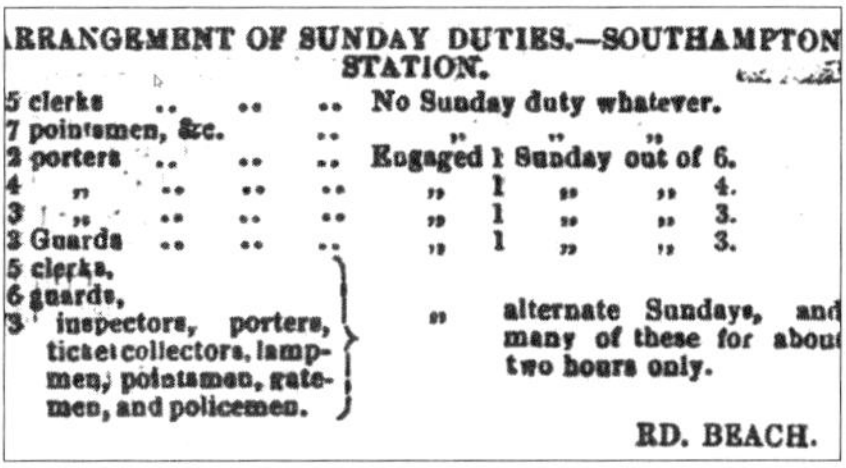
ARRANGEMENT OF SUNDAY DUTIES.—SOUTHAMPTON STATION.

5 clerks	No Sunday duty whatever.			
7 pointsmen, &c.	"	"	"	
2 porters	Engaged 1	Sunday	out of	6.
4 "	"	1	"	" 4.
3 "	"	1	"	" 3.
3 Guards	"	1	"	" 3.
5 clerks, 6 guards, 3 inspectors, porters, ticket collectors, lampmen, pointsmen, gatemen, and policemen.	" alternate Sundays, and many of these for about two hours only.			

RD. BEACH.

図15. 1859年11月19日、『ハンプシャー・アドヴァタイザー』紙の記事抜粋。(大英図書館)

を力づけたと思われる。[6]

興味深いことに、インドでのマドラス鉄道の日曜運行に関する1857年の報道は、イギリスの鉄道責任者が異なる宗教を信じる住民にキリスト教の慣習を押しつけることの道徳的な問題を浮き彫りにしている。土地の住民にとって神聖な日ではない曜日に、どこまで鉄道を利用できるようにすべきかをめぐって、かなりの議論が交わされた。安息日厳守政策は、統治国の宗教的見解に従わなければならないことを伝えるには効果的だったが、こうしたルール変更に賛成したのは少数派だった。[7]

イギリスでは、鉄道従業員は安息日に働くことを強いられているため、安息日を守っていないと安息日厳守主義者は主張したが、必ずしもそうではなかったようだ。日曜周遊旅行の支持者は、日曜の周遊列車を運行するのに必要な労働者はほんのわずかだと主張した。切符は事前に購入されているし、旅行客の荷物も少ないからだ。[8]この問題をめぐっては、1859年に『ハンプシャー・アドヴァタイザー』紙で、ロンドン・アンド・サウス・ウェスタン鉄道の会長チャールズ・E・マングルズとサウサンプトンのウィグラム大執事との間で激しい応酬が繰り広げられている。ウィグラムは、サウサンプトンの数名の鉄道員から、日曜日に仕事をしているために6年間も礼拝に参加できていないと聞かされたと主張した。マングルズは、サウサンプトン駅からの証拠でこの主張に反論した（図15）。しかし、安息日厳守主義者の影響力が大きくなかったわけではない。1860年6月、ロンドン・アンド・サウス・ウェスタン鉄道は、ウィンチェスターの聖職者からの圧力により日曜日の周遊列車の運行を取りやめると発表した。しかし一転し、なぜかその後の通達で、結局は周遊列車が運行されると告知された。[9]

安息日厳守主義者に反対する日曜周遊旅行の支持者は、労働者階級が旅行できるのはその日だけであり、しかも、貧しい彼らにはそれを習慣化する余裕はないと主張した。擁護派は、周遊旅行者には思慮深い傾向があり、格安列車は「社会的・知的満足」の手段とみなされ、「参加者の精神や習慣を悪化させるというより、むしろ高める」といった。[10] 110ページの文章を1857年に書いたロウゼルは、教会へ行く習慣が格安旅行で断ち切られるとは考えにくいし、旅行者はいずれにせよ教会に足を運ぶ人たちではないとほのめかしている。彼は当時としては珍しく、教会に行かず宗教を持たない人も道徳的で法律を守ることができ、たまの旅行は病気がちな職人の健康によいという見解を広めた。[11] ほかにも意外な支持者がいた。例えばマンチェスター警察の署長は、日曜日の周遊旅行という合理的娯楽の利点を証拠を挙げて主張している。[12]

1840年代には、日曜日の周遊旅行で大きな利益を得ようとする鉄道株主と安息日厳守主義者との間で数多くの対立があり、中には両派に属する人々もいた。安息日厳守主義者の市民は、鉄道会社、博物館や美術館、その他の日曜の楽しみにも圧力をかけた。周遊旅行の支持者は、労働者階級の主要目標としての、社会の発展と合理的娯楽を強調した。チャーティストの群衆を懸念した安息日厳守主義者は、「下層階級」が扇動される可能性があるとして、日曜旅行での暴動の危険を警告し、危険な群衆への不安をあおった。[13] イースト・ケント選出の国会議員ミスター・プランプトルは、鉄道条項統合法案に日曜旅行を禁止する条項を追加しようとして失敗に終わったが、1845年には群衆に対する典型的な恐怖を表明し、日曜日の周遊旅行で何百何千の人々が都市や郊外を旅行することに苦言を呈している。同じくその同僚は、「礼拝が始まろうとするとき、静かな田舎に大勢の人が乗った列車が入ってきて、善良な人たちを困らせている」と報告している。[14] チャーティストの新聞『ノーザン・スター』は、プランプトルとその同僚スプーナーをからかっている。[15] プランプトルは、この種の「安息日の冒瀆」は「実に恐ろしい」と述べた。馬車に乗っていると、鉄道で来たに違いない人々が日曜日に出歩き、田舎の空気を吸っているのを見かけ、「その不信心さに身震い」したという。彼は特に遊覧列車に反対し、必要と思われる商業列車は「金銭的利益が危機に瀕する可能性がある」として問題にしなかった。新聞は、「遊覧列車は、気晴らしの手段としてしか利用しない人々のためのもので、まことに忌まわしい」という彼の見解を報じている。

報道機関の解説者は、しばしば階級の矛盾を強調し、安息日厳守主義者は大衆の行動を禁じようとする一方で、旅行の時期を自由に決められる富裕層を不平等にも無視していると指摘した。[16] 国会議員は、日曜旅行に対する立場の非合理性を見抜いていた。1835年、日曜日のニューカッスル＝カーライル線の鉄道利用を禁止する条項について議論されたとき、ウォーンクリフ卿は日曜の周遊旅行に賛成する意見を述べた。彼は、鉄道による日曜旅行を禁止しながら、道路による旅行を認めるのは非論理的であり、平日ずっと働いている人々にとって、日曜日にこのようにリラックスするのは健康によいことだと主張した。ローデン伯爵は、日曜日の旅行を許可すれば、カーライルからニューカッスルへの移動の際の暴動が助長されると示唆した。リッチモンド公爵は、ニューカッスルの人々にとっては、ビール店で時間をつぶすよりも、日曜日に鉄道旅行をしたほうがよいと返した。彼は、鉄道旅行を馬や汽船による旅行と比較し、なぜ鉄道旅行者だけが否定されなければならないのかと質問した。労働者階級のニーズを見下すような人々もいた。ロンドン大主教は1835年、ニューカッスルやカーライル、またその途中にある農業地帯の貧困階級から、安息日にレクリエーションの機会が失われていることへの苦情はなかったと主張した。同時に彼は、富裕層が日曜日に旅行するという冒瀆にも反対している。この条項は、最終的に却下された。[17]

1835年のグレート・ウェスタン法案のように、日曜列車を禁止するための条項を鉄道法案に追加する試みは数多くあった。[18] 反対派はこの法案の階級差別的な側面に憤慨《ふんがい》し、もしこれが認められるなら、スコットランドのように有料高速道路での日曜旅行を禁止する法案も作るべきだと主張した。スコットランドでは、これが家庭での飲酒や怠惰につながったといわれている。鉄道会社は日曜列車を禁止する条項を鉄道法案に盛り込もうとしたが、貴族院の議長は、この日的のためには一般法がふさわしいとして削除した。これは事実上、日曜運行を強力に後押ししたことになる。[19]

1841年、『ホイッグ・エグザミナー』紙は、グラスゴーとエディンバラ間の日曜列車に反対する安息日厳守主義者に、次のような不平等を指摘して反論した。「装備の整った馬車」は日曜日に旅行するのを許容されながら、列車は「悪魔のための輸送手段」と非難されていると。記者は、日曜日に「足を使う」ことは罪として責められるべきだと主張し、バゴット牧師が日曜列車で旅をする人々は泥棒に決まっているとほのめかしたことを揶揄《やゆ》した。[20] 1844年、グラッドストン鉄道法案は、鉄道会社に平日は毎日三等車を運行するよう提案し、のちに日曜を含めて旅客列車が運行されるすべての日に三等車の運行を義務づけるよう修正された。[21] この議論の間、ロンドン大主教は、鉄道会社が日曜日に三等車を運行することを阻止しようとしながら、同時に一等車と二等車は維持しようとした。彼の意図は、1844年の『パンチ』誌の「鉄道道徳クラスブック」という記事で大いに風刺された。[22] これは3つの階級の道徳を皮肉たっぷりに対比させたもので、金持ちは平日の間、快楽に慣れているので、それを日曜日に奪うのは残酷なことであり、一方、貧乏人は平日の間「労苦と困窮」にさいなまれているので、日曜日に楽しめば「自分の境遇に不満を持つ」ようになるとほのめかしている。これはおそらく、日曜日に制御不能な大群衆が発生することへの不安と並んで、安息日厳守主義者の激しい非難の裏にある根本的な懸念だったのだろう。

1844年に『プレストン・クロニクル』紙に寄稿した三等車の乗客は、チェスター主教が日曜日の朝にプレストンに説教に来たとき、わずか200〜300ヤードを移動するだけなのに、馬車と馬2頭に使用人2〜3人が必要だったと指摘している。それに引き換え、日曜の周遊列車は12〜20人を使っているが、それで2000人をフリートウッドまで運んでいると訴えた。[23]

日曜日の周遊旅行者に対する階級差別が再び頭をもたげたのは1854年のことだ。この年、ビール店は「真正の旅行者」向けを除いて日曜日の営業時間を制限しなければならないという法案が通ったのだ。この法律には、周遊旅行客は「旅行者」ではないという階級差別が暗に含まれていたため、大きな社会的関心を集めた（第九章参照）。この法律はのちに廃止され、1850年代半ばには、大衆に日曜日のレクリエーションを奨励する動きもあった。ナショナル・サンデー・リーグは1855年に設立され、日曜日に公園や博物館を開館する運動を起こし、のちに日曜日の鉄道周遊旅行を推進するなど、周遊旅行の発達に一役買った。しかし、ロンドンの名所を日曜に営業させようとする運動は1856年に却下され、主日遵守協会は1860年、日曜日の周遊列車の運行中止を確保する中央委員会を設立した。[24]

汽船と鉄道では、日曜日の遵守に対する人々の見方に違いがあった。汽船は習慣に基づいて運行することが認められたが、鉄道は強い制約を受けた。これは、船は歴史が古く、伝統的なレジャー用の乗り物だと考えられていた一方で、鉄道会社は新しく、日曜旅行を中止できるような原則を開業当初から採用できると考えられたためかもしれない。汽船の慣行はさまざまだった。ニュー・グレーブゼンド社とニュー・マーゲート社の代理人兼総務部長だったルイス・ギルソンは1832年、ニュー・グレーブゼンド社は日曜日に運航し（利益はほかの日の3倍）、ニュー・マーゲート社は運航しなかったという証拠を提出した。ニュー・マーゲート社の株主と銀行は、日曜の周遊旅行に反対していた。[25] 彼の会社は、職人や機械工など、ほかの日に出かけることができない職業の人々に日曜の運航を提供しており、これらの人々のほとんどが「下層階級」だったといわれている。乗務員が日曜に出勤することで、礼拝に出る機会は奪われたかもしれないが、ビールや蒸留酒の販売で得た利益の分け前を得ることができ、それが大きな励みとなっていたようだ。リヴァプール・ブートル水道会社の船舶代理人だったミスター・ローランドは、リヴァプールに開設する運輸施設が増えたことが、安息日違反をどれほど助長したかを説明した。例えば、マージー川を盛んに行き来する汽船が増え、「下層階級」は日曜日にわずかな料金でこれを利用できた。汽船は日曜日の外出を促進し、汽船による周遊旅行は、大衆観光業を支援して日曜日の世俗化に貢献したといえるかもしれない。[26]

鉄道路線開発当初から、日曜日に周遊列車を運行するのは通例だった。ただし、リヴァプール・アンド・マンチェスター鉄道は1830年に、日曜日の10時から16時まで（「教会のための休止時間」）は運行しないこと、また安息日厳守主義者の株主は日曜運行で得た配当を慈善活動に寄付できることに合意している。しかし、郵便局は日曜日に郵便列車を走らせるよう主張し、鉄道会社はこの列車で乗客を運んだ。1847年には、イングランドではほぼすべての鉄道が日曜運行を実施していたが、スコットランドではわずか数社のみだった。[27]

1830年代から1840年代の報道から明らかなように、安息日への関心は当日の旅行の機会を減らし、事実上、会社が事業を拡大する大きなチャンスを奪っていた。ミッドランド鉄道の会長ジョン・エリスは1855年、日曜日にほかの種類の列車を走らせることはあっても、周遊列車を運行することはなかったと断言している。しかし、日曜の運行を自由に提供したい鉄道会社と、こうした運行を一切支持しない安息日厳守主義者との戦いは、一筋縄ではいかなかった。この問題については、双方の立場にある程度の柔軟性があったからだ。しかし、ジョージ・ハドソンにならって労働者階級に安い日曜周遊旅行を提供し、金儲けをしようとした起業家はほとんどいなかった。[28]

安息日厳守主義は物議を醸《かも》す問題であり、1840年代には、ランカシャー・アンド・ヨークシャー線の各取締役や、ヨーク・アンド・ノース・ミッドランド線のジョージ・リーマンなど、日曜列車に抗議した複数の取締役が辞任している。1845年にハドソンが引き継ぐまで、ハル・アンド・セルビー線は「不必要な」日曜運行に強く反対していた。1835年には、同線はすべての日曜運行を阻止しようと躍起になり、この考えはハルのふたりの著名人、エイヴィソン・テリーとジョン・キング牧師によって推し進められた。1835年10月の総会では、日曜旅行に関する議論が白熱し、ある商人は、鉄道がなければ周遊旅行者は汽船を利用し、船上で一日じゅう酒を飲むことになるのではないかと懸念した。最終的に、日曜旅行に反対する決議案が可決され、これを法案に盛り込むことを目指したが、法案全体の可否を決める1836年3月の第三読会では、貧しい人々に安価な旅行を提供できなくなると主張する者たちの強い反対により、大差で否決された。その後、ハルの委員会は日曜周遊旅行を禁止する決議案の可決に成功したが、代わりに需要に応じて平日の旅行を増やすこととなった。[29]

鉄道会社はさまざまな戦略を採用した。1838年、リーズ・アンド・セルビー鉄道は、日曜礼拝とかち合うのを避けて、午前9時前にリーズを出発する日曜列車に限り運賃を割引したが、1840年の夏までには、支配人のピーター・クラークが数多くの日曜旅行を手配していた。[30] ランカシャー・アンド・ヨークシャー鉄道は、鉄道管理者に土曜日の夕方から月曜日にかけての旅行を実施する可能性について調査を要請したが、土曜日は列車が利用できず、月曜日は工場労働者が仕事から解放されないため、現実的ではないといわれた。[31]

別の会社は、日曜の運行を制限して礼拝の時間を避ける戦略を考え出した。1849年、イースト・ランカシャー線は、日曜日の格安列車を午前9時半までに到着させ、午後5時以降に出発させることに決めた。[32] 1852年には、リーズ・ノーザン鉄道の貨物輸送管理者ヘンリー・テナントが、礼拝の前に海に到着することを条件に、海岸への周遊旅行を許可した。[33] 世間や多くの役員の批判を避けるため、一部の会社は日曜日に格安旅行を提供せず、差額料金などの手を使って日曜旅行を抑制しようとした。これはかつて、日曜日には道路の通行料を2倍にした料金所のやり方を踏襲したものだ。[34] 1845年の『マンチェスター・ガーディアン』紙は、日曜以外のマンチェスターからリヴァプールまでの往復運賃は2シリング6ペンスだが、日曜列車は往復4シリングだと伝えている。[35] ストックトン・アンド・ダーリントン鉄道の役員会はきわめて信心深く、日曜周遊旅行の依頼は必ず断っていた。日曜日には「2倍の運賃」を請求し、一般庶民に旅行を思いとどまらせようとしていたようだ。[36] 安息日厳守主義者は、不条理な規則を作ることもあった。例えば1854年、ダドリー城とその敷地を訪れた周遊旅行客は、いったん中に入ると3時から5時まで外に出られず、礼拝が終わるまで待たなければならないと聞かされた。[37]

圧力に耐えて何とか持ちこたえた路線もある。辞職の脅《おど》しが、日曜旅行を計画する人々に打ち勝てなかった路線だ。例えば、ロンドン・アンド・バーミンガム鉄道の場合、バーミンガムでも有数のクエーカー教徒で道徳的急進派でもあった取締役ジョセフ・スタージの抗議にもかかわらず、日曜日の運休は拒否され、スタージはのちにこの問題により辞職した。[38] マンチェスター・シェフィールド・アンド・リンカンシャー鉄道は日曜周遊旅行を実施し、特派員の批判を浴びた。[39] マンチェスター・アンド・リーズ鉄道は1841年から日曜日に片道4本の列車を運行していたが、この問題をめぐって会長や数人の取締役が辞任した。[40]

ジョージ・ハドソンの影響力は、力のあるカリスマ的な指導者が、その権威によって安息日厳守主義の浸透を食い止められることを示している。ヨーク・アンド・ノース・ミッドランド鉄道は、日曜運行の問題を法律に盛り込もうとはせず、理事会の裁量に委ね、1839年に日曜運行を開始した。[41] ヨークでは、1839年7月の総会で、世論の反対が巻き起こった。安息日厳守主義者のリーダー、ジェームズ・ミークとサミュエル・チュークは、この問題についてジョージ・ハドソンを攻撃した。ハドソンは、日曜運行の禁止に影響を受けるのは貧しい人々だけだという根拠に基づいてこの方針を擁護し、議論に勝った。そこでヨーク・アンド・ノース・ミッドランド鉄道は日曜運行を継続した[42]。1849年にハドソンがヨーク・ニューカッスル・アンド・バーウィック鉄道とヨーク・アンド・ノース・ミッドランド鉄道を辞職すると、日曜日の周遊旅行に対する擁護が失われたことがすぐにわかる。1849年、ヨーク・ニューカッスル・アンド・バーウィック鉄道の取締役会は、日曜周遊旅行を廃止して、代わりに土曜日から月曜日までの旅行を提供することを決定し、ヨーク・アンド・ノース・ミッドランド鉄道の取締役会も周遊旅行に関して同様の姿勢を取った。1854年にノース・イースタン鉄道が設立された際も、クエーカー教徒であるピーズ家の影響により、こうした方針が維持された。その後、1864年にイングランドで日曜日に運休した路線を調査したところ、ほぼ半数がノース・イースタン鉄道のものとわかった[43]。

役員、支配人の活動、運行を担当する鉄道員との間には、ときに意見の対立があった。1840年8月に開かれたノース・ミッドランド鉄道の半年ごとの会議では、リベラルな改革派のエドワード・ベインズが日曜列車の検討をやめるよう会社に要請し、会長のジョージ・グリンは、日曜日の周遊旅行を実施しないという会社の姿勢に同意した。これは世間の圧力に反応しただけでなく、日曜日の周遊旅行は道徳的に間違っているというベインズの個人的な信念のためでもあると思われる[44]（127ページ参照）。だが、その1週間後、実際には日曜日の周遊旅行が実施されていたことが判明した。前の週にリーズからシェフィールドまで、63両の客車に2000人の乗客を半額で乗せていたのである。3月の経営者会議でこれに反対する決定が下されたにもかかわらず、明らかに取締役会の認識のもとに切符が販売されていたという違法行為だったが、これは合意事項に関する誤解によるものだった[45]。

この問題に関して、報道機関は鉄道会社の方針に影響を与えた。1850年、『モーニング・クロニクル』紙の論説記者は、バースで安息日厳守主義者が「狭い客車に7時間も閉じ込められ、つまらない会話にふけっている」日曜日の周遊旅行者を非難する集会を開いたと報じた際に、自分は日曜周遊列車を支持すると表明した。筆者は「オズボーン・ハウス［ワイト島にある英王室の離宮］の森の木陰でも」同じような軽妙な会話が交わされているかもしれないと、冗談めかして書いている。周遊旅行の駅での酔っぱらいの無秩序に関する報道は、階級的な意味合いを強調しており、労働者階級の語り手は、中産階級の安息日厳守主義者が示唆するような無秩序を否定した。筆者は最後に、機械工の健康によい影響を与えるとして、たまの周遊列車での旅行を提唱した[46]。1851年、『エセックス・スタンダード』紙は、イースタン・カウンティーズ鉄道が日曜日にロンドンからケンブリッジへの格安旅行を実施しているばかりでなく、『タイムズ』紙に3か国語（英語、フランス語、ドイツ語）で広告を出していることに特に憤慨している[47]。

鉄道会社が世論形成者に日曜旅行の価値を認めてもらうという、今でいうPR戦略を採用したケースもあった。1850年、グレート・ウェスタン鉄道はロンドン発の格安日曜周遊旅行を開始し、グレート・ノーザン鉄道は1850年代、日曜に列車を運行した。グレート・ウェスタン鉄道の総務部長は、慎重な議論を経た上で日曜日の周遊旅行に関する方針を擁護する書簡を発表した。その根拠は、自分たちの決定を取り消せば、労働者から「社会的・道徳的利益」を奪うことになるというものだった。[48]

1846年という年に焦点を当てることで、初期の周遊旅行に対する安息日厳守主義の影響が見て取れる。この年のバーミンガムでは日曜日の周遊旅行がまったく扱われず、地元の安息日厳守主義者がこの町で重要な抑制的役割を担っていたことを示している。[49] 多くの旅行は月曜日、すなわち「聖月曜日」(132ページ参照)に実施され、このことは中産階級ばかりでなく、職人や熟練工も参加していたことを示している。「聖月曜日」を祝うという柔軟な伝統によって、彼らは月曜日に旅行できたため、日曜日の旅行に依存していなかったのだ。しかし、リーズ、ハル、プレストン、リヴァプール、マンチェスターなど、ほかの町に関する最近の調査では、これまで鉄道史で注目されてこなかった驚くべき違いが明らかになっている。[50]

1846年には、リヴァプールとプレストンでは日曜旅行が一般的だったが、これにはふたつの理由があったようだ。第一に、安息日厳守主義の圧力団体は、プレストン・アンド・ワイヤ鉄道や汽船会社が日曜日に操業するのを止めるほどの力を持っていなかった。ランカシャーでは組織宗教は強い影響力を持たず、1851年に行われた宗教に関する全数調査で、教会や礼拝堂に通う人の割合がここよりも低かったのは、イングランドの5つの州だけだった。英国国教会の場合、プレストンは「1851年にはイギリスのあらゆる町の中で……全体の出席者数が最も少なかった」という。[51] 1846年5月には、プレストンからの日曜格安列車を阻止しようとする試みがあった。プレストン・アンド・ワイヤ鉄道の半年に1度の会議で、この列車がフリートウッドで「この国のほかの地域では見られないような」「暴動」につながるとして反対意見が出された。反対派は、「適切な秩序の維持」を促すため、代わりに夏の1週間、労働者が訪れることに賛成したが、聖職者はそれを受けて「人々は旅するだろうし、羽目を外すだろう」と答えた。彼は、教会の礼拝に間に合うようにフリートウッドに到着すべく、列車の時刻を変更することを提案した。これに対して、乗客のほとんどは労働者階級でも、秩序ある行動が賞賛されたという反論があった。ほかにも、5000人の乗客が到着したこともあったが、非常に整然としていたと認める者もいた。[52] ランカシャー・アンド・ヨークシャー鉄道は、1856年に日曜日の周遊旅行を取りやめた。表向きは利益減少のためとしているが、議事録には乗務員の意見を考慮したことや、こうした旅行への安息日厳守主義者による反対運動が続いていることも記録されている。[53] 第二に、重要なことだが、19世紀中頃にランカシャー西部にカトリック教徒が集中したことが周遊旅行に影響したという見方ができる。リヴァプールを経由するアイルランド移民に支えられ、彼らはプレストンの礼拝者の約3分の1を占めるようになっていた。[54] 日曜日のレクリエーションに対しては「まったく異なるふたつの態度があった」という指摘がある。「カトリックの地区では好意的だが、プロテスタント主義が優勢な地区では決まって抑圧的で、目の敵にしていた」というのだ。[55] 地方のカトリック信者は、日曜日に教会に行く代わりに、土曜日の徹夜ミサに参加することができ、日曜を旅行に使えた。このふたつの町では、日曜日の旅行が可能だったことから、ほかの町と違って産業労働者が安価な旅行に参加しやすかったと思われる。

バーミンガムと同様、1846年にリーズ発の日曜日の周遊旅行がなかった事実は意外に思われるかもしれない。リーズに乗り入れていたいくつかの鉄道会社（マンチェスター・アンド・リーズ鉄道、ミッドランド鉄道、ヨーク・アンド・ノース・ミッドランド鉄道）は、当時日曜日に数本の限定列車を運行していたからだ。だが、エドワード・ベインズのような安息日厳守主義者の圧力によって時刻表が決められたように、新興の中産階級は、リーズの労働者階級のレジャーに強い影響を与えることができた。1840年8月、ベインズはノース・ミッドランド鉄道に日曜の運行を検討しないよう要請し、会長のジョージ・グリンもそれが会社の立場であることに同意した。[56] 1846年6月、ベインズが発行する『リーズ・マーキュリー』紙は、禁酒会に関する記事で「安息日の冒瀆」を避ける必要性を強調している。[57] このことは1841年の旅行者、グランヴィルの体験も反映している。彼は安息日厳守主義者の圧力によって、リーズ動物園が産業階級が仕事から解放される唯一の日である日曜日に休園させられたのを知った。[58] 驚いたことに、ジョージ・ハドソンのヨーク・アンド・ノース・ミッドランド鉄道とミッドランド鉄道は、1846年にリーズ発の日曜旅行を提供しなかったようだ。[59] だが、ハドソンは1844

年の鉄道特別委員会の証言で、リーズの人々の大半は自宅からあまり遠い場所へは行きたがらず、たとえ無料の旅行を提供しても「じっとしたままでいるだろう」という見解を示している。[60] 1846年にハル・アンド・ブリドリントン線が開通したときには、ハドソンは日曜日の鉄道旅行について議論することを極力避けている。[61] ハドソンと親しかったピーター・クラークは、ノース・ミッドランド鉄道での役職を経て、1844年に合併したばかりのミッドランド鉄道の総支配人に任命されたが、1845年4月にはロンドン・アンド・ブライトン鉄道に移り、物議を醸す日曜日の周遊旅行の促進に重要な役割を果たした。このように、日曜旅行の擁護者となり得る人物は1846年までリーズにいなかった。ただし、リーズには日曜旅行への反対ムードが蔓延《まんえん》していたので、こうした旅行を提供することはほとんど不可能だったし、彼の退社の一因になっていたかもしれない。[62] 日曜旅行がなかったために、一般の労働者は費用の安さにもかかわらず、ほとんどの周遊旅行に参加する機会を得られなかったと結論づけられる。

ハルでも似たような状況で、ハル・アンド・セルビー線は1840年代初頭に日曜周遊旅行を禁じている。1845年にハドソンが引き継いだときには、理屈の上では賛成していたが、この活動には引き続きメソジスト派の安息日厳守主義者による強い圧力がかかっており、これが別の曜日の旅行を支持する政策を形成していたようだ。[63]

マンチェスターでは、1846年には日曜旅行の広告は見られず、ここでも安息日厳守主義者の力が示されている。マンチェスターは当時、非国教主義の中心地であり、1844年にはマンチェスターにある137の教会や礼拝堂のうち、英国国教会の教会は39しかなかった。そして非国教徒は、日曜日のレジャーに特に反対していた。[64] 1847年、マンチェスターと関連のある鉄道は日曜運行を実施していたが、当時の警察が日曜日の周遊旅行は行動の改善に役立つことを証明していたにもかかわらず、周遊旅行は実施されなかった。[65] 1840年代初頭には、マンチェスターの改革指導者の間で日曜周遊旅行の実施をめぐって対立が起こり（150ページ参照）、1846年にはこうした旅行は制限されたと見られる。1857年を振り返ったマンチェスターの老工員は、下層階級の宗教的なしきたりは主にカトリック教会のものに限られており、この階級の多くの人が日曜日に格安旅行に参加していたと話している。[66] だが1840年代半ばには、鉄道会社の方針に対する安息日厳守主義者の圧力のため、こうはいかなかった。一方で、マンチェスターの中産階級にはユニテリアン派の存在感が強く、彼らは伝統的に安息日厳守主義には反対だった。[67]

周遊旅行客の増加と新しいレジャーの形態は、安息日厳守主義者の圧力に直面した鉄道会社の日曜周遊旅行に対する姿勢によって大いに左右された。日曜旅行には強力な支持者もいた。ウェリントン公爵は1844年、その年の鉄道法案の審議に関してグラッドストンに手紙を書き、新しい格安列車に対する法律が施行され、鉄道会社が日曜日に三等車を運行しなくなれば、きわめて貧しい旅行者に最も不公平なことになるとの見解を示した。[68] リヴァプールやプレストンのように、カトリック主義が支配的、あるいは少なくとも力を持っていたところでは、日曜旅行が頻繁に実施され、多くの労働者階級の人々が参加できた。一方バーミンガム、リーズ、マンチェスター、ハルなどの町では、安息日厳守主義者によって、旅行は熟練工や中産階級に限られていた可能性が高かったと思われる。彼らは別の曜日に旅行できる自由度が大きかったからだ。[69]

全体的に、19世紀中期の大半にわたって、日曜日の周遊旅行は報道機関を含む多くの人々から受け入れがたいものであるとみなされ、1860年代後半に日曜の旅行が再び受け入れられるようになるまでは、かなりの時間を要している。[70] 日曜日のレジャーにそれほど厳しくない宗教団体は、ユニテリアン派とローマ・カトリックだけだった。多くの人々は、日曜日が仕事から解放される唯一の日のため、こうした団体旅行に参加できなかった。安息日厳守主義者の圧力を打破するために会社が採用した戦略や、こうした圧力を無視した数少ない会社の恩恵を受ける人もいた。しかし、旅行の支援や制限に、さらに大きな役割を果たしたグループや団体は、ほかにもあった。

第六章　周遊旅行の形成

「この夏の間に格安列車がリヴァプールに運んできた、何千何万という労働者階級の男女や子供を見た者は、彼らや彼らの属する階級が豊かで幸福なことを確信せずにはいられないだろう。聖霊降臨節から今に至るまで、リヴァプールから１００マイル圏内のさまざまな場所から、格安列車がひっきりなしにやってくる。どの列車にも数百人、中には１０００人以上の、楽しみを求める人々が乗っていた。聖月曜日は列車が到着する人気の日で、リヴァプールに住む誰もがこの夏の間、少なくとも十数回は月曜日に通りが混雑するのに気づいたはずだ。彼らはランカシャー、ヨークシャー、スタフォードシャー、シュロップシャーの機械工や職人、その妻や子供たちだ」[1]（『リヴァプール・タイムズ』紙、１８５０年８月）

新しい社会起業家が、野心的かつ革新的な事業計画で国じゅうの大衆を移動させている一方で、別の重要な、力を持ったグループも活動していた。彼らはその影響力を駆使して、周遊旅行を奨励したり制限したりすることで、その発達方法を形成した。直接的な圧力もあれば、間接的にチャンスを与えたり、将来性を閉ざしたりすることもあった。

格安旅行の発展には、時期が重要な要素となった。労働者には、1日を旅行に充《あ》てるだけの余暇が必要だったからだ。多くは日曜日しか休みがなく、日曜日の周遊旅行は安息日厳守主義者との激しい戦いの的となった。しかし、19世紀になってもまだ多くの地域に広く浸透していた「聖月曜日」の習慣は、周遊旅行にとって重要だった。1850年まで、イングランドではほとんどの雇用労働者は火曜日から土曜日の午前6時から午後6時まで働いていた。月曜日に休みを取る労働者もいれば、月曜日に働く労働者もいた。[2] 聖月曜日は、従業員が月曜日に仕事を拒否できる伝統があった地域で、当時「『大衆』の中で楽しみを愛する人々が公然と決めた休日」だった。通常、こうした地域では、専門性のある職人が雇用主よりも優位に立つ力を持っていた。[3] それでも、雇用主の協力がなければこの日を祝うことはできなかった。これはバーミンガムでは特に顕著で、主に都市部の給料が高い労働者は、火曜日や水曜日も休んでいた。バーミンガムではパブへの関心は非常に高く、当時のバーミンガムは、従業員に高賃金を払う小規模製造業者が多かったために繁栄していた。[4] 聖月曜日は、イングランド中部地方のほかの地域にも反映されていた。1840年代初頭、タンストールの窯元で働いていた匿名《とくめい》の陶器職人は、月曜日と火曜日はほとんど仕事がなく、それ以外の曜日は「ガレー船の奴隷」のように、「朝の4〜5時から夜の9〜10時まで」働いたと語っている。[5] このことは鉄道会社の方針にも影響し、1849年にシュルーズベリー・アンド・バーミンガム線が開通すると、鉄道会社は夏の間、毎週月曜日に職人とその家族のために、リーキンやウェールズへの周遊旅行を計画した。[6]

イングランド中部地方は、休日の遵守についてランカシャーとはまったく異なっていた。不規則な労働習慣や低賃金、節約心の低さから、長い間「文明度」がきわめて低いと考えられてきたのだ。[7] ランカシャーでは、1840年代までには紡績業と織物業の両方で聖月曜日は衰退しており、地元の行政官の政策も手伝って、祝日の「文明化」のプロセスが進行していた。それでも、『プレストン・クロニクル』紙の特派員は、1841年の聖月曜日にプレストンで「膨大な数の労働者が通りをうろついている」と苦情を訴えている。[8] 131ページのコメントは、聖月曜日が1850年になっても、ランカシャー、ヨークシャー、スタッフォードシャー、シュロップシャーの機械工や職人たちによって広く遵守されていたことを示している。[9] ボルトンやイングランドのほかの地域にも、聖月曜日のレジャーの習慣があった例が見られる。例えば、1856年の夏のシーズンには、ヤーマスやローストフトの海辺を訪れる旅行に、ノリッジの労働者がほぼ月曜日に参加していた。[10]

1867年になっても、エンジニアで社会評論家でもあったライトが「おびただしい日帰り旅行が……1年の大部分で毎週月曜日に行われている」と述べている。この論評の基となったのは、イングランド北部、中部、南部の製造業の中心地を回った豊富な経験だ。[11] 彼は、労働者階級が聖月曜日を祝う周遊旅行をいくつかのタイプに分けた。まず、海辺や郊外の広場・公園への日帰り旅行は、より「裕福で落ち着いた聖月曜日遵守者」にひいきにされているという。彼らはたいてい、若い機械工とその「若い妻」たちで、流行の服装や庭園の喫茶店での食事によって、「外出中、上品ぶって見えるように最大限努力している」という。老夫婦や家族連れは、リゾート地に行くことはあっても、「1人につき2ペンスで湯の入ったやかん」を提供するような施設に食料を持参し、帰りに余りものを旅行仲間と分け合った。最後は若い未婚の機械工たちで、周遊旅行での流儀は「陽気」だった。彼らはグループで旅行し、ダンス会場に魅了された。ライトは周遊旅行に代わる聖月曜日の活動として、スポーツや飲酒があったことを指摘している。また、彼が「ごろつき《ローファー》」と呼んだグループは、周遊旅行の目的地の近くに住んでいれば、旅行者を「キャンプ・フォロワー」として利用し、金や食料を奪ったという。ライトは、聖月曜日を利用して周遊旅行に出かけた人々は、それを厳しい労働と対照的な素晴らしい一日にすることで、翌日には活力を取り戻せると考えていた。これはほかの人々とも共通する見解だ。だが彼は、実際はその余裕がないのに周遊旅行に出かける人々のことを懸念している。つまり、家族を十分に養わなかったり、機械工が休んだために仲間の労働者が働けなくなる状態にさせたりするような、「軽率な」人々のことだ。[12]

団体向けの鉄道周遊旅行は、１８４０年代から１８５０年代にかけて、イングランド北部の工場労働者の間で劇的に広まった。そこに住む人々は比較的短い距離を移動し、工業化に伴って急成長する町や都市の工場へと移住した[13]。こうした新しい工場は、当時ランカシャー、チェシャー、ヨークシャー・ウェスト・ライディング、またウェスト・ミッドランズの一部、スコットランドの中央部や低地の一部に集中していた[14]。とはいえ1841年には、マンチェスターでさえ繊維労働者は成人男性労働人口のわずか4分の1で、そのうち工場で働いていたのは半数に過ぎなかった。一方で20歳以上の就労女性の40パーセントが繊維労働者であり、そのうち3分の2が工場で働いていた[15]。このように、周遊旅行の市場は必ずしも工場が中心ではなかったが、工場労働者も重要な要素のひとつだった。一般に、工業製造地帯の雇用主は、南部の農業地帯よりも高い賃金を払っていた。1843年頃の紡績工場の男女と子供の平均賃金は週10シリング6ペンスだったが、女性と子供の割合が多く、男性では週20~30シリングも稼ぐ者もいた[16]。これにより、週10シリングほどしか収入がなかったと思われる男性農業労働者に比べて、世帯収入はかなりのものになった。このように、雇用主は北部の工業地帯で働く繊維労働者が新しい周遊旅行に参加するのを後押ししたのである。こうした旅行は通常は日帰りで、宿泊費を払う必要もなかった。

価格は手頃だったのだろうか? 19世紀の生活費の変化を収入との関連で計算することは、困難と複雑さに満ちている。どのような平均値を出しても、特定の町や地方の状況は覆い隠されてしまうのだ。1839年のリーズの毛織物産業の週給は平均20シリングから24シリング6ペンス、一方で仕立屋は16シリング、靴職人は14シリングだった。1840年のリーズのある紡績工場では、週給は男性が21シリング8ペンス、女性は5シリング11ペンス半、子供は2シリング5¾ペンスと報告されている。したがって、紡績工の夫婦と子供2人が働いた1日の収入で、時期さえ合えば周遊旅行の費用を楽にまかなえただろう。[17] 総じて実質所得は1840年代には着実に上昇し、1850年代半ばにいったん落ち込んだが、1860年にかけて以前の水準を回復した。[18] 1841〜42年と1847〜48年のマンチェスターのように、周期的な不況が訪れ、雇用や短時間労働は劇的に変化した。[19] しかし、1820年から1850年にかけて、ランカシャーの労働者の賃金は大幅に改善したようだ。[20] 1861年までには、イングランドとウェールズの高度な技能を持つ男性労働者の週給は平均28〜35シリング、技能の低い男性労働者の週給は10〜20シリングとなった。したがって、4シリング6ペンス前後で100マイルを移動する格安旅行は、注意深く節約すれば何とか可能だっただろう。[21]

労働時間の短縮は、人々が周遊旅行に参加する助けにもなった。この頃には、雇用主は大衆運動や政府の改革に反応し、新しい余暇の形態を作り出していた。[22] 繊維工場で働く女性や子供は、土曜日の午後2時以降の労働を禁じた1850年の工場法の恩恵を受けた。しかし、これは男性や、商店などほかの職場で働く多くの人々には直接適用されなかった。[23] バーミンガムの産業基盤は、大規模な工場というより小規模な作業所だったが、法が適用されるのはずっと後になる。だが、労働者グループの抗議を受け、技術系の雇用主は最終的に、1850年代に聖月曜日の廃止と毎日の労働時間の延長と引き換えに半日休を認めた。土曜日の午後や夕方よりも、聖月曜日のほうが「悪習慣」が発生しやすいと指摘する解説者もいた。リヴァプールでは、１８５０年代に土曜日の半休をもらっていたのはエリート従業員だけだった。ほかの町や都市では、半休が実現した時期は大きく異なっている。例えばシェフィールドは１８４０年代、セント・ヘレンズは１８５７年、ノッティンガムは１８６１年、バロー＝イン＝ファーネスは１８６０年代後半といった具合だ。[24]

新しい工場に必要な労力は、農作業の多くに比べれば比較的少なく、機械を見るような仕事のため、かなりの長時間労働でも労働者が遠出を楽しめないほど疲弊することはないと主張する者もいた。[25] １８４７年に10時間法［若年労働者と女性労働者の労働時間を1日あたり最高10時間に制限する法案］が成立し、新しい機械の発明が進んだことも、繊維工場労働者の健康状態の改善に役立った。[26]

労働時間の変化に対応した鉄道会社もあった。１８４４年、マンチェスターの商社が従業員に土曜日の午後半休を認めると、マンチェスター・アンド・リーズ鉄道は土曜日の午後に出発して日曜日の夕方か月曜日の早朝に帰着する列車を特別周遊料金で運行し、労働者に「友人を訪ねる機会」を提供した。[27] しかし、これはすべての労働者が利用できたわけではない。残念ながら、早じまい運動が60年以上にわたって集中的なキャンペーン活動を行ったにもかかわらず、マンチェスターの小売店労働者は半休を却下され、20世紀に入るまで週平均およそ85時間という極端な長時間労働が続いていた。[28] それでも、一部の職場が閉鎖される聖霊降臨節のような長期休暇は、多くの周遊旅行を生み出し、特にイングランド中部地方や北部の生産高が低い小規模な町では、休暇のパターンが伝統的なカーニバルや祭りに集中していたため、そのような傾向があった。

鉄道会社が企画した旅行のほかに職場の鉄道旅行もあり、1840年にはすでに始まっていた。こうした旅行は1840年代から1850年代にかけてよく見られ、父権主義的な雇用主が労働者のやる気を引き出し、雇用主という立場を地域社会に打ち出すための広報活動として立案することが多かった。[29] 雇用主の中には、職場旅行を利用して労働者とより親密な関係を築こうとする者もいた。だが、それは必ずしも好ましい体験にはならなかった。1858年の警察の報告書には、プレストンの梳毛紡績《そもうぼうせき》工場の掃除人をしていた労働者と雇用主との間で、土曜日の格安職場旅行のために1シリングの切符を買うことを雇用主が強制できるかどうかで論争が起こったと記録されている。彼は困窮した状態にもかかわらず切符を買ったが、結局旅行には行かず、欠勤として雇用主に呼び出された。「(旅行に)行かなければお払い箱だ」といわれたと彼は主張している。[30] 通常、従業員は工場の敷地に集合し、駅まで歩いて移動した。バンドが先導することもあった。1844年8月、綿糸紡績業者J・ペイリーの従業員たちは、プレストンからフリートウッドへ向かう旅行に出かけた。各種の旗やバンドとともに駅まで行進し、客車の両側には標語が据えられ、帰りは行進に加えて、雇用主の家の前を通る際に3度の喝采《かっさい》が義務づけられた。[31] 報道機関の特派員は雇用主を擁護して、こうした活動の肯定的で道徳的な性質をしきりに強調した。1849年8月のプレストン発の記事には、フリートウッドへの多くの職場旅行の詳細が記されている。記者は苦心しながら、この旅行を「雇い主と従業員が……みなひとつのボートで楽しんでいる。分け隔てなく、喧嘩もなく、妬みもない」と表現し、互いに尊敬し合っていることを示している。記者はここで、旅行が自発的なものであることを示唆している。例えば、ミスター・グランディの従業員たちは大声で彼を歓迎したが、「奴隷のように卑屈に叫んだりはしなかった」という[32]。

雇用主が主催する旅行の多くは、工場労働者が中心となり、特にランカシャーやヨークシャーではそうだった。しかし、ほかの業種の雇用主がこうした活動に参加することもまれにあった。1854年には、スコットランドのメインズ・オブ・ホールカートンの農業経営者ミスター・コーウィーが地元の農業主を組織して、農場労働者を鉄道旅行に連れて行ったという報告がある。このときには、スコットランドのアンガスとマーンシャーから2000人の農場労働者がアバディーンへ旅行している。コーウィーは、農場労働者の道徳的・肉体的な向上と、そのために教育が果たす役割に特に敏感で、雇用主が従業員に贈る切符を手配した[33]。従業員は4列の隊列に並ばされ、「フォーファー・バンドの先導で花崗岩の町アバディーンに凱旋《がいせん》」した。ミスター・コーウィーは、さまざまな建物、工場、ドック、兵舎、造船所を自ら案内し、その後、ユニオン・ホールで1ポンドの小麦パン、半ポンドのチーズ、「チョピン」（半パイント）のビールという昼食をとった。ミスター・コーウィーは、周遊旅行の参加者が興奮し、分別をなくし、他人に攻撃的になるのは、主に蒸留酒の摂取が原因であるという見解を示し、労働者に少量のビールを与えれば、よそへ酒を買いに行くのを思いとどまるだろうと期待した。彼はまた、この旅行への感謝のしるしに、彼らが「より勤勉になる」ことを期待していた。似たような周遊旅行が、2年後の1856年8月にも行われた。レジャー活動と、より価値のある楽しみを兼ねて、ミスター・コーウィーは再びパースへの農場労働者の周遊旅行を企画した。このとき参加した労働者は男女500人に過ぎず、当日は雨模様で、屋外で活動できる可能性は低かった。彼らは市庁舎で、さほど楽しいとは思えない活動を余儀なくされた。それは、「算数、農業簿記、読書、スコットランドの歴史、盟約者［長老主義の支持を盟約した人々］の歴史など」の知識を競うというものだった。19世紀半ばのスコットランドでは、イングランドよりも教育が重視されていたため、農村の子供たちは10月から3月にかけて教区学校に通うことが義務づけられていた。そのため、農場労働者には字が読める者もいた。[34] 記事は、農場労働者の多くが、「いくつかのテーマについて賞賛に値する知識」を披露したと指摘している。天候が回復すると、スポーツやゲームが開催され、賞品が贈られた。[35] ここでの周遊旅行は、特にスコットランド人の関心事である労働者のモラル改革と教育ツールとして、雇用主が利用したものである。その動機は、プレストンの雇用主とは異なるように見える。プレストンの雇用主は従業員を教育するというより、従業員同士の距離を縮めようという考えだった。

この報道記事は、続けて周遊旅行の参加者が社会に及ぼす影響について書いている。それによれば、農場労働者の体格は好印象を与えたという。町の人々が農業従事者に偏見を持つことで知られているのは、「彼らが数年前に町を訪れたときに、あまりにも自由奔放だった」ためだが、新たな訪問は、この心温かく開放的な人々に対して「国の力の源泉を代表する、爽やかでたくましい人たち」という好意的な印象を作り上げた。労働者たちは賞賛や驚きを表し、興味の対象となり、帰路につくときには大勢の群衆が見送りに来た。1860年、ミスター・コーウィーはまたもスコティッシュ・ノース・イースタン鉄道でのアバディーンへの旅を企画し、このときも行進、バンド、ゲーム、賞品が用意された。そして今度も「楽しみと娯楽」のほかに「教育と向上」が必要であることを熱心に訴えた。

1846年を例に取ると、特に「聖月曜日」との関連で、さまざまな都市で異なる雇用主の慣行が影響していることがわかる。[36] リーズではこの年、月曜日または水曜日に出発する数日間の旅行が優勢だった。これは中産階級や賃金の高い職人、また聖月曜日を祝う融通のきく自営の職人が参加していたことを示唆している。バーミンガムも同様だった。[37] これとは対照的に、マンチェスターでは蒸気動力の導入により、製造業者は機械を毎日のように稼働させ続けなければならなくなったため、労働者が月曜日に休暇を取ることが認められなくなった。マンチェスターはバーミンガムよりも先にこの技術を開発したため、聖月曜日はイングランド中部地方で長く続いた。[38] しかし1850年には、ロンドン・アンド・ノース・ウェスタン鉄道が夏の間、毎月第一月曜日にアルダリー・エッジへの格安旅行を提供したことが報告されている。これは労働者の不満を呼んだが、日曜日のほうが都合がよい工場労働者よりも、商店経営者向けのものだったのかもしれない。[39] 1846年のハルでは、日帰りと宿泊の両方で、数多くの月曜日の旅行が実施された。聖月曜日が好まれるのは、通常、小規模な工房で熟練の職人が柔軟に仕事をしている町や都市だったが、この頃のハルの経済は、輸出入における輸送、精油、綿製造業、トロール漁業、また運輸などの関連産業が中心だった。[40] 1839年の調査では、例えばランカシャーと比べると、雇用は不定期で、しばしば季節労働となり、女性や子供の仕事はほとんどなかった。重要なのは、当時ほかの町で聖月曜日を遵守していたような「労働貴族」がいなかったことだ。この場合は小企業の経営者や事務員など、下位中産階級は多かったが、こうした仕事は不安定だった。[41] この場合は雇用主の慣行というより、競合する汽船旅行の影響によって、ハルでの鉄道周遊旅行の性質が形作られた可能性がある。汽船旅行は昔から、月曜日と木曜日に行われていた。重要なのは、リヴァプールとプレストンには大衆が参加できるような日曜日の周遊旅行（125ページ参照）があったため、月曜日の旅行は必要なかったことだ。

多くの労働者は、年に一度の聖霊降臨節の休暇にしか周遊旅行に出かけることができず、鉄道会社はこの時期に多くの周遊列車を運行した。しかし例外もあり、例えば1846年のリーズでは、新聞に広告や記事が載ることはなかった。この年の聖霊降臨節の週末は、気温が22度から24度と暖かかったが、リーズの人々には聖霊降臨節の日曜日に休暇を取ることができる、あるいは取りたいと思うような、はっきりした習慣はなかったようだ。リーズでは、産業関連の仕事が全面的に停止することはなかった。この時期には、いくつかのイベントが記録されている。聖霊降臨節の火曜日に、リーズ禁酒協会がヘディングリーの動物園で開催した大規模な大会には、ウェスト・ライディングから大勢の人々が訪れ、レスターからも禁酒主義者が乗る列車がやってきた。[42] 一方、1846年のマンチェスターでは、周遊旅行のほぼすべて（その年に報道または宣伝された12回の旅行のうち10回）が聖霊降臨節の日曜日に実施されている。これは一年で最も重要な祝日であり、「一年のうち、合意の上で、ほぼ全員が労働をやめる一週間」だった。もう一度いうが、マンチェスターの天候は例年よりずっと暑く、5月末には晴れて乾燥した暖かい日が続き、聖霊降臨節の月曜日には日陰で25度、火曜日には27度に達した。[43] マンチェスターの人々は、鉄道が登場する前から、聖霊降臨節の一週間には徒歩や馬車での旅行で遠出のレジャーを楽しんでいた。[44] 操業停止がどれほど広範囲に及んでいたかははっきりしていない。ある特派員は、日曜学校の子供たちの中には、火曜日の夕方まで操業を停止しない工場で働いていたために、聖霊降臨節の月曜日の行進に参加できなかった者もいたと指摘している。しかし『マンチェスター・タイムズ』紙によれば、聖霊降臨節の間、仕事はほとんどなく、商取引もごくわずかしか行われなかったようだ。[45]

鉄道は当時、こうした周遊旅行で唯一の交通手段ではなかった。1846年には、マンチェスターからダナム・パークへ向かう聖霊降臨節の旅行があったが、日曜学校の子供たちなど数千人が道路やブリッジウォーター運河を使い、農家の荷車、大型馬車、運河航行船（木曜日には47隻が運行）、快速定期船、乗合馬車で移動した。火曜日から土曜日の間に推定5万人（水曜日には3000人の生徒）がパークを訪れている。[46] 運河航行船は木曜日だけで1万2000人近くを運んだと推定されている（マンチェスター・サウス・ジャンクション・アンド・アルトリンチャム鉄道が開通したのは1849年だったため、1846年当時、鉄道で旅することは不可能だった）。[47]

マンチェスター近郊の周遊旅行では、相反するふたつの勢力が動いているのが印象的だ。地方の人々は大都市に出かけ、都市の人々は地方に出かけた。また、周辺の町からやってくる人々も多かった。1840年代のマンチェスターは、クモの巣のような人口密集地に囲まれ、それぞれ中心に向かって鉄道で結ばれていたからだ。例えばオールダム（4万3000人）、ベリー、ロッチデール、ハリファックス（それぞれ2万4000～2万6000人）、ボルトン、プレストン、チョーリー（合計11万4000人）、スタリーブリッジ、アッシュトン、デューキンフィールド、ハイド（8万人）、ストックポート（5万人）、ウィガン（2万6000人）、ウォリントン（2万1000人）などである。[48] 1846年の聖霊降臨節にどれだけの大群衆が移動したかを知る推定値として『マンチェスター・ガーディアン』紙は、マンチェスターを終点とする路線での1週間の輸送量を、ペア切符、当日往復割引切符、日曜学校切符を含めて、客車と貨車とでまとめている。[49]

このように、マンチェスター地区の聖霊降臨節の周遊旅行交通は、40万人近い人々の移動に貢献した。これは一大スペクタクルであり、多くの労働者階級がこの時期に長期休暇を自由に過ご

1846年聖霊降臨節のマンチェスターでの周遊旅行客数

鉄道会社	日曜から土曜	備考
マンチェスター・アンド・リーズ	103,000人	（1845年から20,000人増）
リヴァプール・アンド・マンチェスター	60,000人	（貨車約17,000人）（1845年から400%増）
シェフィールド・アンド・マンチェスター	101,600人	（うち学生21,458人）（1845年から32,000人増）
マンチェスター・アンド・バーミンガム	85,300人	（1845年からほぼ100%増）
マンチェスター・アンド・ボルトン	45,800人	（1845年から微増）
合計	395,700人	

すことができた。

雇用主以外にも、初期の団体向け鉄道周遊旅行の発展に意外な役割を果たした都市の有力者がいた。例えばリーズのエドワード・ベインズのように、報道機関と地元の鉄道網の両方を支配していた者もいた。ベインズは、鉄道周遊旅行を合理的娯楽の必要性に対する解決策と見ていたが、強い安息日厳守主義的な考えは、こうした旅行の時期と相容れなかった。[50]彼は、1840年代初頭の製造業地区に対する大都市の偏見により、北部が「悪徳、無知、反乱、無宗教、残酷さ、惨《みじ》めさの場」として描かれていることに憤慨し、これらの地域の都市生活の現実を示すデータを広める運動を展開する一方、合理的娯楽の手段としての周遊旅行を推進する必要性を感じていた。ベインズのリベラルな考えはここまでだった。彼は、鉄道という新しい交通手段は、平和が乱されたとき、それを鎮圧する軍隊が迅速に移動するのに利用できるとも主張した。[51]

訪問客には喉を潤《うるお》すものが必要だった。リヴァプールでは1858年までに、珍しい無料の公共水飲み場が数多く設置されていた。慈善家であり熱心な禁酒主義者だったチャールズ・メリーが、1854年から私費を投じて少しずつ設置したものだ。観光客にとってのその価値は、新聞でも報じられた。[52] メリーは実践的な改革者で、1829年にリヴァプールのタウブルックで裕福な商人の家に生まれた。[53] 弟のジョージは著名な国会議員になった（ジョージの曾孫はジャズ・ミュージシャンのジョージ・メリーである）。チャールズは家業に従事しながら、まもなくリベラルな慈善家となり、20代前半から労働者階級を支援した。1852年にはボーフォート・ストリートに夜間学校を設立し、リヴァプール北部のドメスティック・ミッションも支援した。そこには貧民学校もあり、貧しい子供に無料で教育をほどこした。熱心な禁酒主義者だったメリーは、無数の水飲み場のあるジュネーヴを訪問した後、無料の飲料水を提供することはリヴァプールの波止場で働く移民だけでなく「製造業地区や農業地区から来て、通りを埋め尽くす周遊旅行者」の利益にもなると考えた。特に、パブでビールを飲むか、馬の飼《か》い葉桶《ばおけ》の水を飲むくらいしか喉を潤す手段がなかった時代には、酔っぱらいの解毒剤として役に立つ。[54] メリーの資金で、1854年3月31日、プリンセス・ドックの南端にリヴァプール初の水飲み場が作られ、同年にはさらに6つ、1856年までにはさらに14が設置された。鋳鉄製のものもあったが、通常はアバディーン産の花崗岩を磨き上げたもので、メリーが無料で水を提供するよう手配した町営水道につながっていた。それぞれに亜鉛メッキの鉄の柄杓《ひしゃく》がふたつ、鎖で両側の壁に取り付けられており、ライオンの頭や子供、サテュロスなどのブロンズの装飾がほどこされていた。[55]彼はのちに、水飲み場の価格はひとつ10ポンドくらいだったと見積もっている。[56]これらは大成功を収めた。1856年7月には、2日間でそれぞれ1日あたり2500人以上が水を飲んだと推定されている。メリーは、1860年にマン島の漁師のために設置した水飲み場など、ほかの場所でも水飲み場の費用を負担した。[57]彼は自分の大義に熱心に取り組んだ。かなり後になって、1864年には議会に手紙を書き、水飲み場の一部で使われている蛇口の形は天候が悪いときに凍結を招くと申し立て、変更を求めた。[58]1859年までに、リヴァプールには46の水飲み場ができたが、そのうち35は彼が費用を負担したものだった。当然のことながら、彼は水飲み場のメリーとして知られるようになった。[59]

メリーはリベラル派として町議会議員を務め、リヴァプールの野外運動場や体育館の開発も助けた。これにより、労働者階級は柱やロープ、はしご、鎖、木などを使って、新鮮な空気の中で運動できるようになった。[60]開幕式でのスピーチで、彼はこう訴えた。「陽気さと上機嫌を広めよう。口論したり、石を投げたり、若者の間で喧嘩をしたりするのはやめよう[61]」。これらの体育館が、日曜日に閉館するという伝統的な慣習にのっとっていたのは残念なことだった。当時の庶民には、日曜が唯一の休日だったからだ。[62]メリーはまた、道端にベンチを据え、セフトン・

パークの運営を支援した。またリヴァプール・アスレチック・クラブの会長を務め、1860年代にリヴァプールで開催されたグランド・オリンピック・フェスティバルを支援している。[63]リヴァプールの労働者は彼の業績を認め、表彰した。1858年に発案されると、最終的には1000ポンドが集まり、1861年に装飾を凝らした銀食器を購入して彼に贈った。[64]悲しいことに、彼はうつ病と精神の問題に苦しみ、次第に理性を失って、1879〜80年頃に見解を変えた。1879年にはその兆候が表れている。報道では、リヴァプールの会合で、彼は日曜のパブ休業案に反対する修正案を発議している。ココア店、読書室、博物館、美術館の日曜開館に関する規定が設けられるまでは、現在のパブの営業時間を短縮することは望ましくないと彼は意見した。これは、労働者階級のレジャーを促進するという考えに沿うものではあったが、熱心な禁酒主義者だった彼らしくないことで、この修正案を支持した同僚はほとんどいなかった。[65]1880年、妻のルイーザは夫の「心神喪失の疑い」について陪審員に申し立てた。[66]同僚は1879年以降の彼の行動の変化に気づいており、およそ30年間にわたり誰からも高く評価されていたこの人物が、ひどく興奮しやすくなり、金銭や慈善行為をめぐって家族やリヴァプールの有力者と口論するようになったとこぼした。当時、彼は慢性的な躁病と妄想を患っているとの医師の報告により、(彼が理事を務める)リヴァプール精神病院に収容されていた。メリーは暗殺者に殺されると公言し、毒が入っていることを恐れてスープを飲もうとせず、夜には部屋にバリケードを築いた。彼は心神喪失で自己管理能力がないと宣告された。[67]1880年代にはリヴァーズリーの実家に戻り、介護者に支えられて暮らした。1888年11月10日土曜日、彼はピストルで頭を撃った[68]。しかし、メリーは重要な遺産を残した。彼にならい、ほかの町でも地方議会の資金や個人の寄付によって、同様の取り組みが行われるようになった。例えばリーズ、ハル、ダービー、チェスター、レスター、サンダーランド、アバディーン、グラスゴーなどだ[69]。この取り組みは、1859年にロンドンで首都無料水飲み場協会が設立されるきっかけにもなった[70]。興味深いことに、この組織の労働者による補助委員会が1859年に開いた会合の報告書には、募金活動に最も協力的だったのは労働者階級と貴族階級で、中産階級は無関心だったと記されている[71]。

社会の宗教観は、日曜日の列車運行をどこまで認めるか、あるいは反対運動を行うかに大きな影響を与えた。大規模な群衆に対する懸念が背景にあったマンチェスターを見れば明らかだ。1831～32年にかけて、不満を持った手織り職人による社会的騒乱が起こり、扇動とみなされた。例えば、1839年には反穀物法同盟が設立され、1830年代後半にはチャーティストがこの町で高い支持を得ている。また、この町は非国教主義の中心地としても知られていた[72]。ピータールーの虐殺［急進派の集会を騎兵隊が襲った事件］の恐怖の記憶は、工場労働者と中産階級の協力を阻み、労働者階級の群衆の力に対する中産階級の不安をあおった。その結果、大衆を統制するには合理的娯楽が重要だという見解が生まれたのである[73]。

1830年代のマンチェスターの特色は、有力なエリートの影響力を支えた。例えば、町の大きさによって伝統的な地域指導者の力が弱まったこと、特定の人が富を握り、幅をきかせる産業構造、伝統的な結びつきの薄い比較的新しい町であること、最後に、社会的分離や平均寿命の短さにつながる不衛生だ。1842年の政府報告書によれば、機械工や労働者とその家族の平均死亡年齢はわずか17歳で、商人とその家族は20歳、専門職は38歳だった。[74] 1836年以降、マンチェスターは経済不況に見舞われ、力織機の開発によって雇用形態が一変した。1841～61年の間に、繊維労働者に占める男性の割合は35パーセントから25パーセントに減少した。[75] しかし、多くの女性や子供が工場で働くことで、男性の繊維労働者の犠牲の上で、周遊旅行に使える家族の可処分所得が増える可能性もあった。多くの主要都市と同様、共有地が消滅したため、地元の労働者が余暇を健康的に過ごせる場所はどこにもなかった。[76]

この時期、マンチェスターには有力な中産階級のエリートが存在した。多くの倉庫、商店、銀行を所有することで、彼らは土地と労働市場を支配できる力を持っていた。これにより、一致団結して行動することができた。例えば、1840年代半ばから、マンチェスターの商業施設や官公庁は土曜日の正午に終業するようになり、労働者は半休を取ることができたため、周遊旅行市場が刺激された。これは同時に、日曜日の周遊旅行に代わることで、安息日厳守主義者を支援することにもなった。鉄道会社の一部はこれに応え、土曜日の午後に臨時列車を走らせた。しかし、1844年6月に『マンチェスター・ガーディアン』紙に寄稿した特派員は、鉄道がこの潜在市場に反応するのが遅かったと不満を述べた。彼は安価な週末旅行を実施するよう、マンチェスター・アンド・リーズ鉄道を説得しなければならなかったという。[77]

マンチェスターで扇動が起こる可能性と広場の不足を懸念した中産階級の慈善家は、人脈を利用し、合理的娯楽として大衆向けの周遊旅行を推進することができた。有力者たちは、しばしば鉄道事業と文化活動や自治体活動を結びつけた。エドワード・ワトキンはマンチェスター鉄道の発起人で、若い頃から多くの市民団体に携わっていた。マンチェスター学術研究会の会長だった彼は、マンチェスターの事務員に土曜日の半休を与え、周遊旅行のための余暇を延長する運動に協力した。マンチェスターにはベルヴュー・ガーデンとポモナ・ガーデンというふたつの遊園地があり、特に聖霊降臨節にはさまざまな娯楽や出しものが行われた。しかし、ワトキンは公園の必要性を広めた。1844年、労働者が余暇を過ごすための公園や広場が市内になく、屋外のレジャーといえば路上しかないという苦情を受けて、ようやくマンチェスターとサルフォードに3つの公園がオープンした。しかし、公園によって新たにできた空間は、労働者階級が最も密集する地域からは遠く、開園時間や行動に関する規則があったため、大衆の人気は今ひとつだった。[78]

大衆のレジャーに対するワトキンの考えは、彼の鉄道業の方針に影響を与えた。彼はロンドン・アンド・ノース・ウェスタン鉄道でマーク・ヒュイッシュの補佐を務めた後、1853年にマンチェスター・シェフィールド・アンド・リンカンシャー鉄道の総支配人となり、グレート・ノーザン鉄道、ロンドン・アンド・ノース・ウェスタン鉄道、ミッドランド鉄道との交渉で主導的な役割を果たした[79]。彼は労働者階級と合理的娯楽について確固たる意見を持っており、これを積極的に支援したが、日曜日の遵守については気にしていた。大衆が新しい場所へ行き、ほかの階級と交流することで恩恵を受ける必要はあったが、それが可能なのは休日である日曜日だけで、鉄道員が安息日に働くことになるという難問を認識していたのである。結局、ワトキンは日曜日に周遊列車を運行したが、できる限り本数を少なくした。ワトキンはこのように、1850年代の改革者たちのジレンマの典型となった。宗教的な慣習を遵守しながら、階級間の対立拡大を防ぐために大衆向けの合理的娯楽を促進するという不可能を可能にしようとしたのである。とはいえ、特に北部の工業都市では、旅行に出ていなくても大衆が教会に通った事例はあまりなかった[80]。

同時に、中産階級は労働者階級の文化的・芸術的な自己表現を支援することには熱心だったが、政治的な自己表現にまでは及ばなかった[81]。1844年のマンチェスターの記事は、チャーティストの鉄道周遊旅行がなかった理由に光を当てている。この場合は運河旅行だが、当事者の態度がよく表れている。それによると、マンチェスターのチャーティストが、日曜学校の生徒を前年と同じく運河沿いにバートン・アポン・アーウェルまで連れて行こうと、マージー・アーウェル水路から船を借りようとしたところ断られ、「どんな理由があってもチャーティストに船を貸すな」という命令があったのだと告げられた。さらに、もしほかの誰かが船を貸したら、「見つけ次第停止させる」といわれたという[82]。急進的な『ノーザン・スター』紙によれば、1838年から1852年の間にチャーティストが鉄道を利用して実施した周遊旅行は、1845年8月にロンドンからブライトンへ行った4シリングの日曜旅行だけだった。このときには3本の列車で3000人が参加し、旅行の売上はチャーティスト・ランド協会の支援に充てられた。[83] しかしこの時期、馬が引く「幌馬車」や荷車、汽船で川や運河を移動する、別のタイプのチャーティストの周遊旅行はいくつか記録されている。[84] チャーティストの遊覧旅行の新しさに触れた記事もある。[85] 幌馬車や船の定員は驚くほど多く、400人がいくつかの乗り物に分乗して旅行したという報告もある。例えばハートフォードシャーにあるチャーティストの施設、オコナーヴィルへの旅行などは、ロンドンから汽船でテムズ川沿いに、または道路を幌馬車で移動した。北東部やスコットランドへの旅行もあった。これは労働者家族に適した曜日であることを考慮し、多くは日曜日に催行されたが、それ以外は月曜日に催行される傾向があった。多くの旅行が資金調達活動として企画され、チャーティストの資料が配布されることもあった。チャーティストのイベントへの集団行進は、力を示す劇的なデモンストレーションとして重要な役割を果たした。[86] ときには、個人が列車でイベントに参加することもあったが、これについては新聞の政治的立場によって証拠が矛盾する。[87] 鉄道旅行がなかったことは、チャーティストと鉄道会社の相互対立を反映している。特に1842年のチャーティスト騒乱の際、列車が兵士の移動に使われたためだ。[88] 鉄道会社がチャーティスト運動に反対し、従業員に特別警察官への志願を促したり、駅舎に兵士を宿泊させたりしたこともあった。したがって、チャーティストの旅行で鉄道利用が発達しなかったのは驚くことではない[89]。もし鉄道を利用していたら、参加者の規模の大きさと目的地の多様さによって、１８４０年代のチャーティスト運動の政治的思想を広めるのに大いに役立ったことだろう。

周遊旅行の形成に重要な役割を果たしたのは報道機関、特に地方紙だった。通常、都市部のエリートが支配していた報道機関は、鉄道旅行の広告、報道、論評に、強力で進歩的かつ重要な役割を果たし、事業を刺激・奨励し、治安を脅かしかねない新しい群衆について論評した。地方紙は主に町や都市で発行され、消費され、配布され、地域のアイデンティティを支えた[90]。流通には鉄道網を利用したため、その勢圏には多くの人口が集中しており、周遊旅行の広告主は自社のサービスに関連のある多くの読者に広告を届けることができた。新聞は、例えば未来の起業家や社会集団に対して、周遊旅行の成功や失敗を強調したり、潜在的な周遊旅行客を促したり思いとどまらせたりする役割を果たした。１８５５年5月の『リヴァプール・マーキュリー』紙に寄稿した記者は、その年の聖霊降臨節にリヴァプールに周遊旅行客が少なかったことへの説明を試みている。彼は、ミスター・マーカスによるロンドン・アンド・ノース・ウェスタン鉄道のロンドンへの周遊旅行が1回しかなかったことを懸念し、聖霊降臨節の周遊旅行者の数が「生産都市とその周辺地区の労働者階級の社会的状況」を示すバロメーターととらえている。彼の見解では、その年の長く厳しい冬が労働者の可処分所得を減らす結果につながったのが主な原因だった。しかし報道機関が提供者の不足を強調することで、ほかの起業家の市場参入を促したという

1846年リーズ発の、厳選された格安鉄道旅行の費用[92]

目的地	三等車の通常運賃	三等車の周遊旅行運賃	往復の距離（マイル）	1マイルあたりの通常料金（ペンス）＊	1マイルあたりの割引料金（ペンス）＊
ロンドン	34シリング	15シリング	408	1.00	0.44
スカボロー	16シリング	3シリング6ペンス	146	1.32	0.29
カースル・ハワード	9シリング	2シリング6ペンス	94	1.15	0.32
シェフィールド	6シリング6ペンス	2シリング6ペンス	76	1.03	0.40
リヴァプール	21シリング#	5シリング3ペンス	184 ～	1.37	0.58

＊データから推定
#ブラッドショーによれば、当時の運賃は19シリング
～同紙には108マイルという誤った数字が使用されていたため、ブラッドショーを参照してマイル数を調整した。

見方もできる。[91]

新聞の一面には、鉄道と汽船両方の周遊旅行の広告が頻繁に掲載された（新聞社にとっては大きな収入源だった）。これらは読者が交通手段を比較し、値踏みするのに役立った。同時に、周遊旅行の主催者はチラシを大いに活用し、共有の新聞が利用できなかったり、識字水準のために新聞を読みたがらない大衆をターゲットに、効果的に情報を伝えた。この新しい集団移動を支援するために、報道機関はヴィクトリア朝の記事の主な特徴である、「統計的照合」という役立つ手段も提供している。『リーズ・マーキュリー』紙は１８４６年、「リーズからの特別遊覧

旅行が時代の風潮となってきた」と興奮をあらわにしている。同紙は、今後予定されている5つの旅行の割引運賃と走行距離を示す前ページのような表を掲載した。

この表は、新しい周遊旅行が突如として大衆の手に届くものになったことを浮き彫りにしている。この匿名の記者は、経済的な理由だけでなく大衆の道徳改革の手段にもなるとして旅行を勧める、当時の都市エリート層の典型的な見解を示している。「この機会がなければ恩恵を受けられない多くの人々にとって、レクリエーションの望ましい手段」というのだ。記事は、「下層」階級はこれを利用して、「壮大さ、古代、歴史や商業との触れ合い」を求めて景色や名所を見学できると提案している。それらは「健全な楽しみ」の源であり、「参加者の趣味の向上と満足につながり、視野を広げるように計算されている」といわれた。[93]

新聞がより間接的な方法で、周遊旅行に影響を与えることもあった。新聞は任意団体の発展を支援する上で主要な役割を果たし、しばしば旅行の委託に関与した。例えば『リヴァプール・マーキュリー』紙と『リーズ・マーキュリー』紙は、いずれも機械工協会を奨励している。[94]一部の新聞には、労働者階級に安息日の慣行を強制する役割に誇りを持っているものもあった。例えば1825年の『マンチェスター・タイムズ』紙の政治部部長がそう記している。[95]報道機関はしばしば合理的娯楽をテーマとし、特に1840年代には、泥酔や放蕩、暴動の可能性に対する市民の懸念を熟知していたため、周遊旅行団体の性格や行動に関する論評を頻繁に掲載し、群衆に対する市民の不安を和らげていると自負していた。しかし、新しい流動性が脅威と受け止められるのではないかという懸念もあった。上流階級向けの『トーリー・モーニング・ポスト』のような一部の新聞は、大衆のための新しいレジャー活動を支持したが、批評家たちはこのような進歩を「政治的支柱の弱体化」と見ていると暗に示している。[96] 1851年、『エコノミスト』紙は、鉄道は貧しい人々に必要な娯楽を提供し、自由への動機となる「マグナ・カルタ」だとして歓迎した。マンチェスターからの安価な旅行を楽しむ人の数は、1848年の11万6000人から1849年には15万人、1850年には20万2000人に増加したと報じられている。[97] 1857年の『イアラ』紙に掲載された記事は、周遊列車は、それまではたどり着くのに必要だった時間を、活動を楽しむために使えることで、一般庶民の「人生を長くする」役割を担っていると示唆している。この記事では、土曜日の半休がこうした活動を促進していることを認め、雇用主により多くの職場旅行を提供するよう促してもいる。[98]

「怪物列車」という言葉は、1840年には早くも新聞に登場し、まもなく1840年代の周遊旅行に関連して広く使われるようになった。これは新しい現象を説明し、独特のオーラを与えるレッテルとなった。『スタンダード』紙は、これらは1844年に「モンスター・カドリール」のように「大流行」したと報じた。[99] 1844年、アメリカの雑誌『リビング・エイジ』は、3000～4000人規模の「怪物」周遊旅行が北部の製造業地区で一般的に行われていると書いている。[100]『ブラッドフォード・オブザーバー』紙の洞察力に富んだ記者は、「楽しみを求める常連」が乗った「怪物列車」は、あまりにもありふれているためほとんど注目に値しないが、将来関心を引くかもしれないと書いている。[101] 1844年に、ニューカッスルとレスターから2本の怪物列車がヨークに集結する眺めは、記者からアラビアンナイトの驚異にたとえられた。[102]

報道機関が社会的利益について概説することも数多くあった。1844年の『チャンバーズ・エディンバラ・ジャーナル』誌の記事では、格安旅行が人々をパブや競馬場などから遠ざけることで、飲酒の機会を減らしているとされている。[103] 1857年の『スタンダード』紙は、酒に溺れていた職人が、周遊列車の出現によって酒代を家族旅行に使うようになり、「思慮深い人物」に変わったとまで書いている。[104] 周遊旅行は倹約と貯蓄を促し、飲酒に使われたかもしれない金の使い道を変えると信じられていた。1849年、マンチェスターの解説者は、パブの主人の話を紹介している。彼は日曜の格安旅行（および禁酒主義）のせいで、人々は周遊旅行のために金を貯め込み、自分や同業者の商売を台無しにしていると語ったという。[105] また偏見、特に解説者が「無知で利己的」と非難する農村部の人々への偏見を減らす可能性も示されている。[106] これは共通のテーマで、農村の人々は無知であり、都市部への周遊旅行によって都市生活者から学ぶことができるといわれていた。また、あまり旅行をしない人々の精神は「偏見と自己満足によって狭小になり、弱くなって」おり、道徳心が非常に低く、悪徳と放蕩にふけるとほのめかされている。結果として、鉄道は「社会を大いに文明化するもの」であり、「礼儀や慣習の均一化」をもたらすといわれた。[107] チャーティストの『ノーザン・スター』紙でさえ、「孤立や視野の狭さから来るつまらない偏見や局所的な誤りは消散される」と書いている。[108] 周遊旅行は、階級の壁を取り払う助けになると考えられていた。特に、どの階級でも安い三等車を利用することが知られていたからだ。「鉄の絆《きずな》」が人々を結びつけるのだ。[109]フランスへの格安旅行は、「国民の反感を解消する」とまで持ち上げられた。[110]

窮屈で不健康な環境で生活し、働く都市の住民が、新鮮な空気と田園地帯に触れることによる健康増進はさらなるテーマであり、マンチェスターでは、聖霊降臨節の日曜日の午後に何度かあった休業がこれを後押しした。海辺の「爽快な自然の影響」や「夢の土地」の利点が強調された。[111]1853年には、マンチェスター診療所の診療件数が減っているのは、地元の人々の体調が改善された証拠だと指摘され、さまざまな要因の中には「鉄道や乗合馬車による格安旅行」など、屋外の活動が普及したことも挙げられた。[112]安価な旅行によって、人々は都市の「悪」から遠ざかり、周遊旅行を好むことによって残酷なスポーツに魅力を感じなくなり、「低俗で堕落した耽溺《たんでき》の場を、魅力的な風景を訪ねる鉄道周遊旅行に変える」ことで、道徳や行動を改善したといわれた。[113]1841年には早くも『マンチェスター・ガーディアン』紙が、地方の指導者は聖霊降臨節に子供たちなどを競馬場から遠ざけようと躍起になっていると報じている。[114]周遊旅行はしばしば「害のない」娯楽とされた。[115]鉄道周遊旅行の増加と犯罪の減少を関連づけようとする短絡的な試みもあった。1853年の記事では、マンチェスターの囚人数が減ったのを周遊旅行によるものとしており、周遊列車が開始した1843年には1万2147人だった囚人が、1846年には7620人、1850年には4578人に減少したと報告されている。[116]また解説者は、日曜学校の生徒が田舎の屋敷を訪問することで、秩序ある「適切な」振る舞いを身につけることを奨励した。

旅行は教育的・知的な探求を促すものともみなされた。1851年、チャールズ・ナイトは周遊旅行列車を「最高の指導教官のひとつ」と呼んだが、『モーニング・クロニクル』紙は彼のガイドブックの批評で、こうした列車は事故を引き起こし、「合法的な事業の交通」の邪魔になると不満を述べた。[117]もっと珍しい旅行もあった。これらは農業の改善や工業プロセスに関する知識を広め、雇用の可能性を発展させる手段とみなされた。[118]周遊旅行は労働者の士気を高めると報告されており、職場旅行や日曜旅行を支援することで、労働者が伝統的な聖月曜日に仕事を休む必要性がなくなるとされた。[119]

1850年には『スタンダード』紙が、周遊列車が「わが国の国内経済と道徳経済に欠かせない要素」になりつつあると論じ、同年『イラストレイテド・ロンドン・ニュース』紙も、通常「万人向け」といえば蔑称として使われるものだが、この場合は「よいものをもたらす」意味だと強調した。[120]報道機関は、政治的理由による労働者階級の群衆が生まれる可能性と周遊旅行を結びつけないよう、細心の注意を払った。しかし1850年の『マンチェスター・タイムズ』紙では、チャーティストに賛同するリベラルな慈善家ジョン・パスモア・エドワーズが、周遊旅行が「人々の趣味を磨き、習慣を改善し、向上心を刺激する」可能性を指摘し、さりげなく改革の必要性を示している。最後の文章で、彼はこのように示唆している。

「周遊旅行の秘密はその安さであり、安さは協力関係の結果である。私は、世界のある地域から別の地域へ人を運ぶためだけに使われる協力関係の原則に、進歩への重要な手段と文明の新たな勝利を見ている[121]」

ときには、安息日厳守主義者の批判とは別の理由で、鉄道周遊旅行に反対する論説も見られる。1849年の『デイリー・ニューズ』紙は、新しい周遊旅行をおおむね支持しながらも、公開処刑のためにロンドンからノリッジへ向かう旅行に多大な怒りを表明している。

「機関車が引っ張っているのは、動く大混乱《パンデモニウム》だ……首都で最も低俗で、不名誉な巣窟に住む浅ましい者たちは、運賃が安くなったおかげで、ノリッジで明日の見世物を楽しめることに感謝しているかもしれない。男でも女でも、その品のない身なりは、無慈悲な好奇心の聖地へ巡礼する者たちに、みすぼらしい華やかさを添えるだろう……絞首刑目当ての行楽客が通りすがりに発する野蛮な冷やかしや無慈悲な歓声は、さながら鉄道に沿って吹き荒れる道徳の砂嵐《シムーン》だ[122]」

周遊列車の安全性については、当然ながら大きな懸念があった。1858年の鉄道事故に関するガルトン大尉の報告を受けて、『タイムズ』紙の社説は鉄道事故による死者（２７６人）と負傷者（５５６人）をイタリアの戦場での死傷者と比較した。社説は、周遊列車は特に衝突の危険性が高いことを示唆し、それらを「鉄道系の彗星《すいせい》だ。その軌道は不規則で、その出現は不確かで、その外見も同じように驚くべきものだ」と表現した。そして、こうした列車はたいてい大型で、意外な時間に運行するため、混乱や衝突を招くと指摘している。[123] ほかにもいくつか批判がある。『レジャー・アワー』誌の記事は、１８５７年の格安旅行が大勢のプロテスタントを宗教行事から遠ざけたとしている。カトリックの下層階級のほうが教会への出席率がはるかに高かった。[124] １８５０年のグレート・ウェスタン鉄道の日曜周遊旅行など、安息日厳守主義の視点から日曜周遊旅行を取り上げたレベルの高い批判記事もあった。[125]

全体的に見れば、新しい鉄道周遊旅行の形成で報道機関が果たした役割は、どれだけ誇張してもしすぎることはない。特に、それを許容できるものとし、読者や世論形成者に周遊旅行を支持するよう促した役割は大きい。継続的なキャンペーンでは、広告主のニーズに合わせて、道徳改革に絡めてこれらの旅行の利点を概説し、併せて日曜の旅行に反対する安息日厳守主義者の見解を全般的に支持した。新聞は大群衆の行動について絶えず安心感を与え、報道機関と都市のエリートとの密接な関係は、この時期の旅行市場の拡大を担った任意団体を発展させた。

最後に中央政府は、この時期の周遊旅行客を形成する役割を果たした。イギリスにおける鉄道開発は、フランスやベルギーといったほかの国々のように国家が計画するのではなく、その大部分が民間企業に委ねられていた。グラッドストンは郵便局のように鉄道を国家管理下に置くことに熱心だったが、中央政府が活動を制限したのは、深刻な懸念がある場合だけだった。[126] しかし、国会議員の多くは、1840年代に急速に発展した鉄道産業の一翼を担っていた。「鉄道勢力」と総称される彼らは、鉄道開発によって富を得た地主や弁護士など、非常に強力なグループだった。「鉄道勢力」は、特に初期には法律制定に影響を及ぼすこともできたが、総務庁の圧力と法律制定が拡大すると、1840年代から運行や安全に関する問題が次第に明らかになってきた。[127] 鉄道の管理は比較的緩やかだったにもかかわらず、1840年代の政府の動きは、周遊列車を劇的に発達させた。

まず、政府の税の水準があった。これは1832年に始まり、乗客4人ごとに1マイルあたり半ペニーというもので、各社はこの影響を最小限に抑えるためにさまざまな戦略を練った。例えば1840年8月、ニューカッスル・アンド・ノース・シールズ鉄道の役員会は、ゲーツヘッド・フェル国立学校の生徒が土曜日のタインマスを訪ねる周遊旅行を半額にすることを許可したが、これは（税金を抑えるため）片道無料と説明された。[128] マンチェスター・アンド・リーズ鉄道は当時、周遊旅行の推進に賛成だったが、1840年、同社の支配人だったローズ大尉は、競馬週間に4万人の慈善施設の子供たちを「悪徳と放蕩の場から遠ざける」ためのマンチェスター発の格安旅行を要請されたことに関連して、旅客税の問題を報告している。会社はこうした事情のため税を軽減するよう財務省に働きかけたが、冷たくあしらわれ、最終的に1万枚の切符を販売し、3万枚を無料で譲ることで、支払うべき税を軽減した。[129] 1842年、旅客税は走行距離制から旅客総収入の5パーセントに変更され、これもまた一部の鉄道会社の周遊旅行への意欲を削ぐことになった。1840年代を通じて、税を軽減させるために踏まなければならない官僚的な手続きが、短期間で周遊列車を宣伝する柔軟性を束縛しているとして、鉄道会社は大いに不満を表した。

1844年の鉄道法で導入された議会列車、すなわち「鉄道会社の業務遂行に対する最も早期の、最も徹底的な干渉」は、三等車の旅客税の免除にかかわるものだった。[130] これにより、政府省庁の間で、周遊列車を議会列車に分類して関税を免除すべきかどうか、また、この免除を周遊列車の最も安い等級以外の等級にも適用すべきかどうかが議論された。[131] 一部の会社は、車両が同法に規定された仕様を満たしていないにもかかわらず、三等車の全運賃の免税を勝ち取った。[132] 鉄道局と内国税収入局の間には意見の相違があった。鉄道局は周遊列車を免税と認め、周遊列車用に屋根なしの客車を認可することもあった。しかし、税の免除には申請が必要だったため、鉄道会社が急な周遊旅行の需要に応じる妨げとなった。会社が税の免除を請求するには、周遊列車を運行する前に、出発時刻、客車の等級、運賃を申請書に明記しなくてはならず、これがいくつかの問題を引き起こした。例えば、ランカシャー・アンド・ヨークシャー鉄道は、24時間以内に周遊列車を運行しなければならないこともあると不満を漏らしている。[133]

1850年、鉄道委員会と鉄道会社の間で論争が起こった。ロンドン・アンド・ノース・

ウェスタン鉄道などの一部の会社を除き、運賃が1マイル1ペニー以下の「すべての周遊列車」について旅客税が免除されるが、適切な通知が行われていなかったと報告されたのである[134]（また、資格を得るためには列車が出発時刻を守る必要があることを各鉄道会社に念押しする政府通達もあった）。輸送政策には一貫性がなかった。ある作家は1851年に、免除された鉄道の周遊旅行税と、依然として1マイルにつき3ペンス半を課せられていた乗合馬車の旅客税を比較している。[135]その後数年にわたり、内国税収入局と鉄道会社、特にロンドン・アンド・サウス・ウェスタン鉄道との間で法的措置が取られた。鉄道会社は周遊列車を免税とみなして政府への申告に含めず、政府はこれらに関して支払うべき税を取り戻そうとしたのである。だが1852年まででには、ロンドン・アンド・サウス・ウェスタン鉄道を含む鉄道会社は、内国税収入局による法的措置を恐れたのか、すべての周遊旅行に対して税を支払っていたようだ。[136]1855年、ガルトン大尉は鉄道に関する政府への報告書の中で、1万9000本の周遊列車が免税の認可を受け、そのほとんどがロンドンと「製造業地区の町」からのものであったと報告しているが、これは周遊旅行列車の運行総数を過小評価している。[137]このように、この時期の旅客税に関する周遊列車の位置づけは、非常に混乱したイメージで描かれているが、それでも免税を許可する制度は、変動する市場のニーズに迅速かつ柔軟に対応しなければならない鉄道会社の柔軟性を低下させた。

中央政府はまた、1840年代に大々的に報道された安全性への懸念に対して、重要な役割を担った。[138] 1844年、商務庁のオブライエン大尉は、複数の機関車を使った周遊列車の運行の危険性を強調する通達を出し、1本の列車につき機関車は最大2台までとすることを推奨した。また、時間を守らないことが多くの事故を引き起こしたとして、時間厳守を強調した。[139] この通達は、新しい周遊旅行をおおむね支持するもので、「こうした性格の周遊旅行を抑制」しないという商務庁の見解を示し、地域社会への「有益な影響」を強調した。手に余る列車の大きさ、スピードの速さ、車掌不足が原因で、広く報道されるような事故が多発したため、政府の鉄道検査官パスレーは1846年に報告書を作成したが、これは周遊旅行を支持するというより規定するものだった。[140] この報告書では、周遊旅行の輸送方法として、乗客全員をひとつの列車に乗せて複数の機関車で走らせる方法と、乗客全員をいくつかの列車に分けて間隔を開けて走らせる方法のふたつが検討された。最初の選択肢は死亡事故の可能性があまりに高すぎるとされたため、報告書は第二の選択肢について多くの勧告を行ったが、これもやはり、適切に管理されない限り、依然として衝突事故を引き起こす可能性があった。第一に、怪物列車は2台以上の機関車で牽引すべきではなく、急勾配の場合は2台目の機関車を使用できるものの、列車はそれぞれ1台の機関車を使用し、間隔は3分以上とし、駅ごとに信号により調整すべきである。次に、旅客を運ぶために貨車を使用しないことが推奨される。第三に、客車8両につきひとり以上の車掌を配置し、乗客は一等車や二等車の屋根の上、あるいは屋根のない三等車の側面や両端に座ってはならない。第四に、定員を超える乗客を列車に乗せてはならない。これらの勧告は、それ以降の周遊旅行の取り扱いに重要な影響を及ぼしたが、貨車の使用など、無視されることも多かった。

政府は周遊列車の運行に直接関与することはなかったが、安全に対する責任から、その実施を注意深く見守る義務があった。それぞれの事故は政府によって詳細に調査され、鉄道職員や乗客への聞き取りが行われた。1854年以降、事故後の報告書はより迅速に発表され、報道機関がそれを周知した結果、世論は鉄道会社に圧力をかけるようになった。[141] 1850年代には、周遊列車絡みの事故は年に6件ほど発生し、しばしば旅客列車の事故総数の10パーセント前後を占め、1859年には20パーセント前後となった。[142] 特に1857年と1860年には多数の周遊旅行客が負傷し、旅客列車事故による負傷者全体のほぼ40パーセントにのぼっている。1855年に認可された周遊列車1万9000本（165ページ参照）という数字は、1億1900万人の旅客のうち6400万人が三等旅客であったという、その年の交通量全体のデータと比較することができる。周遊列車1本あたりの平均乗客数を約500人とすると、1855年には約950万人が周遊列車を利用していたことになり、これは全輸送量の8パーセントにあたる。[143] 周遊旅行客の死傷者数は、旅客輸送量の合計と比較すると、ほぼ常に高い割合で、こうした列車で輸送された旅客の数が多く、危険な状況だったことを示している。[144] こうした危険は、1860年代になっても続いた。

中央政府は周遊旅行を制約したが、1844年の鉄道規制法の重要かつ永続的な効果は、一等や二等の運賃を払う余裕のない大衆にとって、周遊列車を含め全体的に快適さと利便性が高められたことだ。改良された「議会列車」の運行は限られた数に過ぎなかったが、この動きは鉄道会社を刺激し、三等旅行の重要性が総合的に注目を集めた。[145] 商務庁は議会法の調整の下、三等車の設備に一定の質を確保することを推奨し、採光や換気、天候からの保護、夜間照明、背もたれのある座席、十分なドア、さらに「外を見る」ための窓といった点について助言した。これは善意からのものだったが、政府は企業に遵守《じゅんしゅ》を強いるほどの影響力を持たず、使用される客車がこれらの基準を満たさないことはよくあった。遊覧旅行では、人々は窓からの眺めを期待するかもしれないが、ほとんどの窓は非常に小さく、高い位置にあり、ガラスもなかった。したがって、三等車の乗客が屋根なしの客車を好むといわれたのも驚くことではない。客車は周遊旅行客で満員になった。例えば、グレート・ウェスタン鉄道の客車は定員59人で、通常は固定ルーバーの鎧戸《よろいど》で不十分な換気が行われていた。照明はほとんどなかった。夜間の照明があったのはマンチェスター・アンド・バーミンガム鉄道だけで、1840年代から1850年代の三等車のほとんどは、1860年代までガス灯が使われていなかったため無灯火で、暖房もなかった。[146] もっとひどいことに、建前上は議会列車にしか適用されないが、周遊旅行に貨車や台車が使われることもあった。そのため、周遊旅行用の客車は屋根のない台車か、寒くて暗く風通しの悪い客車で、むき出しの板に座ることになった。これは1860年代まで改善されなかった。[147]

だが、快適とはいいがたい条件にもかかわらず、政府の法律には当時の人々の旅行に対する気持ちを変える効果があった。何千人もの庶民が、自宅から遠く離れた場所へ旅行できる新しいサービスの可能性に気づいたのである。交通史は、技術や建築、機関車、橋、駅に焦点を当ててきたが、庶民が新しい周遊旅行をどのように体験したかについては、これまでほとんど研究されてこなかった。

第七章 本当はどうだったのか？

「そして今、私の耳にはとんでもない騒音が響いている！　四方八方で歌う声、叫び声、ののしり声、口笛が聞こえ、その先頭では途方もない鉄の怪物が、ほかに類を見ない姿でそびえ立っている」（1860年、マンチェスター）

ランカシャーの手織り職人ベンジャミン・ブライアリーは、1860年のアッシュトンからワークソップへの格安鉄道旅行の様子を生き生きと描いている。1840年代から1850年代という初期の旅行に参加した人々にとって、おそらく初めての鉄道旅行に大勢で参加することは、思い出に残る楽しい体験だったろう。多くの庶民にとって、大規模な周遊旅行団体の一員となるのは驚くべきことで、新しいものの見方や行動に大きな影響を与えたのは間違いない。地域によっては、汽船による周遊旅行がまだ代替手段として使われていたが、多くの人々にとって、鉄道列車は新しい場所や風景に一時的に逃避できる唯一の手段だった。結果として、時間や風景、人々や場所に対する認識は変化していった。
1840年代には、鉄道周遊旅行に関する短い記事がいくつか新聞に掲載されているだけだったが、1850年代後半になると長い記事が掲載されるようになり、男性旅行者の旅行記が特集された。多くは初めての経験で、ほとんどがこの新しい経験に対して肯定的な態度を示した。1860年までには、周遊列車は一般的なものとなり、それが生み出す群衆の特色は、群衆に巻き込まれた人々が上流気取りの態度を取るのにつながった。『パンチ』誌は、この当時に労働者階級の周遊旅行に遭遇した中産階級のツアーについて、ユーモラスで、しばしば皮肉な記事を掲載した。ある特派員は、北ウェールズでの休暇からロンドンに戻る際、「楽しみを求める人々」でいっぱいの周遊列車に乗ったことについて語っている。その日はオスウェストリーの見本市の日で、周遊列車は異常に混雑していた。

「あえぐような音を立てる弱々しい機関車に引かれ、どこにでも決まって定刻から30分遅れで到着する。そのため乗客は、次の特急に衝突するかもしれないと、さらなる興奮を味わうことになる。裕福な人々を商用で運んでいる特急が、遊びに出かける貧民の命や手足につまらない気づかいをして、遅れるようなことはまずありえない……。わたしは豚に思い切り脚を噛まれた。袋に入れられ一緒に旅をしていたが、その拘束の中、特に苛々《いらいら》しているようには見えなかった。豚の仲間であり飼い主は、四本脚の友人が与えてくれるささやかな気晴らしを大いに楽しんでいる様子だった。また、興奮状態で車内に転がり込んできた、保護者のいない女性に傘や日傘で顔を小突かれたりもした……。大柄でエネルギッシュな数人の若い紳士の愉快なユーモアも、さほど楽しい気分を高めてくれなかった。あれやこれやで彼らが鉄鋳工だとわかったが、間違いなく溶鉱炉の轟音《ごうおん》や蒸気ハンマーの甲高い音に逆らって話すのが習慣になっていて、必ず声を限りに怒鳴る癖を身につけていた。そして私は、見本市の期間中の彼らの色事、冒険、功績について不本意ながらとくと聞かされた……」[2]

エチケットの手引書が作成され、中産階級がどのようにこの新種に遭遇するかに関するアドバイスが掲載された。1862年に出版された『鉄道旅行者の便利帳』では、周遊列車は「低い階級や節約志向の人」には役に立つが、「普通の旅行者に最適とはいえない」と助言している。

「混乱と喧騒、発着時刻の不規則さ、騒がしい人々の中に放り込まれることは、旅行鞄を持って数日の小旅行に出かけるだけの人には大した問題にはならないが、真面目な旅をし、それに伴う責任や気づかいを背負っている鉄道旅行者《トラベラー》には不適切だと思われる」[3]

ここで強調されているのは、もちろん「旅行者《トラベラー》」である。彼らは小旅行者《トリッパー》や周遊旅行者《エクスカーショニスト》よりも高い地位にあるとみなされ、ほとんどの場合、階級的な区別に基づいている。[4]このように、労働者階級の周遊旅行者に混ざることを強いられた中産階級の「旅行者」は、こうした旅で「真面目」でいることを妨げられる可能性があった。さらに、旅先で目にするものを十分に評価できるのは、身分の高い旅行者だけと考えられていた。

傍観者による陳腐な報告とは対照的に、この体験を感覚的に描写した記事もある。ひとつは1855年の『デイリー・ニューズ』紙に掲載されたものだ。[5]「周遊列車」と題したこの記事は、ロンドン・アンド・サウス・ウェスタン鉄道でロンドンからポーツマスまで移動した格安旅行に関する匿名の記録で、元は『ハウスホールド・ワーズ』に発表された。表面的には、個人的な体験を面白おかしく書いているように見える。しかし、この匿名の作家について調べてみると、ロバート・ブラフであることが明らかになった。ジャーナリストであり詩人でもあった彼は労働者階級の主張を支持し、「富と階級と体面に執念深い憎しみを抱いた」パロディ作者として有名だった。[6]この記事は、実際には半フィクションの風刺作品で、彼はステレオタイプを強調して、周遊旅行に対する当時の一般的な態度をあざ笑おうとしたのだ。

珍しく、筆者は旅そのものに焦点を当てている。「ガイドブックを書こうとしているのではありません……今、関係があるのは周遊列車だけです」。彼は、駅で列車を待つ「楽しみを求める人々の密集した群れ」が、オペラ座にいる人々に劣らず行儀が悪いと書いて擁護することで、自身の階級観を示している。さらに、周遊旅行の客車にはさまざまな旅行者が乗っていて、その結果、以前にはなかったような、間近での階級間の混合効果が生まれたと強調している。彼は周遊旅行仲間について「間違いなく、誰もがごく普通の人たちだ」としながらも、彼らは楽しむ必要があり、そのため「すぐに知り合いができた」と書いている。全員がすぐに親しいコミュニケーションを取るようになり、「何年も前から友人だったかのように、せわしなくおしゃべりをする」のが典型で、彼は「周遊列車には会話を盛り上げる刺激物が隠されている」と推測している。また、この新しい経験を過去の経験と比較し、ほとんど会話のなかった一等車での長旅について回想している。そして「周遊列車の屋根なしの客車」での旅は「恐ろしく庶民的」で「低俗」だといい、特に１００マイルあたり約2シリング６ペンスという「不名誉なまでの安さ」のためにそうなるのだと風刺している。１８５５年になっても、周遊旅行に「下品な」屋根なし客車が使われていたことがここで確認できる。彼は同時に、それに代わる三等車を批判してもいる（１６８ページ参照）。さらに悪いことに、筆者は日曜日にこうした列車に乗ったことがあるといって、安息日厳守主義者をあざ笑っている。彼は一番近くにいた靴職人は堕落した人間に違いないと「考えて赤面した」と書いている。というのも、その人物は日曜日に旅行していただけでなく、喫煙もしており、これは当時の規則違反で40シリングの罰金が科せられたからだ。屋根なしの客車は一般に好都合で、この時代、列車内での喫煙を取り締まることは不可能だった。多くの苦情にもかかわらず、鉄道会社は結局喫煙を許可するしかなかった。[7]

　片隅にいた若い紳士は、ほかの乗客と話したがらなかったので、筆者は彼がもっと上の階級の人物だろうと想像した——おそらく弁護士事務所の事務員だろう。葉巻を吸い、ブランデーの水割りを瓶からでなくグラスで飲んでいた。この若者は、同乗者の仲間と見られるのが恥ずかしいのだと想像できる。別の紳士は落ち着かない様子で、眠ろうとしても眠れず、顔をしかめていた。筆者は、彼は娯楽のためではなく、周遊旅行料金で節約している実業家だろうと書いている（帰りの列車で、彼はその実業家に再会して驚いている。帰りの切符はポーツマスからロンドンまで安く移動したい人に売ってしまったのだろうと思っていたからだ）。彼はまた、青白い顔の少年が歌っているところを描写し、日曜日には歌を歌うべきでないが、そうなると鳥も歌うべきでないと風刺した。乗客は別の男性にも困惑させられている。彼は鉄道、すなわち「鉄道信号、支線、側線、スイッチ、ポイントに関するあらゆる謎」にとても詳しいらしく、頻繁に妻子を連れて周遊列車で町の外に出かけているのだと説明した。周遊旅行に出かける人々の複雑な性質や動機が、うまくまとめられている。筆者は最後に、当時の多くの作家や改革者と同じ道徳的な立場に立ち、周遊旅行のおかげで、乗客はみな翌週の仕事により適した状態になっただろうとほのめかしている。

別の匿名記事が、1857年に『プレストン・クロニクル』紙に掲載されている。[8]「北部出身者」による「ロンドン初訪問のスケッチ」は、初めてロンドンを訪れた旅行者によって書かれたものだ。彼は1857年、ミスター・マーカスが提供した3日間の格安旅行でプレストンからやってきた。[9] この旅行記を書くにあたって、彼は第一印象を伝えようとしている。それはロンドンをよく知る人たちから聞いた印象よりも「鮮明で印象的」であり、他の人にも価値があるだろうと考えたためだ。彼は手本を示すように、この周遊旅行を有意義な体験にするのに役立った準備に関するアドバイスをふんだんに盛り込んでもいる。旅行のための貯金や、周遊旅行を目前にした人々へのロンドンの観光名所、特に水晶宮の美術や機械の展示に関する講義などが書かれている。『見るべきもの、訪れるべき場所』という印刷プログラムが作成され、裏表紙には橋、主な通り、訪れるべき場所、駅からの辻馬車や乗合馬車の運賃が記載されたロンドンの大まかな地図が描かれていた。旅行参加者のひとりは旅の途中で見るべき場所のリストを作成しており、乗客は鉄道地図と時刻表も持っていた。筆者は安宿についてもアドバイスしている。

　この記事は旅と目的地の両方に焦点を当て、ロンドンで訪れたあらゆる場所について、きわめて詳細に記述しているが、目新しさに関しては列車の旅よりもロンドン自体とその建物に注目している。その背景には、旅行ガイドや建物の写真を載せた出版物で、ロンドンとその建物について事前にたくさん読んでおいたことがあったようだ。しかし、水晶宮の建物の「比類なき」印象や、その「大胆さ、規模、壮大さ」には心の準備はできておらず、予想を超えていたという感想を述べている。メイヒュー［英国のジャーナリスト・作家。ロンドンの貧民の暮らしについて多く書いた］を読んでいた彼は記事の最後に、この体験には、自分が知っているロンドンの生活の根底にある悲惨な情景は含まれていないと認めている[10]。

　彼自身の視点から見れば、それは人生における重要な経験であり、新聞に長文を掲載するに値するものであった。同時に、朝5時半の出発にもかかわらず、「何百人もの友人が駅に集まり、出発を見送った」という事実からもわかるように、一大イベントでもあった。周遊旅行者はセント・ジェームズ・パークを訪れ、そこでヴィクトリア女王がバッキンガム宮殿から「セント・ジェームズ宮殿の謁見の間」へ向かうのを見るために待った。筆者は「『ロンドンで女王に会った』という人に、その人が特別重要な人物ではないと納得させるのはこの上なく難しい」と書いている。周遊旅行の結果、微妙な変化が起きていた。庶民が周遊列車を利用して、以前は不可能だったロンドン訪問を実現することで、地域社会における地位が高まったと感じることもあっただろう。したがって、こうした活動はその人の周囲に独特のオーラを作り上げたと見ることもできるが、多くの人が周遊列車でロンドンを訪れるようになると「以前ほど、ロンドンを訪ねた人の周りに重要人物のような後光が差すことはなくなった」。筆者は普通の労働者のようで、途中で食べる軽食を持参することで、無駄な出費を抑えている。彼は、水晶宮へ行くのに「牛車」を使わなければならなかったことに不満を述べ、水晶宮のさまざまな階級用の軽食室で、ウェイターの服装に差があることを批判している。黒服に白いハイカラーの者もいるというのに、彼は「ファスチアン織りやコーデュロイ」のウェイターで満足しなくてはならなかった。

ランカシャーとロンドンでは、風景、公園、住宅、建物、そして会話までもが違うと、何度となく書かれている。彼は水晶宮に展示されている機械がランカシャーの紡績工場にあるものより劣っており、見るに値しないと感じている。また、工房にも失望している。客車の窓の外に広がる風景にも不満があった。列車のスピード（時速40マイル）のせいでよく見えず、切り通しやトンネルがあるため、期待していたほど素晴らしくはなかったと彼はこぼしている。さらに、「小屋や農家、小さな村や町は素早く通り過ぎ……退屈なまでに同じ景色であることに気づく」と不満を述べている。小屋や家の典型的な建築の特徴を描写しているが、切り通しか地上すれすれから近づくため、町並みをあまり見ることができないのには不満があった。そのため、風景を別の角度から見る新しい機会は、期待外れに終わった。

1857年の『デイリー・ニューズ』紙に掲載された匿名の記事は、ロンドンのクラーケンウェルの周遊旅行者が書いたもので「百万人の休暇――周遊列車客の覚え書き」というタイトルがついている。彼は自分のことを「木を切り、水を汲むだけの」労働者で、労働者として暮らしているが、「プロの作家」ではないものの、新聞に寄稿した経験があると認めている。[11] 記事は、ロンドンからソールズベリーへ向かうサウス・ウェスタン鉄道の日帰り旅行について描写している。[12] この旅行は、壁に貼られたポスターと「ソールズベリー平原の驚くべき石［ストーンヘンジのこと］」という構想に突き動かされた、衝動的な思いつきだったようだ。しかし、通りすがりに見た建物に関する記述は、驚くほど博識に見えるので、経歴とは裏腹にかなりの読書家だったに違いない。しかし、彼は早い段階で「幸運の梯子の下の段にしがみついているわれわれ」と言及し、休暇には「ムーアコックでおしゃべりに花を咲かせる1万人の上流階級」とは対照的だといって、階級を強調している。今回の場合、目新しさは旅よりも目的地のソールズベリーとその平野に関連するものだったが、記事はその両方に焦点を当て、ユーモアと観察を織り交ぜている。彼は通り沿いの生垣をリージェンツ・パークで見知っているものと比較し、古い大聖堂の中を見るのは初めてだと語っている。また、報道の批判をよそに、周遊旅行客はたいてい、新鮮な空気と外の日差しを求めて屋根なしの車両を好むことや、屋根なしの車両は常に最初に満員になるため、一部の人々にとっては屋根のある車両よりも快適だったとほのめかしている。しかし、この旅行では、ロンドン・アンド・サウス・ウェスタン鉄道の屋根なし車両は、ある点で都合が悪かった。それは、列車がふたつの高い堤防の間に停車したときのことで「彼らは鉄橋から列車を見物する子供たちに、いいように値踏みされた」という。

著者は、こうした新しい旅行空間がいかに社交的であったかを振り返り、「周遊列車ほど知り合いを作るのに好都合な場所はなく、屋根瓦や煙突から遠ざかる前に、みなすっかり仲良くなって」、バスケットや瓶を取り出したと書いている。これは、好ましい飲食物の共有にまで及んだ。「わたしのチェルート〔両切り葉巻〕は公共財産となり、わたしはみんなのグラスから自由に飲んだ。黄金時代が再びやってきて、わたしたちはすべてを共有した」。ソールズベリーに到着すると、彼は新しい仲間とストーンヘンジまで10マイルほど歩いた。人里離れた観光地であるにもかかわらず、そこは現代の観光客の悩みと無縁ではなかった。彼らはガイドに声をかけられ、記念物に関する情報を聞かされ、自分たちには高価に思える絵葉書を売りつけられたのだ。やや驚きだが、さらに10マイル歩いてソールズベリーに戻った彼らは、帰りの列車に間に合っている。

手織り職人で労働者階級の作家でもあったベンジャミン・ブライアリーは、１８６０年の『マンチェスター・タイムズ』に聖霊降臨節の旅にまつわる叙情的な作品を寄稿している。[13]「われらが『格安旅行』とその楽しみ方」の中で、彼は、多くの点で非常に不快だったに違いない経験を振り返っている。ブライアリーは幼い頃から読書家で、のちにマンチェスター近郊の故郷フェイルズワースで機械工協会の設立に携わった。[14] １８６０年には、まだ絹織物職人として働いていたが、その3年前には最初の記事を発表している。

この楽しく詩的な作品は、彼の体験から来る感情をよみがえらせ、旅と目的地に焦点を当てて、周遊列車の特徴を生き生きと描いている。ブライアリーは、ロビン・フッドの証拠を探すため、朝6時発のワークソップ行きのマンチェスター・シェフィールド・アンド・リンカンシャー鉄道に乗るべくアッシュトンまで歩いた。[15] 切符代は、ペナイン山脈を横断する往復で1シリング6ペンスだった。彼は旅の前夜に危険な列車にまつわる劇的な夢を見て、不安になっていたという。記事は空間と場所に関するブライアリーの考えを反映している。彼は、より豊かで、緑が多く、期待に満ちた景色に向かって、「逆回転の渦を巻いているようなふたつの世界のはざまを勢いよく走っている」と書いている。

アッシュトン駅に到着したブライアリーは数人から、すでに人がぎっしり乗り込み、「おしゃべりする人間の列が果てしなく続いているように見える」客車に誘われたが、彼は友人を探しているところだった。友人は、車輪のついた「牛の胃袋屋台」または「辛豆屋」と彼が呼ぶものの中で見つかった。これは実際には、竿に張った帆布で囲み、座席を取り付けた貨車だった。彼は中に引っぱり込まれ、「ふたつの粗末でがっしりしたベンチの間に、安全におさまって」、画家や鍛冶屋など「楽しい一日をともに過ごそうとしている、たくさんの人に囲まれた」。「ボックス」は寒く、隙間風が入り、乗客は景色を見るために帆布を持ち上げなければならなかった。帰路には土砂降りの雨の中を4時間かけて走ったため、ずぶ濡れになった。歌声、口笛、悪態、そして彼を包み込む「途方もない鉄の怪物」の音（170ページ参照）に関するブライアリーの描写は、彼の個人的な体験と輸送技術を融合している。彼はこの新しい技術について触れた数少ない作家のひとりであり、客車同士がぶつかる不快感など、厄介な問題も詳細に書いている。

「バン、バン、バン、すべての客車が次から次へとぶつかり合う。まるで破壊槌のように、隣の車両に追突する。緩衝材のない『牛の胃袋屋台』が最も大きな衝撃を受ける。頭があいさつもなしに互いにぶつかる」

音楽はヴィクトリア朝の労働者階級文化で重要な役割を演じ、周遊旅行の記録には、個人・団体を問わず、形式ばらない歌がよく描かれている。[16] ブライアリーの記事では、気分を高揚させるのに役立つのは社交性と音楽で、管理の行き届かない旅で人間性をなくすような体験をしないための防御策として頻繁に用いられたという。ブライアリーは続けて、新しい鉄道周遊旅行が登場する前の時代から学んだ旅の習慣について回想している。ワークソップで、周遊旅行者はマナー・パークへ向かったが、そこでは「周遊旅行者たちは、（マンチェスターから運河航行船ですぐの目的地である）ダナムでやったのと同じように、芝生の上に散らばった」

こうした労働者階級の人々による記事は、交通史ではほとんど描かれることのない、当時の鉄道周遊旅行の様子を描き出している。初期の旅行の目新しさは、鉄道による団体旅行を見ようと、線路脇や橋に群衆が列をなしていた様子にも表れている。だがときには、目新しさが道徳の手段として使われることもあった。ロンドン大主教は1835年、日曜日の鉄道周遊旅行に反対して、汽船の周遊旅行と新しい鉄道の周遊旅行を比較し、前者はすでに確立されていて、もはや目新しさはないため、「急激に人が集まる」ことから生じる「興奮」や「衝動」の可能性は低いと主張した[17]。この目新しい体験によって生まれる群衆が、怒れる暴徒と化すのではないかという懸念は確かにあったのだろう。

この時期、鉄道周遊旅行がより日常的なものになると、旅の目新しさの中心は、旅行の技術よりも目的地となるほうが多くなった。周遊旅行で体験した眺めや音の新しさに、適度な「驚き」を表すことを学んだ者もいれば、「適切な」反応を学ばない者もいた[18]。コヴェントリーのリボン織り職人、ジョセフ・ガターリッジは自伝の中で、1851年の万国博覧会への周遊旅行について「これまでで最も長い旅」と記し、博覧会を見たときの限りない喜びと楽しさを回顧している。「［宝物は］しばらくの間、わたしの心を興奮させっぱなしだった[19]」。目新しさにもかかわらず、彼は旅についての詳細は何も語っていない。博覧会の興奮は、彼自身の職人としての技能と物理科学への興味から生じたものだった。これとは対照的に、ウェスト・ヨークシャーの村で車大工をしていたジョージ・ホワイトヘッドは、同年に最初で最後のロンドンへの旅を日記につけた際、論評も感情も記さなかった。だが、これは彼が日記でずっと採用してきたスタイルだった。「ロバート・ベルとジョージ・ホワイトヘッドは、1851年6月24日に万国博覧会などを見るためにロンドンへ行き、7月3日に帰ってきた」[20]。ブライアリーにとって、旅の目新しさの象徴は、初のワークソップ訪問だった。とはいえ、彼は高架橋を初めて渡る体験に仲間の乗客が感じた不安についても書いている。

周遊旅行の体験後に、アイデンティティの感覚が変わることさえあった。175ページのロンドンの周遊旅行者が語るように、ロンドンを訪れた人の周囲には違ったものが感じられることがあった。別の例として、1850年8月の報道記事を挙げると、マンスフィールド近郊の村に住む「田舎者」の巡査は、格安旅行で鉄道と汽船を乗り継いでハルへ行くことを勧められた。海港に不慣れだった彼は、ニューホーランドから汽船に乗ってハンバー川を渡り、ハルへ向かうときが来ると、非常に緊張した。彼は見るものに驚嘆したが、再びノッティンガムシャーに戻れたことをとても喜んでいる。「またイングランドに戻ってきた」という彼は、二度と旅をしないと誓ったと伝えられている[21]。ここでは、汽船が既知のものと未知のものとの境界線を強調し、イングランド人としての自覚を強めている。海港も汽船も見たことがなかった彼にとって、その旅は不愉快で困惑させられるものだった。彼の最大の関心事は、自宅に戻ったときに火が消えていないことだった。

鉄道旅行に焦点を当てた近代の作家の多くは、特に中産階級の視点から書いている。囲いのある客車の窓から風景を眺める描写は、周遊旅行の典型である混雑した家畜車のものではない。彼らは三等車の旅行者を、まるで動物標本のような「別物」で、旅行を検討する際には無視してよいと考えているようだ。[22] 一等車や二等車からの「パノラマのような眺め」に焦点を当てた記述は、三等車で移動する団体旅行者の体験を反映していない。多くの場合、窓は小さく、高いところに配置されていた。または、周遊列車で頻繁に使用された屋根なしの貨車では、荷車からの眺めに似た360度の眺望が広がった。

周遊旅行業者や出版社は、旅行ガイド市場の重要性に早くから気づいていた。例えばリヴァプール・アンド・マンチェスター鉄道は、1830年の開通と同時にガイドブックを出版した。1835年7月、リーズのエドワード・パーソンズは、『旅行者の友、あるいは、リーズとセルビーからハルへ向かう鉄道と汽船の途上にある風景および場所の歴史と要覧』という気のきいた小冊子の広告を出した。ただし、4シリングという価格は明らかに中産階級向けだった。[23] 1846年、ジョセフ・ディアデンは、プレストンからリヴァプールへの周遊旅行を後押しするため、『格安旅行ハンドブック』を制作して3ペンスで販売した。[24] 鉄道周遊旅行の民主化に後押しされ、マンチェスターのアベル・ヘイウッドが1860年代に詳細で安いガイドブックを幅広く制作したのは重要だ。1871年まではアベリストウィスからヨークまで、約80の町を網羅している。安価な石版印刷によって、新しい旅行者を支援するテキストやガイドブックがさらに数多く作られるようになったが、ほぼすべてが中産階級か上流階級向けのものだった。[25]

周遊旅行に参加するという体験は、新しい空間での独特な社交性、大勢の中にいる楽しみ、新たな仲間とともに感じる喜びを特徴とし、その喜びを高めるのが多くのおしゃべりと歌だった。鉄道周遊旅行の混雑から生じる社交性と親密さから来る楽しさは、1849年9月のブラックプールへの旅行に関するエドウィン・ウォーの日記によく表れている。ウォーは熟練の印刷工で、のちに事務員となり、ランカシャーを舞台にした方言による著作で有名になった。日記には、ウォーがどのように過ごしたかが記されている。

「5時に起き……サルフォード駅まで歩き……嬉しいことに、彼は労働者、特に若い女性労働者の周遊旅行客の列にゆっくりと飲み込まれた。駅で2000人以上の群衆に囲まれた彼は、『世界はひとつの家で、すべての男女が親愛なる関係を築いているようだ』と叫んだ……彼は往復の客車の中で、働く女性や、年老いた禁酒主義の葦細工職人、また『見かけは事務員のような、控えめな風貌の若者』と知り合う……自然から、海から、彼は喜びを得るが、何より世界じゅうの男女が集まる『ひとつの家』から喜びを得る[26]」

興味深いことに、最近の研究では、他人と長時間近くで過ごすような活動は、脳内でオキシトシンを分泌させ、他者へのより大きな共感を生み出し、社会性のある行動を促進することが示されており、こうした状況でそのようなことが起こっていたといえるかもしれない。[27] ウォーは、至近距離にいる群衆の規模の大きさ、駅という新しい公共空間、移動空間である客車に足を踏み入れたとたんに強まる愉快な社交関係といった、この体験の興奮にすっかり魅了されている。別の機会に、ウォーは1850年にロッチデール近郊のミルンロウを訪れたときのことを描写している。彼は「ウェールズやランカシャー沿岸の海水浴場への格安旅行からの帰途につく、心温かい労働者や田舎の人々に混じって」列車の席に座ったと語っている。[28] ウォーは、周囲の人々がいかに「おしゃべり好きで、居心地がよいか」を語り、若い炭鉱作業員が長々とした「田舎の小唄」を歌いはじめたことを記した。客車は非常に混んでいて、遅れてきた人々は「もういっぱいだ」というほかの乗客の抗議の中、無理やり席に体を押し込んだ。彼は、ときおり報道で使われるお馴染みのいい回しを使って「車輪のついた町」のようだといい、さまざまな性質の群衆について記している。ぎっしり詰まった人々は、関係を築くことを余儀なくされる。

実際、客車という閉ざされた空間は、周遊旅行者にさまざまな他人との交流を強いることになった。彼らはしばしば長時間にわたる旅の間、公然とほかの人々と親しくなった。[29] 確かに、参加者は景色が見えないために社交性を強いられ、閉ざされた空間のせいで親密にならざるを得なかったのかもしれない。だが人によっては、この新しい冒険に参加するデメリット、つまり社交性を強いられることによる特有の影響を受けることもあった。1842年、プレストン周辺の鉄道について新聞に寄稿した人物は、旅行者にはふたつのタイプがあると語っている。「旅先でプライバシーを気にすることなく、最初に会った人を仲間として最も歓迎する人たち」、もうひとつのタイプは、「仲間だけで出かけ、雑多な交流と切り離せない雑多な人々の集まりが、耐えがたいほど迷惑に感じる人たち」である。[30]

もちろん、周遊旅行での社交的な体験の場は鉄道だけではなかった。1828年には早くも、「フランスへの格安旅行」と称する20シリングでブローニュへ往復する汽船旅行に参加した、個人の体験談が新聞に掲載されている（したがって、19世紀に鉄道周遊旅行のレッテルとしてよく使われた「格安旅行」という文言は、鉄道から始まったものではない）。汽船という制限された空間と、ともに冒険に出かけるという体験が、250人ほどのきわめて社交的な団体（ほとんどが男性）を勇気づけ、彼らはグループを作って「あらゆる遠慮を捨てて、饒舌にしゃべり」、中にはこの機に乗じて「とんでもない嘘をつく」者もあった。[31] 鉄道は1両の客車や貨車という限られた空間に周遊旅行者を閉じ込め、その拘束状態と、長距離を移動する参加者の途方もない数により、社交性が強いられることになった。

新しい労働者階級の周遊旅行者は、暗さ、不快感、身の安全への不安といった状況を特徴としており、ごくたまに見る個人の記述は、報道記者の陳腐な説明とはきわめて対照的に、現実味を持って迫ってくる。動物というテーマは、旅行体験の描写に頻繁に使われ、参加者がしばしば、客車という混雑し閉ざされた公共の空間で、人間性をなくしたように感じたことを示している。チャーティストのジュリアン・ハーニーは、どんな天候でも屋根がなく座席もない1840年代初頭のウェスト・ヨークシャー鉄道の典型的な三等車を「車輪のついた憎むべき豚小屋」と表現している。[32] このような苦情は、長時間の遅延に対する苦情と並んで新聞にしばしば掲載されたが、いずれも列車の深刻な過密状態が引き起こした問題だった。「ある老婦人」と署名した手紙の筆者は、1850年7月のプレストンからフリートウッドまでの慈善鉄道旅行で、暑さ、混雑、遅延でぐったりさせられたと苦情を訴えている。「客車が運ぶのに適した人数は、実際に乗っている人数の半分だった。それでもわたしたちは、たくさんの家畜のように群れをなし、暑さと喉の渇きでほとんど疲れ果てている者もいた」。[33] 動物にたとえる記事はほかにもあった。ある特派員は、1852年8月にランカシャー・アンド・ヨークシャー鉄道でリーズからリヴァプールへ旅行したことについて不満を述べている。帰りの列車は人が多すぎて、乗客は「ひとまとめに客車に乗せられ、人間というより犬のように詰め込まれて、それ以外の選択肢は屋根に乗るか取り残されるかしかなかった」という。[34] 解説者がこのテーマを取り上げることもあった。ある記者は、1850年9月のグレート・ウェスタン鉄道によるオックスフォードからサウサンプトンへの周遊旅行で、二等車と屋根なし客車、またの名を家畜車に乗せられたと書いている。そのため400人しかいなかった乗客は「家畜追い」を呼べといったという。彼らはそれが必要だと考えたのだろう。客車に乗り込むと、彼らは羊や牛のように鳴き始めた。[35]

鉄道会社が労働者階級の旅行者をぞんざいに扱うことに憤慨した人々による抗議もあった。1844年の『ノーザン・スター』紙には、ある周遊旅行に関する怒りに満ちた記事が掲載された。

「……客車に乗り込むときのお粗末な手配は、次の通りだ。何千人もの男女をごちゃまぜに、ぎっしりと客車に詰め込む、うんざりするようなやり方。リヴァプール、マンチェスター、そして途中の長い遅延によって引き起こされる、失望と不快感。何百人もの人々を、一時間以上も雨ざらしにさせること。リヴァプールで多くの女性が、羊小屋に羊を戻す手助けをするような人々に受けた仕打ち。すべてが、この上なくお粗末な経営に比べても、実に不名誉なことだった……多くの貧しい男たちが、自分や妻のために使う代わりに切符に金を投じながら、彼ら自身の言葉を借りれば『箱の中のマッチのように、汚くて臭い羊小屋に詰め込まれ』たのである。

……しかし、何の問題があろうか。彼らはただの労働者階級だ。食べものと着るもののために疲れ切った生活の中でつらい労働を強いられ、自分たちよりも上の階級の、怠け者で役立たずのお荷物が毎日のように『遊覧旅行』に出かけるのを支えている連中に過ぎない。彼らには羊小屋や豚の貨車で十分だ。あの下品な群衆に、それ以外の何がある！」[36]

この手の記事は、階級的な視点を持つ報道機関ではめったに見られなかったが、『ノーザン・スター』のような労働者階級の新聞の典型的な視点だった。これは、労働者階級は過酷な労働の後に、より良質で楽しい余暇を過ごして当然だという感情をはっきりと表し、彼らが利潤を追求する鉄道会社に利用されていることを暗に示している。こうした旅行に参加した大衆の中には、すでに同じ多くの市民が耐えてきた工業環境や音に初めて触れた人もいただろう。すでに密集した生活環境に慣れている人々にとっても、鉄道会社による過密と管理不足のレベルは、このような論評に値するほど深刻なものだったに違いないし、こうした経験から人間性が失われた気持ちになるのは当然だ。旅行者は、自分たちが個人としてないがしろにされ、たとえば空気が不足することに対する心配は無視されたと感じている。

鉄道そのものが、潜在的な不快感をさらに増大させた。ブライアリーはウッドヘッド・トンネルの暗さを「灰色で、陰気で、黄泉の国のように黒い」と表現し、蒸気の立ち込める息苦しい空気に加え、「悪魔の巣窟への入口」と評した[37]。同僚は「古いイングランドの背骨を貫いている」とたとえ、10分後にトンネルから出たときには、誰もが顔をすすだらけにしていた。暗闇はしばしばテーマとして登場し、鉄道の客車や貨車という新しい公共空間での、未知なるものや道徳観への不安を伴い、地獄と比べられた。トンネルは、屋根なしの客車で旅行しているときに、特に不快なものだった。独学で学び、リーズの毛織物工場で働いていた工員のJ・ブラッドショー・ウォーカーは、トンネルにまつわる歌を作った。それは、上にはまだ「素晴らしいもの」があり、下には「隠れたもの」があって、やがて「明るい日」が再び現れると指摘し、旅人を安心させるためのものだった。[38]

トンネル・グリー

明るい日よ、さようなら
どこもかしこも真っ暗で
呼んでも声は届かない
そして、誰が知るだろう
この素晴らしいものを
足でも、翼でも
頭上にあるのは
生者と死者
または、何が隠れていよう
床から、あるいは目の前から
暗がりの中に
地下の奥底に

上にそびえる高い丘
われらは夜を待ち望む
遠くへ！　遠くへ！
明るい日よ、万歳

労働者階級の工員が作ったこの歌が、１８４５年のレスターからリヴァプールへの旅行で中産階級の周遊旅行者が利用するために、トーマス・クックが最初に作成したハンドブックで使われているのは皮肉なことだ。これは、空が遠ざかるのはほんの一時で、また戻ってくると安心させるためのものだった。[39]

当時、客車に明かりがつくことはめったになかった。１８５８年の新聞記事には、ランカスター・プレストン・アンド・カーライル線の混雑した三等車には照明がなかったが、一等車と二等車にはあったという記述がある。これは道徳的問題を引き起こした。記者は、リーズへの格安旅行での、ある女性の体験を書いている。それによると、遅延のために「男女が入り交じった一団が……真っ暗な客車で身を寄せ合い、この不名誉で不自由な状態が夜中の1時まで続いた」という。[40]トンネルという新たに遭遇する暗闇は、どのように行動すべきかについて、混乱を招くような助言をもたらした。１８５３年10月の『デイリー・ニューズ』紙の特派員は、「事故の際に乗客を客車内にとどめるというばかげた原則」への、過去の苦情に言及している。この苦情は、乗客は外に出るべきだと訴えていた。彼は自分が参加した周遊旅行で、列車がトンネルの真ん中で停車したときのことを振り返った。彼にいわせれば、乗客が安全な出口を見つけようとするのは非常に危険だった。そして、大群衆の影響の受けやすさを強調し、「群衆はあっという間に冷静さを失い、この上ない危険に飛び込むだろう」といい、人々が席を立つよう促されたら、停車するたびに席を立ってしまうと感じている[41]。

汚い貨車、屋根なし客車、座席の配置、軽食がないこと、狭い空間に押し込められた人々の数の多さといった要因から、周遊旅行はしばしば不快な体験となった。こうした不快さは、別の原因で問題が生じていた汽船の周遊旅行と比較できるかもしれない。例えば、1844年7月にプレストンからマン島とダブリンに向かう汽船旅行では、400〜500人の乗客が強風に見舞われた。「船上にいるほぼ全員が船酔いした……ガラスは割れ、家具はひっくり返り、自分ではどうすることもできない大勢の人々が、船のあらゆる動きに翻弄《ほんろう》され、船室を転げ回り、ダイニングテーブル、ベンチ、ソファ、椅子の上に伸びて、うめき声をあげ、嘔吐していた[42]」

こうした黎明《れいめい》期に新聞社に寄せられた手紙の中には、鉄道周遊旅行の不快さを訴える描写が数多く見られる。それでも、鉄道会社には乗客の快適さを考慮したり、技術的な変更や設備の改善を行ったりするような意欲はほとんどなかったと思われる。周遊旅行の需要は非常に高かったが、同時にこうした旅行が本当に利益になるのかどうか、鉄道会社にはまだ判断がつかなかったのだ。プレストン・アンド・ロングリッジ鉄道は1842年、周遊列車に石材を運ぶ貨車を使った（この路線はいくつかの採石場を結んでいた）が、日曜日に使用する前に貨車から砂や土が取り除かれていないという苦情が出た[43]。トイレに関しては、できるだけ我慢するしかなかったが、それも長旅では難しかった。列車にトイレが導入されたのは１８８２年のことで、それも数少ない一等車に限られていた。一部の貨車には、床に隙間があったかもしれないが、そうでなければ乗客は駅の小便器か線路脇を使わなければならなかった[44]。

１８４９年、「庶民のひとり」と称する『デイリー・ニューズ』紙への寄稿者は、5月のロンドンからドーヴァーへの日曜旅行のひどい状況と、会社の方針に不満を述べた。彼と友人は、行きは屋根付きの三等車に乗ったが、帰りはその客車は空なのに鍵がかけられ、「羊用の貨車」を使わざるを得なかったという。午後7時に出発した80マイルの旅では、その結果さらされた「す、蒸気、煙で汚れ、窒息しそうになった」という。幸い、激しい暴風雨がやってきたのはロンドンに到着した後のことだった[45]。屋根なしの客車は頻繁に使われ、その快適さについてはさまざまな意見があった。ロンドン・アンド・サウス・ウェスタン鉄道は１８５５年に周遊列車での屋根なし客車の使用を中止したと報告されているが、その後も周遊列車に使用していた可能性がある。ノース・イースタン鉄道が１８５６年に屋根なし客車を使用していたことは確実で、雨の夜にヨークからニューカッスルまで85マイルを旅する周遊列車で、旅行者がその状況に不満を漏らしている[46]。

１８５２年には、ある作家がイギリスの鉄道車両の状況を大陸やアメリカの車両と比較している。[47]

「どの鉄道も、多かれ少なかれこの悪癖［浅ましい倹約］に冒されている。彼らは競って、二等車や三等車の乗客に侮辱と不快感を与えているのだ。イギリスの二等車は、大陸やアメリカでは耐えがたいものだろう……イギリスでは、ペンキも塗られていない木の板の上に、鉄道労働者や刑務所行きの犯罪者と向かい合って座らなくてはならない」

彼は続けて生き生きと、面白おかしく描写する。

「車内を広告車に変えるという最近の工夫……何だって、200マイルも300マイルも、〈エウレカ・シャツ〉や〈モーゼス・マート〉、さらには外套や居酒屋を宣伝する多色刷りの活字に目をやらなければいけないのか？……7月に120人を運ぶ二等車や三等車は、窓に鉄格子がはめられ、シャツやサイフォニア、喫茶店の絵で埋め尽くされており、さながら地獄絵図である」

こうした記述からは、彼が混雑した三等車の格子窓だけでなく、驚いたことに多数の絵入り広告がはびこっていたことにも気分を害しているのがわかるが、ほかの不快さに比べれば比較的些《さ》細《さい》なものだろう。

軽食は、長くて疲れる旅に出る周遊旅行客にとって重要だった。ほかに食べ物や飲み物を安く手に入れる手段はなかったからだ。1849年の聖霊降臨節にプレストンを出発した旅行の記録にはこう書かれている。「周遊旅行者が自分たちのために用意した、人生の『楽しみ』が大量にあった。その中には、食欲をそそるソースのかかったものもあったに違いない。通りすがりに、バスケットから肉汁などがこぼれ落ちていたからだ」[48]。ブラフの記事には、これらを隠すためにいかに多くの戦略が用いられたかがわかる。乗客の中にはビールやジンの水割りを取り出す者もいたし、ある老婦人は、荷物の持ち込み厳禁だというのに、ショールの下に隠したバスケットでこっそり持ち込んだパンとバターを食べていた[49]。乗客が駅の施設を利用して軽食をとることもあった。1849年にトーマス・クックが催行したイングランド中部地方からスコットランドへの旅の記録には、1000人の乗客が約200マイルを移動して、ゲーツヘッドに到着したときのことが書かれている。「彼らは肉体的な欲求に完全に支配されているようだった」ことから「軽食堂に殺到」したが、列車は駅よりも長かったため30分で食事をするのは難しかった。結局、係員が呼ばれて客車の踏み板から瓶入りのポーター〔黒ビールの一種〕を提供することになった。中には列車が発車してからも続ける者もいた。この列車の三等車の乗客は、客車が屋根なしだったことと、ヨークからずっと雨が降っていたために気の毒な状態だった。そこで、ミッドランド鉄道はゲーツヘッドで翌朝の屋根付き客車を待つことを許可した[50]。

周遊列車の事故は、数日にわたり地方紙や全国紙で大々的に報道されたが、それでも市民がこうした旅行に参加するのを思いとどまらせることはできなかったようだ。混雑した旅行では、危険な慣習が怪我や死亡につながった悲劇的な例が数多く記録されている。確かに、1850年代から1860年代にかけて、周遊列車は通常の列車よりも事故を起こしやすく、1860年にかけて悪化していった証拠がある。[51] 巨大な周遊列車の安全記録には懸念されるものがある。例えば、1844年に6600人を乗せてリーズからハルまで運行された列車では、4分割された列車に240両の客車と9台の機関車が連結されていた。[52] 1844年9月には、ノース・ミッドランド線でシェフィールドからハルへの旅に5500人が参加し、170両の客車を3本の列車に分けた。帰路、列車が徐行運転をしている間に、乗務員の反対をよそに乗客の何人かが客車の屋根に上った。すると連結チェーンが切れて2本の列車が衝突し、乗客が屋根から投げ出され、ひとりが死亡した。[53] 1844年9月、マンチェスター・アンド・バーミンガム鉄道によるマンチェスターからアルダリー・エッジへの格安周遊旅行には大勢の客が集まり、3000人の乗客のために43両の客車と貨車が必要になった。貨車の側面にはドアがなく、階段もなかった。マンチェスターでは乗客が端から乗り込むための脚立が用意されていたが、アルダリーにはそのような脚立はなかった。ひとりの男性が「上品な女性」が緩衝器の上に飛び降りるのを手伝っていたところ、突然機関車が揺れ、彼女は息子と一緒にレールの間に投げ出された。列車が頭上を通過し、彼女は即死した。鉄道会社はのちに、この事故をチェーンを付け直した乗客のせいにしようとした。[54]

1850年8月の、スカボロー、ブリドリントン、ドリフフィールドからハルへの旅は、乗客に相当不快な思いをさせた（ただし、死傷者は出なかった）。復路の48両の客車は完全に過積載となり、「文字通り満員で、ポーターが切符を回収するために客車に入ることもままならないほど」だった。[55]問題のひとつは、870人の乗客がドリフフィールドで合流したことだと報告されている。「列車が到着すると、とんでもないラッシュが発生し、続いて場所取りの争奪戦が繰り広げられて、多くの女性が無作法に投げ出された。客車は文字通り満員で、多くの人が、たとえ客車の屋根の上でも、席を確保できれば喜んだ」。列車は午後9時半にハルを出発し、時速10マイルほどで帰路についたが、午前1時頃、ブリドリントンの北2マイルのところで、ついに機関車が故障した。電報で代わりの機関車が要請され、結局午前4時半に到着した。乗客は午前3時まで客車に閉じ込められ、その後、ブリドリントンまで線路沿いを歩くか、機関車が到着するのを待つかの選択肢を与えられた。スカボローからの乗客（2500人）が帰着したのは、午前6時になってのことだった。

一部の周遊列車は、横幅が非常に広い巨大な三等車を使用していたため、線路沿いにある建造物や駅との間にほとんど隙間がなかった。さらに危険なことに、開口部に安全バーもなかった。1852年、ある新聞の特派員は、サウス・イースタン鉄道の客車は路線に対して幅が広すぎるとし、特に「120人の屈強な男たちがひとつの客車に詰め込まれれば、できることなら窓から頭を出そうとする」ため、線路脇の装備によって首が切断される危険性があると指摘した。同年、ラムズゲートへの旅行に参加したベスナル・グリーンの絹織物工は、列車がアッシュフォード駅で停車せずに通過した際、不幸にも窓から顔を出してしまい、鉄柱にぶつかって頭を砕いてしまった[56]。

軽微なものから重大なものまで、周遊列車に起きた事故については多くの報道で描写されている。劇的なインパクトが読者を魅了したためだ。特にこの時期は、乗客を詰め込みすぎる客車が多数あり、適切な旅行の管理ができる従業員が最低限しかいなかったため、特に事故が多かった。記事はロンドンを拠点とする報道機関だけでなく、ほかの地域の地方紙にも広く転載され、しばしばむごたらしい描写も含まれていた。例えば、混雑した客車から転落して列車に轢かれ、首を切断されたり手足をなくしたりした人々などの記事だ。こうした事故に関しては、ときに相反する記事が出ることもあった。ロンドンを拠点とする特派員が事故の深刻さを誇張する一方、現地の新聞社はなるべく地元企業の評判を守ろうとした。1850年、サウス・ウェスタン鉄道で、ロンドンからサウサンプトンへ向かう過密な2本の周遊列車が巻き込まれた死亡事故が発生した。1本目の列車が斜面をなかなか上れず、その結果、2本目の列車で押し上げようとしたところ、大きな揺れが発生し、乗客が周囲に放り出された。事故に関する説明では、乗客が客車の端に座っていたために死んだとされている。だが、同じ新聞に掲載された『スペクテイター』紙からの転載記事では、特派員は次のように苦言を呈している。昔から、こうした説明は会社に有利になるよう穏便に改竄《かいざん》されてきたが、実際は無謀運転であり、揺れによって多くの乗客が負傷したと。最後に、同紙は皮肉交じりにこう提案した。機関車の運転士はぶつかり合うことに熱心なようなので、乗客を乗せない「馬上槍試合」を設けて、会長の娘を賞品にすべきだと。[57]

周遊列車が危険なものになりかねないことは広く認識されていた。『タイムズ』紙は1852年、「周遊列車は本質的に大砲の弾のようなもので、気まぐれな間隔で線路に沿って飛び、進む間に周囲を破壊してもお構いなしだ」と書いた。結論として、筆者は前方と後方の衝突を避けるには、真ん中にいるのが最適だと提言した。この記事は、ボルトンでの重大事故を受けて書かれたもので、筆者は鉄道会社が人員をほとんど増やさずに安い列車を走らせ、遅延を引き起こし、路線上の通常列車にとっても危険なシステムを許可していることを非難した。[58] 1860年の『スタンダード』紙の寄稿者は、有志が提案したパリへの周遊旅行に関連して、次のように意見している。[59]

「周遊旅行は非常に危険で、どちらかといえば低俗なことでもある。進取の気性に富んだ鉄道会社や貧乏な投機家が財源を補充するための仕事にふさわしい。われわれはそれを、歓声をあげる大勢の人々、過度な上機嫌、ある種の不安定な地位と、つい結びつけてしまう。さらには、それに続く連結チェーンの破損、斜面からの転落、衝突、客車の破壊、悲惨な怪我、暴力的な死などと。こうしたことは、まともな人間なら望まないだろう」

1854年の『モーニング・ポスト』紙は、今や乗客が周遊旅行の危険性に慣れきって、死亡や手足切断に対する保険を必要としているのはどうしたことかと疑問を投げかけている。「騒々しく浮かれ騒ぐ人々を乗せた周遊列車が、昨日の死亡事故の残骸の上を走っても、その場にいる人々は気にも留めないし関心もない」[60]。根拠のない噂が広まることもある。例えば1857年の『ハル・パケット』紙には、96両の客車（家畜車を含む）に3600人を乗せてリーズからハルへ向かう周遊列車で、ぎっしり詰まった客車の中で幼い子供が窒息死したと書かれている。『リーズ・マーキュリー』紙はのちにこの主張に反論したが、『ハル・パケット』は反論しなかった[61]。

ときには、深刻な被害から身を守るために、乗客自らが行動を起こさなければならないこともあった。1851年9月、ハルからロンドンへ向かうグレート・ノーザン鉄道の列車が、ロンドン北部で衝突事故に見舞われた。ある乗客は、列車がホーンシー駅で前方の荷物列車のために停車し、周遊旅行客が足を伸ばすために降りたときのことを説明した。車掌は乗客を列車に戻し、彼と家族を車両に閉じ込めようとしたが、彼はそれを拒んだ。後ろから別の列車がやってくる音が聞こえ、後方の人々が飛び降りるのが見えたので、彼は妻と娘を急いで引っぱり出し、一緒に飛び降りた息子とともに全員が土手を転がった。別の列車はヨークからの周遊列車で、彼らの列車と衝突し、2両の客車が脱線して多数の重傷者が出た[62]。

若者が一人旅をすることもあった。1848年8月、ハダースフィールドからヨークへ向かう周遊旅行で、8歳の子供が重傷を負った。彼は家畜車に乗っていたが、列車がヨーク駅近くで停車したとき、客車の屋根の手すりに登り、機関車が通過したときに転落して片腕を失った。[63]ほかにも弱者である旅行者がいた。今回は周遊旅行の群衆が危険となった。1850年8月、耳と言葉の不自由な青年が、イースト・ランカシャー鉄道を利用してコルネからリヴァプールまで旅をした。不運なことに、4000人の乗客の大混雑の中で混乱した彼は、友人とはぐれてしまった。数か月後、母親が彼の消息を求めて広告を出したが、息子が姿を現すことは二度となかった。[64]

鉄道会社は、非常に多数の参加者の要求に応える準備ができていないことがよくあった。1860年の、ランカスターからグレンジ＝オーバー＝サンズへの日曜学校の旅行では、主催者が500人分の予約を入れていたにもかかわらず、ロンドン・アンド・ノース・ウェスタン鉄道には当日利用できる客車がなく、結局、「2両か3両」の雑多な客車を寄せ集め、400人の乗客を詰め込んだという。

驚いたことに、ほとんどの人は周遊旅行を積極的に楽しんでおり、刺激的で記憶に残るレジャーを実現するためには、問題や不快感が生じる可能性をすべて受け入れる心の準備ができていたようだ。鉄道による周遊旅行はときに危険なこともあったが、汽船による周遊旅行にも、それに匹敵する危険な例がある。『リヴァプール・マーキュリー』紙の特派員は、1846年8月にリヴァプールからリルへ向かうスノードン社の汽船が座礁したときの、憂慮すべき体験を語っている。はしけは航海に適しておらず、汽船は安全のための装備が不十分で、船員たちは大量の酒を飲んでいたという。[65]

一般労働者が、格安列車という手段を使って仕事を探すこともできた。ハナ・カルウィックは家政婦で、アーサー・マンビーという紳士と長らく秘密の関係を結んでいたが、最終的に結婚した。彼女がアーサーから自分の行動を日記につけるよう勧められたことが役に立った。[66]ハナはシュロップシャーのシフナルで生まれ、そこで息を引き取ったが、仕事人生の大半は、ロンドンやマーゲートなどの勤務地で過ごしている。1864年、彼女は当時広く使われていた家事代行の斡旋業者である職業紹介所を利用し、仕事を探すために格安列車でマーゲートへ向かった。1867年10月、彼女はマーゲートでの仕事を辞め、マーゲートから水晶宮へ最後の周遊旅行に出かけた。往復料金はロンドンへの片道料金より安かった。列車はペンジまで行き、彼女はほかの「周遊旅行者」とシデナムまで2マイルほど歩いた。水晶宮を見た後は、引き続きロンドンへ向かった。旅行にはロンドン橋からの乗合馬車も含まれていた。人々は、極端に安い周遊旅行による一生に一度の機会を利用しようと、かなりの遠出をした。1851年7月、ある労働者が万国博覧会を見るためハダースフィールドからロンドンへ格安旅行をしたことが報じられた。[67]彼は切符代として5シリング払い、仕事を終えた火曜日の夕方、ポケットにいくつかのサンドイッチ、財布に入場料の1シリングを入れて出発した。翌日、博覧会を見学した彼は「食べ物」

を食べ、水晶宮の噴水の水を飲み、その晩に帰宅して翌朝仕事に戻った。ロンドン滞在中は、宿泊費も食費もかからなかった。

周遊旅行での冒険については、新聞に数多くの例がある。ブラックバーンから湖水地方に日帰り旅行した「貧しい境遇」の旅行者は、目的地で遠くまで行きすぎて帰りの列車に乗り遅れた。お金は残っていなかったので、彼は63マイルを歩いて戻り、翌日帰宅した[68]。ダラムに住む２人のメイドは、３週間分の汚れたリネンを持って、女主人から公衆洗濯場に送り出された。到着すると、彼女たちは日曜日の晴れ着に着替え、洗濯女に金を払って洗濯をさせて、タインマスの海辺へ列車で日帰り旅行に来ている若い男たちに会いに出かけた[69]。ときには、周遊旅行者が踏んだり蹴ったりの体験をすることもあった。ブラッドフォード出身のジョン・トップハムは、１８５９年にリヴァプールへ旅行した。リヴァプールに到着すると治安紊乱《びんらん》で起訴されたと、彼は苦々しくこぼしている。またスリに遭い、パブでは「ごろつき」に襲われ、埠頭への行き方を尋ねるとガイドが帽子を奪って逃げ、最後に嗅ぎ煙草屋で量が足りないと苦情をいったところ逮捕され、刑務所へ送られた[70]。

切符の問題は多発し、少なくとも一度、群衆が数を頼みに解決を図ろうとした例がある。１８５１年のグレート・ノーザン鉄道によるヨークから万国博覧会への旅行の条件は、21日以内に戻ればよいことになっていた。新聞に苦情を寄せた人物は、（19日後の）朝７時の周遊列車に乗るため、ほかの周遊旅行客とともにキングス・クロス駅に到着したが、大混雑のため席を確保することができなかった。追加の列車が約束されたが、実行されなかった。午前11時頃にプラカードが掲げられ、少なくとも午後9時30分までは周遊列車はないと発表された。この時点で、群衆は力ずくで普通列車に乗り込もうとしたが、警官に阻止された。結局、筆者は普通列車の切符を買い直すためにさらに1ポンド9シリングを支払った。その後、鉄道会社に手紙を出したが、何の補償も受けられなかった。[71] 似たような問題が、1851年9月のブリストルからロンドンへの周遊列車でも起きている。筆者とほかの乗客は、満員のため帰りの列車に乗れなかったが、誤解を招く情報のせいで、その後の列車に乗ることを拒否された。ある貧しい女性は4ペンスしか持たず、夜を過ごす当てもなかったが、別の女性が手をさしのべた。[72] 出発駅でのトラブルもあった。1852年8月、『デイリー・ニューズ』紙の特派員は、ユーストン・スクエア駅からロンドン・アンド・ノース・ウェスタン鉄道の周遊旅行に出かける妻と娘をホームに案内するのを鉄道警察官に止められたと不満を述べた。子供たちのひとりが人ごみの中ではぐれてしまったことで、彼らは大いに心配した。さらに、広告には半額運賃と書かれていたにもかかわらず、それが適用されなかったことでもひと悶着《もんちゃく》あった。[73]

鉄道会社が一般の乗客を利用することもあった。普通列車に問題のある周遊旅行用の車両を追加したのだ。1852年8月にプレストンで開かれた裁判の報告書には、地元の歯科医が正規運賃の支払いを逃れたとして、イースト・ランカシャー鉄道に訴えられた顛末《てんまつ》が書かれている。彼は周遊列車とされる列車で料金1シリングを払おうとしたところ、正しい区画にいなかったといわれ、周遊旅行客ならすでに周遊切符を買っているはずだと告げられた。提出された証拠によれば、周遊旅行客はその列車（プレストンからリヴァプール）では先頭の三等コンパートメントにしか乗車しておらず、一等車に乗っていた歯科医は5シリングの運賃を支払うことを拒否したという。彼はさらに、この会社が周遊旅行列車を走らせるため、自分がいつも利用している定期列車が遅延して嫌な思いをさせられており、その不満を訴えたかったのだと述べた。プレストンに戻る普通列車の料金5シリングを払うつもりだったが、列車が格安の周遊列車と化し、混雑して遅延が多発したので、支払う理由がわからなくなったという。彼は鉄道会社による一般市民への詐欺だと感じていた。結局、彼は有罪となったが、治安判事は、こうしたやり方はままあるが、きわめて不適切だということに同意した。[74]

鉄道会社のいい加減な行動が災害につながりかねないこともあった。ある特派員は、1853年に妻とマンチェスターからマン島へ旅行したときのことに触れている。[75]広告によれば、帰りは午後5時にフリートウッドを出る特別列車だったが、現地に到着すると時間が変更されており、午後6時10分発の通常の議会列車に乗せられた。周遊旅行客は、目的地であるヴィクトリア駅から半マイル離れたオールドフィールド・ロード駅（サルフォード）でこの列車から降ろされた。暗く、雨が降る午後10時半で、ホームもなかった。乗客は暗闇の中、荷物を持って別の鉄道路線を渡り、駅事務所までの道を探さなければならなかった。天候はひどく不快なものだった。中産階級が毛織物、フランネルのベスト、スカーフ、シャツを身に着けていたのに対し、当時のマンチェスターの労働者階級は一般に、温かくもなく湿気を吸うファスチアン織りや木綿の服を着ていたからだ。[76]

1854年9月の『マンチェスター・タイムズ』紙に掲載された、ロンドンやオックスフォードなどを目的地とした格安旅行に対する苦情では、帰りの日付を指定しなくてはならないこと、荷物に制限があり、荷物車ではなく客車に収納しなければならないこと、切符が譲渡できないことが強調されていた。[77] リヴァプールのある男性は、1856年4月にバーケンヘッドからマンチェスターへ向かうバーケンヘッド・アンド・チェスター鉄道の体験を語っている。彼は「リヴァプールの壁沿いに立つ派手なプラカード」に誘われて参加した。まず、マージー川のバーケンヘッド側から列車に乗るためには、通常の鉄道連絡船料金の2倍、つまり1ペニーから2ペンスに値上げされた船賃を支払わなければならなかった。次に、乗客は市内から2マイル離れたオードサル駅で下車しなければならなかった。第三に、広告にあった通り翌日の帰りの列車に乗ろうとすると、午後5時の列車はなく、午後8時半まで待たなければならなかった。そのため、周遊旅行客がバーケンヘッドに戻ったのは午後11時半になってからで、川を渡る鉄道連絡船はなかった。午前零時半にようやく船が手配されたが、運賃に6ペンスかかった。[78]

マンチェスターからブラックプールへの格安旅行について書いた人物は、周遊旅行客に対してやや堅苦しく俗物的な態度を取ったものの、この新しいレジャー活動の影響は認めていた。彼は、切符代が差別化の役割を果たしていると強調し、運賃が「半クラウンだから、われわれはまあまあ選り抜きなのだ」と説明した。[79] 乗客の中には、さまざまな学校の教師や生徒も含まれており、彼らが到着したときには潮が引いていたため、「いろいろな列車でやってきた大勢の人が、浜辺に沿って遠くまで広がった」という。彼はこの周遊旅行が、明らかに海辺を見たことがないさまざまな観光客グループを運んできたとほのめかしている。人々は潮の満ち引きがどうなっているのか理解できなかったからだ。彼はこの時点でブラックプールに工場労働者、機械工、仕立屋を含む1万人の周遊旅行客がいると見積もった。同時に、すでにリゾートを訪れている上流階級の旅行者たちが、周遊旅行者を軽蔑していることも示唆した。彼の友人は、鉄道周遊旅行という画期的な活動を振り返り、工員が日帰りのレクリエーションで海辺まで50マイルも移動し、その日の夕方には家に帰って食事ができると、自分たちの祖父が知ったらびっくりしただろうといった。そして、かつては自分の家から10マイル離れれば偉大な旅行者とみなされていたが、それに匹敵するだろうと。筆者は、蒸気機関を完成させたワットや仲間の発明家はこのように、哲学者や偉大な作家よりも人々の生活に大きな影響を及ぼしたと述べている。

これらの記事は、新しい周遊旅行客が体験した状況を示すのに役立つが、彼らの前にはもうひとつの難題が立ちはだかっていた。群衆の規模、訪れた場所、旅行の日取りなどが、彼らの行動に関する報道に影響を及ぼしたのだ。

第八章 男たちは行儀が悪かった？

「これらの家畜車には、背もたれのない座席が釘で打ちつけられ、丈夫な麻布をロープで側面に縛りつけた軽い屋根が付いていた。列車が進むうち、周遊旅行者たちはロープを切断し……車掌の制止を無視して貨車の側面によじ登り、ありとあらゆる浮かれ騒ぎや悪戯に興じた。ほかの乗客よりも大胆なひとりは、車掌や数人の乗客の忠告をよそに、貨車の屋根にまたがって座ろうとした。その状態で、橋をくぐるときには頭を低くした……ついに、列車がコッカーバー駅から100ヤード、プレストンから6マイル南の地点にある橋に差しかかったとき、彼は機関車に背を向けていたので、橋を見て身をかがめるのが間に合わず、後頭部に切り傷を負って脳が飛び出してしまった」[1]（聖霊降臨節におけるイースト・ランカシャー鉄道のリヴァプール行き周遊旅行での事故、1857年）

混雑した周遊列車は、若者がさまざまな遊び心を披露する場となった。ランカシャーのブラックバーン出身で、「完全にしらふだった」といわれる22歳のジョン・ベケットは、1857年、イースト・ランカシャー鉄道が企画した周遊列車でリヴァプールへの夏の旅を楽しんでいたが、屋根に上って橋に頭をぶつけ、頭蓋骨骨折の重傷を負った。[2] 驚いたことに、彼はその直後を生き延びたようで、病院に運ばれ、「穿孔《せんこう》手術は成功した」と報告されている。このときには鉄道会社の過失が認められ、不適切な収容により不用意に群衆を形成し、周遊旅行客を危険にさらした責任があるとされた。鉄道検査官のタイラー大尉による事故報告書には、乗客の見積もりが1000人から2500人に膨れ上がったとき、同社はランカシャー・アンド・ヨークシャー鉄道から家畜車8両を借り、余った乗客を乗せたと記されている。彼は「あらゆる乗客の中で、周遊旅行者は最も制御しにくい」と評し、鉄道会社がより安全な車両を提供することで、彼らの軽率さや迷惑行為によるリスクを軽減すること、車両にも責任の一端があるということを提言した。

傍観者や検査官など第三者からの証拠は、多くの疑問を投げかけている。なぜこのような行為があったのか？　どこまでが一般的な行動だったのか？　行動の報告書を作成する上で、鉄道会社やほかの傍観者はどのような役割を果たしたのか？　こうした疑問に答える証拠を調査すると、驚くべき結果が報告されているのがわかる。ジョン・ベケットの事故に関する記事と並んで、別の悲劇的な出来事の記事が掲載されている。今度は、リヴァプールの周遊旅行に集まった人々の圧力により、高いところにペンキを塗っていたペンキ職人がはしごから転落し、太ももを骨折した事故である。彼は男やもめで、養わなければならない小さな子供がふたりいた。[3]

不快感や危険は、庶民が新しいレジャーの可能性と天秤にかけたとき、旅行への意欲をそぐには不十分だということが証明されている。19世紀半ばの群衆の旅行中の行動について、当時の新聞には多くの記述がある。たまに「行儀が悪い」ように見える群衆もいたが、全員が礼儀正しく、好意的に迎えられ、無事に帰宅したというお決まりの報道のほうが圧倒的に数が多い。1849年にシェフィールドの鉄道株主が周遊旅行での「いくつかのきわめて大規模な暴徒」に言及したような、煽動的な群衆による混乱への懸念が取り沙汰されることはまれだった。[4]

周遊列車の混雑した客車内での行動は、車両の物理的構造だけでなく、ほかの要因にも影響を受けた。例えば、乗車しているグループのタイプ、旅行の組織効率、職員の配置規則などで、これは乗客の健康と安全にも影響した。19世紀半ばには、労働者階級の周遊旅行客が増加した結果、列車内や客車内の空間は重大な変化を遂げた。1840年代以降、イギリスの大衆が屋根なしの貨車で移動することはなくなったと主張する作家もいるが、資料を改めて検証してみると、1850年代を通じて、屋根なしの貨車がしばしば周遊列車に使用されていたことがわかる。風刺作家のロバート・ブラフは1855年の記事で、屋根なしの周遊列車での旅行を、閉鎖された客車の問題と比較している。[5]

図 16. 1847 年、エプソム競馬場へ人々を運ぶ三等車のイラスト。

「周遊列車で屋根なしの客車に乗る？　問題は、それがとんでもなく卑しいことだ――低俗なのだ……屋根なしの客車そのものが――確かにそれらは『三等車』とは呼ばれないし、息苦しいほど低い屋根があるわけでもなく、光の入らない木製の鎧戸や、風を通すルーバーがついているわけでもない……それでも、四等車とはいわずとも、常に三等車とみなされるのだ。いいや、全体として、ひどく不名誉なことが問題なのだ」

昔ながらの鉄道車両に比べれば、周遊旅行者の移動空間は非常に簡素で殺風景といえるかもしれない。1847年のイラスト（図16）は、当時の三等車の屋根なし貨車での移動空間で見られる、基本的な性質を示している。興奮したさまざまな階級の人々が混在し、立っている人、座っている人、貨車の端に危なっかしく腰掛けている人がいる。このイラストには女性は描かれていない（競馬のための周遊旅行だった）が、女性がいれば、もっと礼儀正しく振る舞ったかもしれない。だが、屋根なしの客車は、ほかのときには行儀のよい乗客にとって危険であり、ごく無邪気な行動が大惨事につながることもあった。1860年にウォルソールで、屋根なしの客車に子供たちがいっぱいに乗り込んでいたところ、客車の入換の際に子供たちが全員片側に寄ったため、横転してしまった。怪我人はいなかったと報告されている。[6]

1844年の鉄道法では、旅客税を免れるには議会列車を走らせなければならないと規定されていたが、1日に少なくとも1本の議会列車を運行する限り、会社がほかの種類の客車を周遊旅行に使用することを妨げるものはなかった。欠点は、一等や二等の運賃だけでなく、すべての周遊旅行の運賃にも旅客税が課されることだった。1876年の旅客税に関する報告によると、1844年法以降、商務庁に自由裁量権が与えられた結果、法律に規定された基準に適合していないにもかかわらず、周遊列車が商務庁から税を全額免除されることが常態化し、政府が屋根なしの客車の免税を承認することもあったという。[7]

混雑した周遊列車の客車や貨車の中での行動は、しばしば旅行するグループの種類に左右された。有力者はその地位を利用して、特定の組織に行動ルールを守ることを強制できた。例えば機械工協会や日曜学校、あるいは工場主などの雇用主が企画した旅行だ。こうした父権主義の影響は、かつての汽船による周遊旅行での行動を反映している。1845年の工場検査官の報告によると、リヴァプールのある大規模な紡績工場では、毎年7月の日曜学校の記念日に汽船でマージー川を渡る周遊旅行が企画され、参加を許されるのは、普段から素行がよく、「日曜日に何らかの教育施設や公共礼拝に出席する習慣がある」子供たちのみだった。[8] 対照的に、ほかの旅行はすべての人にとってより自由だった。例えば全部の切符が一般市民に販売される、大都市、競馬、懸賞ボクシングなどへの周遊旅行だ。

鉄道職員が会社の規則を独自に解釈することがあるため、職員の職務遂行方法によって行動が形成されることもあった。鉄道職員は、乗客と結託して不正行為を働いたり、群衆の管理において安全よりも利益率の高さを優先させたりするといわれることもあった。1858年8月の、当時「この国で起きた最悪の列車事故」の報告で、事故調査官はこうした見解を示している。この事故では乗客14人が死亡、220人が負傷し、その多くが重傷だった。ウスターからウルヴァーハンプトンに戻るオックスフォード・ウスター・アンド・ウルヴァーハンプトン鉄道の周遊列車で連結器が破損し、列車の一部が勾配を滑り落ちて後続列車に衝突した。調査官の報告によると、車掌のひとりが周遊旅行客にブレーキ車に乗ることを許可し、一緒に煙草や酒を楽しみ、さらには一緒にブレーキをかけさせたという。また、職員は権限を逸脱して大量の客の乗車を許していたようだ。チラシには、日曜学校の教師と生徒だけが参加できると書かれていたが、予約した1500人の乗客には大人と子供が同数いて、明らかに実態は違っていた。[9]

特に組織や計画が行き届き、効果的に群衆が管理された周遊旅行によって、行動が形成されることもある。1857年の夏、北西部からロンドンへ向かう旅行について、驚くほどよく似た3つの記事がある。それらの記事は、軍隊式に組織され、うまく管理された群衆に言及している。[10]説明によれば、参加者は車両番号順に30人ずつの「中隊」に組織され、それぞれ「隊長」が率い、「班」を識別するために「隊の色のリボン」をボタンホールにつけていたという。記事のうちふたつは、ウォリントンの教区牧師であるウィリアム・クケット師が同僚のR・A・モールド師と企画した旅行について、もうひとつは、ロンドン・アンド・ノース・ウェスタン鉄道から周遊旅行業者のミスター・H・R・マーカスに委託された、プレストン地区からの旅行について報じたものだ。多くの詳細が一致していることから、これらが実際には同じ周遊旅行だった可能性は高いが、重要なのは、群衆をうまく組織することが鉄道会社や職員に任されていたわけではないということだ。しかし記者は、列車が停車している間、周遊旅行客が厳重に管理されていたことについて書いている。ウルヴァートンで軽食をとるために10分間停車したとき以外は、列車が停車しても車掌とポーターが降車を阻止したという。この周遊旅行には客車が使われ、旅行者は窓から移り変わる景色を眺めることができたが、ロンドンのフェンチャーチ・ストリート駅に到着すると、ロンドン橋を渡るよう急かされ、水晶宮へ向かう屋根なしの客車に押し込められた。特に書かれていないことから、行儀はよかったようだ。おそらく組織のレベルが高かったのだろう。

　混雑した客車での乗客の行動で際立った特徴は、鉄道史ではこれまであまり注目されてこなかったが、屋根に乗って移動するのが横行していたことだ。重要なことだが、１８４０年代には、こうした新しい乗客が閉ざされた客車を抜け出し、側面や屋根をよじ登ることがごく普通に行われていた。この独特な列車旅行は、禁止されているにもかかわらず、現代のインド各地でまだ行われている。[11] 屋根での旅は非常に危険だった。1858年、ランカシャーの製造労働者2700人が、聖霊降臨節にイースト・ランカシャー鉄道でリヴァプールへ旅行した際、一日の興奮と炎天下の帰路、過密状態の列車のために、数人の乗客が客車の屋根に上った。若き工場労働者ジョセフ・エインズワースは、屋根に沿って歩き、灯孔から中にいる仲間を見ようとした。運悪く、彼はバースカフ近くの橋に激突したが、列車が速度を落としていたため即死することはなかった。事故報告書では、橋の高さと客車の屋根との差が3フィートしかない箇所もあり、行動に関係なく、客車の上で移動することは誰にとっても危険だったと指摘されている。とはいえ、車掌の席はブレーキをかけるために屋根の上に設けられていた。報告書は、一部の客車の屋根にある野外席を撤去すべきであり、列車にふたりの車掌しか配置しないのは、ブレーキを作動させ、大きな周遊列車を制御するには不十分であると勧告した。[12]

特に若者は、なぜ周遊列車の屋根の上で旅しようとしたのだろうか？　多くは興奮や、反権威主義的な態度から生じたものだった。1840年代から1850年代にかけては、中からの眺望が制限されていた客車の設計や、社交的な体験から、こうした行動がよく見られた。それは、若者たちが「より上等な」空間を手に入れるための方法だったともいえる。1845年の三等車は、側面の高いところに小さな窓があるだけで、換気口はほとんどないか、まったくなかった。したがって、屋根に上りたいという欲求は理解できる。[13] 周遊旅行者は閉ざされた空間を飛び出し、屋根の上で勇気のあるところを見せつけた。初期の観察者の中には、屋根での旅を容認する者もいたようだ。ルカウントは1839年に発表した鉄道に関する実用的な論文で、「客車の屋根に乗ることを好む人がいる」ことを認め、車輪の下に人が落ちないように各車両の間に網を張ることを推奨した。[14] なぜこのようなことが容認されていたのかは不明だが、おそらく駅馬車の乗客が安い選択肢として屋根の上に乗った習慣を反映していたのだろう。[15]

屋根での旅を促したもうひとつの大きな要因は、鉄道会社による周遊旅行の管理不行き届きだ。過密とひどい暑さのために乗客が屋根に上るのはよくある問題だった。1843年にグラスゴーの禁酒主義者が参加した初期の旅行の報告には、車内の混雑があまりにひどいので、乗客が「蜂のように［客車の］外に群がった」と書かれている。[16] 1844年9月に起きた死亡事故に続く、陪審員を前にした検視審問に関する報道記事も、こうした行為がどのように発生したかを証明している。ノース・ミッドランド線で5500人がシェフィールドからハルへの月曜旅行に参加し、3本の列車に分かれた170両の客車に乗り込んだ。[17] 切符は、トマス・ワイリーという興業主が売っていたようで、3等4111枚、2等249枚の切符が売れたところで、シェフィールド駅の駅長から席が足りないといわれ、切符の販売を中止せざるを得なかった。[18] 帰りの列車が徐行運転をしているとき、乗務員の制止にもかかわらず、数人の乗客が客車の屋根に上った。最初の列車の連結チェーンが切れて停止したところへ、2番目の列車が低速で衝突した。急な揺れで乗客は屋根から投げ出され、テーブルナイフ職人の若い男性が死亡した。同僚の証言によると、彼らは屋根なしの家畜車に乗せられ、その後、混雑のため快適に座ることも立つこともできない客車に移されたという。そして、隣の二等車の上の席が空いていたため、そちらに惹《ひ》かれた。鉄道職員は客車の上に乗っている乗客に何度も降りるように呼びかけたが、周遊旅行客は屋根に居座り続け、「生意気な返事」をしたと報告されている。この座席はおそらく車掌のためのものだったのだろう。しかし、1836年のニューカッスル・アンド・カーライル鉄道のように[19]、初期の列車で大勢の乗客が客車の屋根に座ることを許されていた証拠は確かに存在する[20]。

人々は周遊旅行の群衆の行動をさまざまな視点から見た。鉄道会社、ジャーナリスト、事故調査官、そして乗客の視点である。それぞれが独自の懸念を抱いており、それが行動に対する見解や評価を形作った。ときには、ステレオタイプな見方を助長するような論評もあった。1844年のノース・ミッドランド鉄道の事故に関する説明では、ピーター・クラーク警視が「シェフィールドの人々ほど手に負えない人々を見たことがない」とこぼしたが、陳情を受けたため切符の販売を許可したと主張している。また、シェフィールドでは秩序を保つために「強力な警察組織」が関与したと報告されている[21]。クラークは、家畜車を使うべきではなかったが、ほかの路線の慣例に従ったと認めた。報道記事には、鉄道管理者や職員、ほかの乗客、検視官の供述からなる、陪審員に提出された証言が掲載されている。報道関係者は、こうした意見や地元社会への誹謗を恥ずかしく思った。編集部による追記では、「わが町の人々」がこのように評価されることになったのを残念に思いつつも、このことで鉄道会社が切符の販売を制限し、地元の人々が「自尊心を持ち、礼儀正しい振る舞い」を心がけ、行動を改めることを願うとの見解を示している。検視官は、周遊旅行は大衆の利便性を促進し、鉄道会社に利益をもたらすため奨励されるべきだが、切符の販売は収容できる席数と一致させるべきであり、乗客が客車の上に乗ることを許可すべきではないという意見を表明している。

屋根での旅は、職員と結託して行われることもあった。鉄道会社の職員は、しばしば周遊旅行客に客車に戻るよう促しては徒労に終わったが、1844年6月のニューカッスル競馬のときのように、大規模な群衆を収容する際に職員が一般客と共謀して彼らを危険な状況に置くこともあった。グレート・ノース・オブ・イングランド鉄道とニューカッスル・アンド・ダーリントン・ジャンクション鉄道がこの競馬大会への格安旅行を企画した際、ハートルプールでは列車を待つ人があまりに多かったため、「彼らは……外に出ることを余儀なくされ、別々の客車の屋根に行かされ、無慈悲な嵐にさらされた」と記録されている[22]。

女性は昔からレジャーの歴史から隠されており、例えば競馬、サッカー、労働者クラブ、ブラスバンドなど、男性文化の発展の背後に追いやられてきた。ヴィクトリア朝時代には、女性のレジャーの機会は公共の場よりも家庭に集中していると考えられていた[23]。それでも、女性の有無は、周遊列車内の群衆の行動に影響を及ぼしたと思われる。特に、車内ではしばしば階級が混在していたからだ。アメリカでは、19世紀の列車に「上品な」女性が乗っていたことで、社会秩序の必要性が高まったと指摘されている。[24] 女性専用車両は１８４０年代のアメリカの鉄道で使用され、同行者の男性も利用できたが、こうした男性の行動は「女性が喫煙や乱暴な行為や言葉にさらされないよう」厳しく監視された。[25] イギリスの周遊列車は各車両が密閉され、ほかの車両から行き来できず、ホームからしか乗れないため、同じように取り締まることはできなかった。[26] ある執筆者は、「出発時と到着時には、しつこい行為があったり、無防備な女性客に無作法な振る舞いをしたりすることがある」と指摘している。[27] 女性専用車両はたまに利用でき、通常は一等車のみだったが、１８４６年にミッドランド鉄道が「１マイル１ペニー」の列車で女性専用車両を提供したようだ。[28]「女性格安旅行」の珍しい例としては、１８５５年、ランカシャー・アンド・ヨークシャー鉄道の旅行業者であるミスター・スタンレーが企画した、サルフォード駅からブラックプールへの旅行がある。[29] しかし一般的に、女性専用車両は、警備員や男性旅行者の助けが届かないところへ閉じ込められることを不安に思う女性にとって、悩みの種だったようだ。

女性に対する性的攻撃は、19世紀の裁判記録や新聞にしばしば登場している。鉄道周遊旅行によって実現した新しいレジャー活動は、多くの女性に参加の機会を与え、周遊列車の閉ざされた公共空間で異性と出会う可能性を増加させた。女性は一般的に、この新しい空間で男女が接近することから生じる攻撃的な行為から守られることはなかった。１８５１年5月、14歳の少女アン・エブドンは仕事を終え、家族と日帰りで田舎に出かけた。裁判記録には、混雑したサウス・

イースタン鉄道の周遊列車での帰路、年配の外科医が彼女に強制わいせつ行為をしたとして訴えられたことが書かれている。法廷での彼女の証言では、座っていた外科医が、近くに立っていた彼女のペチコートの中に手を入れ、わいせつ行為を始めたということだった。彼女は相手の行為に異を唱えたが、防ぐことはできず、家族は客車の少し離れたところにいた。目的地に到着したとき、彼女は家族に訴え、家族は彼を逮捕させた。当時、彼女はおばや近くにいた乗客に苦情をいおうとしたが、恥ずかしさのあまり、何が起こっているかを詳しく説明できなかった。[30]

車両内での匿名性は、歓迎されたか否かにかかわらず性的な行為の機会となっていた可能性があり、閉ざされた共有空間に女性がいることで、男性が「格好の餌食《えじき》」と思い込んでいた例もいくつか報告されている。[31] １８５０年、メソジスト派の日曜学校の教師をしていた卸売店員は、メソジスト派の日曜学校とカトリックの学校による5月のフリートウッドへの旅行で、同じ車両に乗っていたカトリック学校の女性客に同僚とともに迷惑行為をしたとして訴えられ、ボルトンで裁判沙汰になった。鉄道職員が何度も要請したにもかかわらず、ふたりの男性は動こうとせず、結局ふたりともプレストンで強制的に列車から降ろされ、雨の中22マイルを歩いて帰宅することになった。[32] １８５５年10月の裁判では、ブリストルへの旅行でトンネルを通過する際、男が女性にキスをして楽しんでいたところ、同乗者に諫《いさ》められて暴行を加えたことが記録されている。[33] １８５９年にサザークで起きた同様の事例では、ブライトンへの旅行中に、トンネル内でふたりの男性が女性に対して侮辱的な行為をしたことから口論となり、暴行に発展した。[34]

1859年、ハダースフィールドからリヴァプールへの格安旅行の帰りに、トンネル内で女性を暴行した男が有罪になった。車両に明かりがなかったことが危険を誘発しており、裁判官は格安旅行におけるこの種の暴行を取り締まることが重要だと宣言した。[35]このように、周遊旅行という閉ざされた移動空間での男性の行動は、女性ならではの問題を引き起こした。これは、頻繁に暗いトンネルに入ったことと、よりよい行動を促す監視の目がなかったことが原因だった。

格安旅行でのこうした不品行は、混雑した鉄道の車両に限ったことではなかった。1846年の裁判記録は、汽船による周遊旅行での行動にまつわるものだった。グリムズビー行きのウェイヴァリー号に乗っていた男が暴行罪で有罪判決を受けた。女性の前で「不愉快な言葉」を発した男は、不適切な行為を諌めた人物を殴ったのだ。[36]1856年にも、カーキンティロックからアローチャーへの鉄道と汽船の旅で、「大勢の周遊旅行客が、行きも帰りも汽船の中で互いに口論したり喧嘩したりと、非常に無秩序な振る舞いをした」。その結果、恐怖を感じた若い女性がひどく体調を崩し、その日のうちに亡くなった。[37]

しかし、新たな旅行空間に重要な進展があったことが、1851年に報告されている。人々は、労働者家庭の女性だけで構成されたグループが、ハダースフィールドからロンドンまで、万国博覧会のために「同伴者なし」で旅行したのを見て驚いている。[38]この事実が報道されたことは、それがいかに珍しいことだったかを示している。もちろん、このグループは全員が女性であることに安心感を覚えただろうし、人々はこのグループが居心地よく感じるようにさせたことだろう。このように、閉ざされ、しばしば暗かった客車や貨車で生じる男性の攻撃的な行為の危険にもかかわらず、万国博覧会のような魅力的な目的地と、大衆のための安価な移動手段が一緒になって、女性が同伴者なしでレジャー旅行に出かけられるようになり、女性解放への扉が開かれたといえよう。

周遊旅行の乗客が、客車内の空間を確保し、群衆から身を守るために防衛戦略を取った例もある。その目的は、自分がより快適に過ごせるようにすることや、その空間を家族や仕事仲間など、自身の社会集団に属するとみなした乗客だけのものにすることだった。1853年、周遊旅行業者のスタンレーは、マンチェスターからノース・ウェールズへの周遊旅行に遅れが生じたのは、満員でなかったにもかかわらず、一部の乗客が自分たちの客車にほかの周遊旅行客を乗せることを拒否したためだと主張している。[39] 1858年、レクサム近郊のブラムボからリヴァプールへ向かう職場旅行では、3人の屈強な労働者が自分たちの客車にこれ以上人を入れさせないようにした。[40] 1858年、皆既日食を見るためにパディントンからスウィンドンへ向かうグレート・ウェスタン鉄道の周遊旅行（天文学の専門家が同行し、講演を行った）で、ある筆者は、同僚が窓から外を眺めるとき、ほかの人が入ってこないように広い肩で窓を埋め尽くした様子を描写している。やがて、天体観測装置を携え、魅力的な女性を連れた興味を引くような同僚が現れると、彼は招き入れた。[41]

こうした行為は、混雑した車内での一触即発の可能性を高めた。各グループが自分たちの居場所を確保する必要を感じる、一種の部族的行動となったのである。これは特に宗教団体に広く見られ、ほかの団体を罵倒するような言動に発展することもあった。1855年のランカシャーの裁判は、英国国教会の日曜学校の子供たちと、非国教徒の子供たちのふたつのグループによる、リヴァプールへの格安旅行が原因だった。[42]これは月曜旅行で、その日に行われるダーウェンの見本市の危険から生徒を遠ざけるために企画されたものだった。それぞれの日曜学校の責任者が、明確に区切られたスペースの必要性について白熱した議論を戦わせた後、敵対関係にあるという評判から別々の列車で出発したが、帰路は英国国教会のグループが非国教徒用の列車を使わなくてはならなかった。英国国教会の聖職者が数人で一等車両を占拠し、女性が入ることを拒否して、頭や口を殴って阻止した。彼女は相手を暴行罪で訴えて勝訴し、聖職者に10シリングの損害賠償が請求された。

自分たちの状況に不満があるときに、周遊旅行客が数を頼みに客車の空間を占有しようとした証拠はほとんどない。客車間の連絡がないため、車内での行動を取り締まることはできなかったが、このように囲い込まれていることによって、鉄道会社は一般的に、運行上の治安維持において均衡した勢力を保ち、客車を切り離すだけでその占有を制御できた。これは特に、不満を抱いた群衆が数にものをいわせて線路に立ちふさがったり、駅構内を封鎖したりして、全列車の運行やほかの乗客の乗降を妨げる場合に効果的だっただろう。ミスター・スコットとミスター・レッドファーンという人物が、1843年にリーズとウェストヨークシャーからマンチェスター、リヴァプール、ノース・ウェールズへの鉄道と汽船による周遊旅行を企画し、関連する鉄道会社や汽船会社と連絡を取った。不運にも、列車がマンチェスターに到着したとき、投機家のひとりが売上金を持ち逃げし、周遊旅行者は汽船の運賃とマンチェスターからリヴァプールまでの運賃を再び支払うよう求められた。一行は集団行動に訴えた。「楽しみを求める人々が客車を占拠し、一切の支払いを拒否したため、機関車が切り離された。一行は線路上に取り残され、1ヤードも進むことができなくなった」。3時間後、一行は降参するしかなかった[43]。このように、鉄道職員の意に反して旅行空間を占拠しようとしても、鉄道会社は必要とあらば客車を切り離し、動けない状態にさせることができるため、たいていは失敗に終わった。周遊旅行の群衆は、鉄道会社の管理下にある空間で、うまく立ち回る方法を見つけられなかったようだ。さらに、彼らの不満を代弁する消費者団体もなかった。消費者運動が力を持つようになるのは19世紀後半になってからのことで、当時、彼らの唯一の武器は新聞社への投書だけだった[44]。

飲酒や酩酊は、旅行空間での行動に影響を及ぼした。19世紀半ば、特に規制のないビール店が登場してからは、酒と労働者階級について多くの議論が持ち上がった。ビール店によって、1830年以降、労働者階級地区で安価なビールが盛んに飲まれるようになり、やがて禁酒運動の高まりにつながった。労働者階級の大衆文化において、つき合い酒は非常に重要であったが、工業化が要求するものは、これまで容認されてきたレベルの酩酊とは相容れず、大きな社会問題となった。中産階級は労働者階級の飲酒癖を非難したが、中には、大衆にとっての飲酒は

「権利であり、習慣であり、必要不可欠なもの」として擁護する人々もいた。[45] しかし、19世紀には飲酒に対する階級差別的な見方があり、中産階級や上流階級では見過ごされるような酔った上での行動も、労働者階級では罰せられることもあった。１８５９年（鉄道周遊旅行の開始から20年後）の『サタデー・レビュー』紙に寄稿したある解説者は、「鉄道周遊旅行者は騒々しく、無作法で、顔を合わせるのは不愉快だが、酔っていることはめったにない」と述べている。鉄道会社は、貧しい周遊旅行者にどうにかしてしらふの状態を強制させていたようだ。家族が一緒にいることと、彼らが鉄道職員に抱く敬意と恐れから、「旅行者は行儀よく、酒を慎む」ようになっていた。[46]

だがときには、安い運賃をいいことに、手に負えない、評判の悪い酔っぱらいの周遊旅行客が報告されることもあった。１８５６年9月の事例では、ソワービー・ブリッジからブラックプールへのランカシャー・アンド・ヨークシャー線の帰路、ふたりの男が、特別列車では通常鍵がかかっている客車の床で泥酔しているのが見つかった。彼らは鉄道職員も酒盛りに加わっていたと非難し、訴えは却下された。[47] 同じ路線の鉄道管理者ノルミントンは、１８５０年代後半に3～4本の満員列車を使って実施された、ソワービー・ブリッジ年次禁酒協会主催のリヴァプールへの周遊旅行は参加者が非常に多かったと述べている。帰ってくると、「大勢の乗客がどうしようもなく酔っぱらって客車の床に横たわっているのが見つかり、構内運搬車を使って駅から運び出さなければならなかった」という。[48] このような場面は、いわゆる「立派な」労働者階級の旅行が誤解を招きかねないことを示している。特に一般客に切符が販売される可能性がある場合には、不名誉な行動が大きく取り上げられることがあるからだ。酩酊者のエピソードは群衆の行動をエスカレートさせることもあった。エディンバラからの周遊列車は、1858年に暴動の舞台となった。酔った男が客車に飛び乗ろうとして、ポーターと駅長に止められた。男が暴行を働こうとしたので、駅長らは警察を呼んだ。すると、駅にいた400人ほどの群衆が一緒になって駅長と警察に対抗し、深刻な騒乱となった。警察に対する暴行により、のちに有罪となった者もいた。[49]

報道機関が意図的に、酩酊した周遊旅行客を行儀がよいとされる周遊旅行客と対比して報道することもあった。1847年のダンディー・アンド・パース鉄道の周遊旅行に関する報道では、目的地に到着したときの一部の工員の「酩酊ぶり」と、ブリキの椀とパンと肉を持って格安旅行に参加した慈善学校や貧民学校の子供たちによる行進の「礼儀正しい」振る舞いが比較されている。[50]だが基本的には、混雑した車内での飲酒が行動に及ぼす影響は、乗車しているグループの種類や傍観者の見解に左右された。周遊旅行では、飲酒はめったに問題にならなかったようだ。この新しい旅行は、労働者階級に別の楽しみの手段を提供したといえるだろう。仕事仲間よりも家族と参加するため、大量に酒を飲む動機が減ったからだ。

駅での行動自体が、多くの要因によって形作られた。集団の特性、駅空間の物理的な性質、鉄道会社による周遊旅行の取り扱い方などだ。周遊旅行者の行動に関する報告には、ある特定の状況で、破壊的で暗示にかかりやすいなど、群衆の特性を決めてかかっているものもあり、こうした特性は駅で顕著に見られた。[51]　1845年5月の聖霊降臨節の日曜日、ロザラムの見本市のためにシェフィールドとロザラムを結ぶ格安列車が運行されたが、鉄道会社は需要を少なく見積もっていたため、夕方に最終列車が出発した後、ロザラムに大群衆が取り残された。[52]　宿を探さなくてはならない者もいれば、老人や子供を含め、遅い時間に6マイル歩いて帰らなければならなかった者もいた。また、別の列車を期待して駅周辺に集まった者もいた。特派員は、駅のドアを囲む群衆の「とてつもない圧力」、危険な混乱、臨時の車両が用意されるやいなや「まだ動いているうちに乗り込もうと全員が急ぎ、先を争う」様子に大きな懸念を示し、情報提供者が次に旅に出るなら、生命保険が必要になるだろうとほのめかした。1845年8月にも、プレストン禁酒旅行委員会による、貧民向けのプレストンからフリートウッドへの格安旅行について「何千人もの人々がこの機会を利用して……少なくとも一日は、鬱屈した路地や町の喧騒を逃れ、田舎の澄んだ空気や海辺の爽やかな風を味わった」と報じられている。この記者は、「数の圧力」と「群衆の中、肘で突かれ、殺されそうになった」ことに不満を表し、群衆に流され身を委ねるのではなく、部外者として群衆と戦った。[53]　そのため、こうした事態に慣れていない記者にとっては、恐ろしく、命取りになりかねない経験となった。記者の多くは、家や路上での貧しい人々の日常を反映するような密接なかかわりには慣れていなかったのだろう。

こうした群衆は、自制心をなくしたり境界線を攻撃したりすることから、破壊的なものになることもあったが、その証拠はほとんどない。おそらく鉄道会社や報道機関を所有する都市部のエリートが、周遊旅行のよい面を熱心に強調したためだろう。1838年、開通したばかりのロンドン・アンド・サウサンプトン鉄道が、ロンドンのナイン・エルムズ駅からエプソムのダービーへ行く旅行を企画したとき、出発を心待ちにした周遊旅行の群衆が、力ずくで鉄道駅になだれ込んだ。[54] 高い需要が、汽船とロンドン・アンド・サウサンプトン鉄道という効率的な交通手段の組み合わせに刺激され、期待に胸を膨らませた鉄道客がナイン・エルムズ駅というひとつの交通拠点に結集して、早くも朝6時には大群衆となっていた。鉄道会社は客車を満杯にし、次々にエプソムへと出発して、推定3000～4000人の乗客を運んだ。それでも午前10時には、「立派な服装をした多くの女性」を含む、大勢の待ちきれない競馬ファンでごった返した。鉄道警察がいたにもかかわらず、群衆の破壊力によって駅のドアは蝶番《ちょうつがい》から外れ、群衆が中央ホールに殺到した。ある記事によれば、危険から遠ざかるまで「女性たちの悲鳴はすさまじかった」というが、男性の一部はカウンターを飛び越え、待機している列車に乗り込んだ。あいにく、鉄道会社は料金を支払った客を乗せた客車から侵入者の車両を切り離し、駅に置き去りにすることで彼らの行動を制した。この時点で鉄道警察は、警部率いるランベスとヴォクソールの警察署からの応援を得て、事態を鎮圧したが、「大きな被害はなかった」ようだ。その後、この日の午前中にはもう列車を走らせないという知らせが掲示されたが、一部の客は辻馬車で競馬場へ向かった。このことは「暴徒」を巻き込んだ「騒乱」として派手に報道され、のちに周遊旅行の黎明期を象徴する話となったが、これはその劇的さが反映されたためだろう。[55] このことは、「立派な」男女を含むごちゃ混ぜの群衆が、突如として独自の生命力を持ち、破壊的なものになりかねないことを示している。

さらなる例を見れば、鉄道会社による遅延やロックアウトが、深刻な問題や破壊を招くことがあったのがよくわかるだろう。1851年9月、万国博覧会のためにサウサンプトンからロンドンに向かう旅のことだ。[56] 3000人の乗客が午前6時に駅に着いたが、午前7時に列車が来るまで中に入れなかった。ようやくドアが開くと、その殺到ぶりはすさまじく、「駅の窓ガラスは割れ、数人が負傷し、たくさんの帽子、ショール、ボンネット、キャップ、靴がなくなった。何人もの女性が気を失ったり、体調を悪くしたりし、子供たちは圧死寸前だった」。記事によれば、多くの地元の商人が金を払って使用人たちを旅行に参加させ、「『雑用係のメイド』の大群が……立派な身なりをして、それぞれがその日の食料を入れた小さなバスケットを持ち、群衆とともに早くから駅前に集まっていた」という。彼女たちの多くは、人々の殺到で服が破れ、震え上がり、鉄道職員がその場を制御するのは不可能だったと報告されている。例えば三等車の乗客が、金を払わずに一等のコンパートメントに収まったりしている。このような証拠は、「立派な」労働者階級でさえ、特定の条件下では暴徒化し得ることを示している。その引き金の多くは、周遊旅行の組織管理や、彼らが閉じ込められた空間だった。

19世紀の鉄道駅は、都市と鉄道という2種類の移動空間の入口として表現され、ふたつの間に「境界的な」空間を作り出し、都市と工業化された鉄道という空間との緩衝材として使われた。[57] しかし、待合室は昔から列車が到着するまで待機する公共の空間とみなされていたものの、イギリスの周遊旅行では職員の準備が整うまで新しい旅行者を駅に一切入れないことがしばしばあり、駅のドアの外では大きな問題が起こった。駅が混雑するのは、通常、多くの人々が出発しようと押し寄せてくるためで、周遊旅行の群衆は駅の内外で発生した。これは鉄道会社の慣行によって、出発地と目的地の両方で起きた。周遊旅行者の乗車が予想されると鉄道会社は駅のドアを施錠したため、大群衆が発生した。1846年、『マンチェスター・ガーディアン』紙の特派員はこんな苦情を寄せている。彼は妻と3人の子供と使用人との、アルダリーへの旅行に期待を膨らませていた。早めに着いた彼らは、出発間際までドアが閉まっていたため、炎天下、何百人もの人々とともに長時間待たされた。切符を手に入れても、二等車や三等車の座席は見つからず、鉄道会社は客車を増やすと約束した。屋根のない客車が線路に置かれたが、列車はそれなしで出発した。「きわめて立派な紳士淑女」の群れが、何が起こっているのかを確かめようと管理者室に集まったが、誰も出て来ようとしないため、ある紳士が木片で切符売り場の窓を割った。ここでひとりの若い男が顔を出し、自分の仕事は金を取ることだけで、「自分たちがどこへ行こうが勝手だ」と告げた。残念なことに、切符の払い戻しは拒否された。[58] このように、またしても周遊旅行での「立派な」人々による「手に負えない」行動を形成したのは、彼らが置かれた状況だった。1859年、『レクサム・アドヴァタイザー』紙に寄稿したある特派員は、周遊旅行客の到着予定時刻になると駅のドアを閉めるというバーケンヘッド駅の習慣に苦言を呈した。数千人が急な坂道で、幅3フィートのドアに向かって下へ押されながら待たなくてはならないのだ。ようやくドアが開くと大混雑が起こり、少なくとも女性ひとりが大勢の人々の足元で失神した。鉄道職員はパニックに陥り、棒で群衆の頭を叩いた。[59] 彼らがこうした対応を取ったのは、足元にいる無防備な乗客がさらに踏みつけられるのを防ぐためだったかもしれないし、大勢の群衆を駅に入れないようにするためだったかもしれない。

切符売り場やホームといった駅の空間設計が、秩序ある進行を妨げることはよくあった。ある記者は、ロンドン・ブライトン・アンド・サウス・コースト鉄道の終着駅であるロンドン・ブリッジ駅で、1854年に水晶宮で開催された特別軍楽祭に向かう周遊列車に乗り込む大勢の乗客の様子を紹介している。[60] 駅には、すでに切符を購入している周遊旅行客のための別の入口があったが、この入口は次のような場所に通じていた。

「同じ過密な部屋で、そこではーダースもの仕切り窓から切符を求める叫び声が絶え間なく聞こえてきた……そして、次第に混雑と圧迫感が増していき、駅員はあらゆる機転と駆け引きを使ってそれを食い止めなくてはならなかった……やがて、列車めがけて殺到が始まった。幸い、鉄道会社は［この事態を］予期しており……さらに長い増発列車を用意した。それらはホームに入ってくると同時に満員になり、10分ほどの間隔を置いて発車した。だが残念なことに、ホームには列車が収容できる人数の3倍ほどの人が集まっており、興奮した群衆の間で起こった殺到、争奪、取っ組み合いは想像に難くないだろう。あらゆる階級、またつけ加えていえばカーストの区別は、この混乱の中ですべて失われた。兵士も、水兵も、シルクやサテンに身を包んだ身分の高い婦人も、赤ん坊やバスケットや包みを抱えた労働者も、まるで特別列車に乗る前に階段下の軽食室で一休みする計画だったかのように、暑そうで喉が渇いて見えた。そして彼らは、いっしょくたになって、どんな車両でも、どんな同乗者とでも、喜んで席に着いた」

このように、新しい周遊旅行の需要は、物理的な空間の制約を完全に超えていた。周遊旅行の群衆のために、旅行者用の特別なドアを使って空間を確保しようとした試みもあったが、通常のドアと同じ混雑した空間に通じていたため、効果はなかった。特別に長い列車で旅行者を吸い上げることができたにもかかわらず、ホームの空間もこのような大人数を収容することができなかった。そのため、以前は互いに近づくことのなかった階級、性別、年齢層の人々のるつぼとなり、そこから完全な混乱と争いが発生した。

群衆の爆発を招いたのは、駅という緊密な空間だけでなく、鉄道会社による周遊旅行客への不適切な対応だった。周遊旅行の管理は、1840年代に急速に発展した通常の鉄道輸送の水準に照らして考えるべきだ。19世紀の作家ウィルキー・コリンズは、1840年代を舞台にした小説『ノー・ネーム』で、乗客の暴徒化や旅行者の暴動を描いている。彼は、駅で鉄道会社が混雑を管理できなかったことについて、風刺を込めて激しく非難している。彼はヨークを例に挙げ、必ずしも周遊列車によって混乱していたわけではなかったにもかかわらず、「群れ」や「暴動」といった煽動的な言葉を使っている。[61]

「彼は列車が到着する数分前にホームに着いた。大群衆を管理するための行政措置を考案する能力がまったくないのは、イギリスの権力者の特徴のひとつだが、ヨークほど顕著に表れているところはない。3つの異なる路線が、朝から晩まで3つの乗客の群れを一つ屋根の下に集め、旅行者の暴動の中に放置し、おろおろした鉄道職員も手伝って混乱が拡大する……多くの異なる人々が、多くの異なる方向で、多くの異なる目的を達成しようとして、一斉に同じ場所から出発するが、一様に情報を得る手段を奪われている」

これは、駅の空間管理がいかに難しいかをはっきりと示している。通常の状態でも複数の鉄道会社が乗り入れる忙しい駅では、案内や情報、荷物の持ち運びを必要とする大勢の旅行者に対応しなければならない。そこへ、駅やその慣行に関する経験が乏しい周遊旅行客が加われば、均衡が崩れて大混乱に陥る可能性があった。

すでに多くの周遊旅行の過剰販売の例で見てきたように、鉄道会社は新しい周遊旅行の潜在的な需要レベルを正確に予測することができなかったようだ。もちろん、非効率的な管理態勢や、常に需要が増え続けていたことが原因だったかもしれないが、多数の切符販売業者や周遊旅行業者を利用したことが、こうした問題を引き起こしたともいえる。混雑に対処する上での大きな欠点のひとつは、人員不足だった。ある観察者は1858年に、「鉄道管理の特殊性のひとつは、2000人が出発しようとするときと、二十数人しか収容していないときとで、同じ数の職員しか配置しないことだ」と評している。[62] 1857年の報道記事は、サウス・イースタン鉄道によるマーゲートとラムズゲートへの日曜朝の周遊旅行で、ロンドン・ブリッジ駅の人手が足りなかった様子を描写している。周遊旅行客は切符を買うと、荷物や小荷物を検査された。追加料金がかかるためだったが、検査の時間は15分程度と短かった。200〜300人の乗客に対して、荷物の重さを量るポーターと、それを登録する事務員のふたりしかいなかった。事務員はまもなく、列車に乗り遅れることを恐れて怒った群衆に取り囲まれ、「恥ずべき暴動と混乱の光景」が繰り広げられた。「男たちの上着は背中が裂け、女たちのボンネットは潰れ、何人かのクリノリン〔堅い布で作ったペチコート〕を着けた……女性は……パンケーキのようにぺしゃんこになり、オート麦のように打ちひしがれた……」[63] このように、鉄道管理者の先見性のなさは、群衆の問題行動に直接つながった。人手が足りないため、待たされ、苛立ち、割り当てられたスペースからはみ出す人々の間で、途方もない問題に発展することがよくあった。

しかし、鉄道会社が周到に計画した例もまれにある。こうした詳細を報じる記事はなかなか見つからないが、優れたシステムは見過ごされ、怒りや不満をかき立てる悪いシステムだけに報道価値があるとみなす原則のためだろう。マンチェスター・アンド・リーズ鉄道の場合、『マンチェスター・タイムズ』紙が、1846年の聖霊降臨節週間に輸送された14万人のうち、1万2000人が学生だったと見積もっている。この鉄道は、事故を防ぐために日曜学校用の客車を通常の列車に連結するなど、他社よりも群衆を安全に管理するための措置を講じていたようだ。さらに報道機関は、メソジスト・ニュー・コネクションの記念大会におけるヴィクトリア駅での群衆管理を賞賛している。ここでは格安列車用の新しいレールを敷き、驚くほど組織化された受け入れを行っている。

「格安列車が駅に到着すると、乗客は客車の右側から降り、案内と警護のために配置された警官たちの前を通って、駅の右側にある別のゲートに向かった。帰るときも、このゲートから入った。列車の用意ができていないときは、彼らのために用意された席で休むことができた。仮設のホームの上には音楽隊もいて、待っている旅行者のためにさまざまな曲を演奏した。酷暑で喉が渇いた旅行者には、ジンジャービールも振る舞われた」[64]

ときには日曜学校の子供たちを組織化する方法によって、群衆の管理が容易になったこともあった。1844年9月の、シェフィールドからハルへの日曜学校旅行では、切符を購入できた市民が早々に到着して駅を包囲し、その後、いくつかの客車を占拠したが、子供たちとその管理者の厳しい規律が、到着時のさらなる混乱を防いだようだ。鉄道会社がこの事態にうまく対処したという報告もある。[65] この場合は、日曜学校の管理者が生徒に行使した権力が、行列を組んで歩くことも手伝って、従順さと徹底的な秩序をもたらしたのだろう。

1850年のフランスの周遊旅行に関する逸話は、駅構内の周遊旅行者の混雑を管理する上で、フランスとイギリスのシステムの違いが2点あることを浮き彫りにしている。[66] 当時、パリではディエップ行きの格安周遊列車の需要が高まっていた。ディエップへの周遊旅行の切符を買うために大勢の人々が集まっていたが、なかなか処理されないことに群衆がじりじりし始めたとき、「賢い男」が切符に代わって各列車の出発数分前に提示する「規制番号」を1回50サンチームで発行し、この取引で合計約700フランの収入を得た。この報告からは、彼が当時のイギリスでは聞いたことのない柔軟性を発揮する職員だったのか、それとも詐欺師だったのかは定かではないが、列車の出発予定時刻になると、これらの1200人ほどの人々は自分の席を要求し、職員に拒否されると、怒った群衆は「ドアを壊して列車に殺到した」という。その結果、職員は歩兵隊を呼び、貨車から強制的に追い出した。イギリスの鉄道会社は、周遊旅行の群衆にこうした対応を取ったことはなかったようだ。軍による対応は、フランスの鉄道会社がこのような逸脱行為に本気で取り組んでいたことを示している。

新しい周遊旅行の機会を最大限に利用しようとした旅行者もいた。アイルランド人労働者53人の一団が、1844年8月にひとり2シリングで牛用の貨車を借り、リヴァプールからバーミンガムへ旅行したと報告されている。別のグループが同じことをしようとしたところ、鉄道役員は4シリングに値上げしたが、これは高すぎる値段だった[67]（牛用の貨車の借料は2ポンド10シリング、豚用は2ポンド15シリングだった）。

ホームや客車内、駅周辺という限られた場所に集中する、落ち着きのない大勢の人ごみは、不心得者の仕事場として人気だった。人々が一か所に密集するという行為そのものが、スリが腕前を発揮しやすくし、犯罪者は周遊旅行の群衆を巧みに利用する方法を編み出した。だが1854年、ロンドン警視庁の警視総監だったサー・リチャード・メインは政府への証言で、安価な周遊列車の出現で、ロンドンでの犯罪率が低下したと主張した[68]（おそらくほかの目的地に移ったのだろう）。人気の旅行先に住む解説者の中には、安価な移動手段が犯罪を増加させているると指摘する者もいた。

「……移動手段の発達は、あらゆる階級の冒険家にチャンスを与えている。周遊旅行、格安列車……は、見知らぬ者同士を、以前の時代には考えられず、不可能だったほど近づける効果がある。楽しみに夢中になっている人々は、無謀なまでに社交的になりやすい。鉄道車両での交流は、互いに知り合う目的に見事にかなっている[69]」

この文章が暗に示しているのは、冒険家たちは旅の途中で「見知らぬ者」の間で築かれる友情を、目的地で利用する機会を手に入れられるということだ。このように、周遊旅行の群衆は否定的に描かれた。こうした犯罪行為には、レジャーの移動においては目新しくないものもあったが、安価な周遊旅行に参加する群衆を利用した違法行為にはふたつのタイプがあった。売春婦の斡旋と周遊切符詐欺だ。

第一に、旅行の目的地では、周遊旅行客を純真な少女たちの売春斡旋のチャンスと見る人がいた。少女売春はヴィクトリア朝のイギリスで大きな問題となっていた。売春婦は主に貧困層から集められた。1860年のサウサンプトンの判事は、地方に向かう娼婦たちが、安価な周遊列車を利用していたことを強調した。この場合は身なりのよい女性が、3人の美しい孤児の少女がいる家を訪ね、ロンドンの家庭での働き口を約束して誘い出し、代わりに売春宿に連れて行ったのだ。こうした少女の多くは14歳前後で、同様の事件は1850年代にも報告されている。[70]

第二に、一部の旅行先は周遊切符詐欺の巨大な市場となり、駅周辺の新たな混雑を受けて、たちの悪い売人が登場した。不正に購入された切符を利用して有罪となった人々は、「放浪者」から「非常に立派な」商人まで、幅広い階層に及んでいた。彼らは駅で待機していた売人から周遊切符を購入した。これは、売人が行きの周遊旅行を利用した旅行者から購入したものだ。こうした旅行者は目的地に到着すると、鉄道会社が切符は譲渡できないと明記しているにもかかわらず、売人に切符を売ったり、譲ったりした。これはしばしば、往復の周遊切符が通常の片道切符より安かったことが原因だ。格安切符を使って目的地から片道旅行しようとする旅行者は、運が悪いと検査官に見つかって身柄を拘束されることもあった。こうした行為で起訴された例は、1850年代初頭に報道されている。例えば1851年と1852年にはサウス・ウェスタン鉄道のサウサンプトン駅で、1852年にはグレート・ウェスタン鉄道のブリストル駅で見られた[71]。これらには多額の罰金が科せられ、最長2年の禁固刑に処されることもあった。鉄道会社は、このような行為を効果的に取り締まらなければ、収入に影響が出ると懸念したからだ。ブライトンは切符の売人にとっても重要な場所であり、中でも悪名高いのが「パンチ」と呼ばれる人物だった[72]。

鉄道会社はこの詐欺行為を見破るために、切符に番号を振ったり、曜日や週によって異なる色を採用したりと、さまざまな戦略を採った。買い手と売り手、双方が責められるべきだが、通常は買い手が摘発された。売人が色のローテーションに対応するために切符を一定期間保管していたという報告もあるが、たいていは番号によって摘発された。番号の改竄はすぐに露見するからだ。1859年までには、周遊切符の売買をめぐって深刻な懸念が生じていた。大きな町に住む「ごろつき」の多くが、この商売で生計を立てていたと考えられる。その結果、鉄道会社に切符の乱用を阻止する総合的な権限を与えるため、鉄道切符譲渡法案が議会に提出された。残念ながら、草案では鉄道会社だけでなく「その他のすべての者」にも広い権限が与えられており、容疑者を「捕獲、逮捕、拘留」することもできたと指摘されている。その結果、「何も知らずに」

周遊切符を手放したり、ポケットからすられたりした人が、この条項によって捕まり、不当に拘留される可能性があることが示唆された。切符に購入者名を明記するという提案は、実行不可能として切り捨てられた。法案は取り下げられ、この違法行為は世紀末になってもまだ行われていた[73]。

周遊列車での行動に関する報告が、物理的条件や過密状態に影響されていたことは明らかだ。だが、新しい周遊旅行者が目的地に到着すると、階級や宗教といった要因から生じる、さらなる困難が待ち受けていた。

第九章

レジャー空間を求めて

「ノース・スタッフォードシャー鉄道は、イースター・マンデーに開催されるレガッタ、各種スポーツ、音楽、汽船、大砲の発射など、ラッドヤード湖への一連の格安周遊旅行を派手なチラシで宣伝することで、当時の配当金を補填《ほてん》するのが妥当だと考えた。ミス・ボストックと近隣の地主数名が諌めたが、効果はなかった。レガッタが開催されると、製造業地区からのあらゆる種類の人々が6000人で侵略してきた。原告のプライバシーや快適さがほとんど考慮されることがなかったことは、陪審員も想像がつくことだろう。大勢の群衆がやってきて、静かな貯水池は、汽船がシューシューいう音、大砲の発射、人々の叫び声がこだまする騒乱の場と化した。ミス・ボストックの庭園は遠慮なく不法侵入された。群衆は庭園の塀や柵を乗り越え、木々をなぎ倒し、最後にはミス・ボストックとその友人を卑猥《ひわい》で汚い言葉で公然と侮辱した」(1851年8月、報道された裁判の報告)

21世紀の私たちはレジャー空間を当たり前のことと感じているかもしれないが、こうした空間をめぐっては何百年もの間、さまざまな形で争奪戦が繰り広げられてきた。庶民は、仕事から解放されるわずかな時間を過ごすための、遊覧旅行の目的地を必死に探し求めた。1851年の『モーニング・クロニクル』紙に掲載された右記の裁判報告は、スタッフォードシャーのラッドヤード湖への周遊旅行の群衆の様子を、興味深く垣間見せている。ここでは、報道でよく使われる決まり文句と比べ、より生き生きと説明されている。ノース・スタッフォードシャー鉄道を訴えた原告のミス・ボストックの視点から描かれたこの記事は、レジャーを求める大群衆が集まれば、あらゆる問題を引き起こす可能性があることを明らかにしている。また、一般労働者が新しい移動手段を得た結果、新しい空間を相当量支配できるようになったことも示している。1840年代に工業化された多くの町や都市で暮らし、働いていた人々には、広い空間が不足していたため、彼らは切実にそれを求めた。それに呼応して、中産階級や上流階級は、新しい周遊旅行と、空間に対する自分たちの支配力が弱まることに脅威を感じた。

ボストックの裁判では、群衆の行動がさまざまな観点から報告されている。関係者としての地主の証言もあるが、傍聴している報道陣の証言もある。この裁判の中で、ミス・ボストックの代理人は、わざと印象に残る言葉で、周遊旅行の群衆が彼女に挑発的な行為をしたとも取れる情景を説明している。例えば「侵略」、「騒乱の場」、「大砲の発射」(祝砲)、「汽船がシューシューいう音」などだ。この報告は、1842年と1848年に全国に広がった暴動やデモを受けての、19世紀半ばの上流階級の不安をかき立てるために、狡猾に利用された。法廷で、この周遊旅行の宣伝活動を「派手なチラシ」と表現したのは、この出来事が一部の観察者から、一種の反乱や暴動と見られていた可能性を示している。こうした語り口の根底には、明らかに階級間の緊張があった。裁判報告では、ミス・ボストックが「地位と家柄のある婦人」で、ラッドヤード湖に隣接する田舎の屋敷、クリフ・パークに住んでいることが強調され、「製造業地区からのあらゆる種類の人々」である周遊旅行者と比較されている。

群衆を批判し、暴徒という汚名を着せようとする意図的な試みと密接に結びついていたのは、自分たちが占有する空間をこうした群衆から守ろうとする社会的エリートの努力だった。ミス・ボストックは、(トレント・マージー運河会社を引き継いだ)ノース・スタッフォードシャー鉄道が、同社が所有する湖のレガッタに向けた格安旅行を阻止しようと、こうした行動に出た。1851年に同社がこの地に駅を開設した直後、イースター・マンデーと聖霊降臨節の月曜日の周遊旅行が宣伝された。彼女の訴えの根拠は、湖はレジャー用ではなく「貯水池」としてのみ使用されるものであり、それに加えて、人々が湖から彼女の所有地に不法侵入しているというものだった。[2] 対照的に、このイベントに関する当時の報道では、地方紙は合理的娯楽への取り組みを支援する際によく使われるような肯定的な表現を使っている。『マンチェスター・ガーディアン』紙はのどかで牧歌的な風景を描き、休暇を過ごす人々がぎっしり詰まった無数の長い周遊列車が「大きな製造業の町から、この片田舎の祭典の中心地へ次々と押し寄せてきた」様子を報じた。客車の中には、屋根にレース用のボートを載せたものもあった。乗客はマンチェスター、ストックポート、マックルズフィールド、スタッフォードシャー、ストーン、ニューカッスル＝アンダー＝ライム、ポッタリーからやってきた。記者はこのイベントが、多くの労働者階級の職人集団が楽しみを求めて集まる稀有《けう》な機会だとし、まるで部族集団のように表現した。「リークの絹織物職人や染物職人、マックルズフィールドの同様の職人、ランカシャーやチェシャーの綿紡績職人や織物職人、スタッフォードシャーの陶工、炭鉱作業員」[3]といった具合だ。驚いたことに、上流階級の住民と群衆の間にも、異なる旅行者グループの間にも、報告されるような衝突はなかった。ただし、それぞれ独自の文化や習慣を持った労働者グループ間の緊張ははっきりと報告されている。『マンチェスター・タイムズ』紙によれば、1万人もの人々が集まり、「穏やかで素朴」な社交が繰り広げられたが、「その日の楽しみを損なうような事故やトラブルはまったくなかった」という。[4]さらに、全国紙の記事も非常に好意的だった。例えば「賞賛すべき手配」の結果「物事が整然と進行した」と報じた『イアラ』紙や、「非常に立派な」レガッタの祭典に言及した『ベルズ・ライフ・イン・ロンドン・アンド・スポーティング・クロニクル』紙などだ。[5]したがって、報道機関は概して、この事業の利益に焦点を当てるときに、上流階級よりも大衆のほうを支持していたようだ。

　ラッドヤード湖の例は、鉄道会社が自ら法的脅威より利益を優先し、大衆が目的地のレジャー区域を利用するのを助けることで、情勢を変化させた経緯を示している。ミス・ボストックは、その後5年間にわたって鉄道会社に反対する意見聴取を求め、1856年には湖をレガッタや貸しボート、その他の大衆娯楽に使用することを禁止する永久差し止め命令が下されたが、ノース・スタッフォードシャー鉄道はこの差し止め命令を無視した（ミス・ボストックは1860年になってもまだ苦情を訴えていた）。鉄道は湖への周遊旅行を続けていた。例えば1864年の聖霊降臨節には、ロンドン・アンド・ノース・ウェスタン鉄道がマンチェスターから列車を出している。1875年にミス・ボストックが亡くなってから、長い年月が経った1903年、ノース・スタッフォードシャー鉄道はクリフ・パークを購入してリゾート地として開発できるようになったが、1904年まで差し止め命令を覆すことはできなかった。[6]

ヴィクトリア朝の町や都市では、いくつかの要因によって労働者のレジャー空間が制限された。都会の荒れた街頭文化からの脱却、警察組織の発達、中産階級向けの新しい住宅のために空き地が圧迫されたことなどである。こうしたことから、労働者階級の「合理的娯楽」を支持する人々は新しい公共公園を作るようになったが、それらは依然、地元の政治家や商人などの有力者集団に管理されていた。例えば、マンチェスターのボガート・ホール・クラフでは、1890年代に大衆のための公共空間に異議が唱えられ、労働者の群衆が公共公園で社会主義者の演説を聴くことが妨げられた。[7]

周遊旅行は、庶民がさまざまな目的地へ赴き、多くは魅力的な環境の中、レジャー空間を利用する可能性を広げた。大勢の周遊旅行客の流入は、大きな力を及ぼした。海辺のリゾートは、周遊旅行によって何千人もの格安日帰り旅行者が海岸に押しかけるようになると、急速にその性質や性格を変えていった。1840年代から1850年代にかけて、ランカシャーやヨークシャーの工業都市からブラックプールを訪れた周遊旅行客は、特に聖霊降臨節には著しい影響を及ぼした。ここでは地元当局が重要な役割を果たし、1850年代半ばまでには条例を利用して水泳、辻馬車、ボート、ロバなどを管理することで、周遊旅行客の行動を律した。[8] ロンドンをはじめとする大きな町や都市、展示会などのイベント、ときには軍隊の招集や野営などは、人気の目的地だった。図17のチラシは、1863年の聖霊降臨節にコルネからブラックバーン・パークへ「大砲およびライフル義勇兵の大閲兵式《えっぺいしき》」を見に行くランカシャー・アンド・ヨークシャー鉄道の格安旅行を宣伝している。当時は「立派であること」が生活の重要な要素だったが、周遊旅行の目的地の中には、絞首刑や競馬など、立派さよりも荒っぽさを特徴とするものもあった。ただし、競馬には幅広い階級が参加していた。1852年にホルムファースの洪水跡を見に行くために

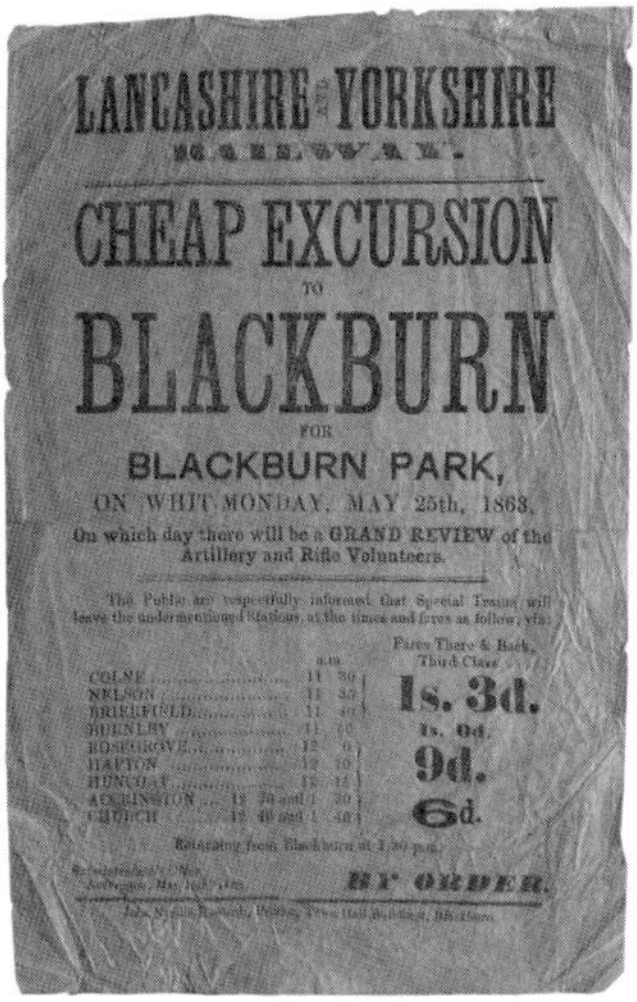

図 17. ブラックバーン・パークへの周遊旅行のチラシ。(トニー・マーサー・コレクション)

手配された旅行は、ふたつの見方ができるだろう。異常な状況を見て楽しもうとする人々による、あまり立派でない旅行か、困窮した人を助けようという考えで被害の程度を把握しようとする人々による、立派な旅行かだ。[9] 海辺のリゾートへの旅は、騒々しい周遊旅行者のグループと、一日ないし数日を楽しく過ごすために来た家族やカップルが混在していたことも特徴だ。田舎の屋敷、遊園地、展示会、史跡、景勝地への周遊旅行は、立派なほうに属するだろう。禁酒旅行も立派とみなされるかもしれないが、一方で、安価な旅行を利用した酔っぱらいの旅行者が見られることもあった。ブリタニア管状橋のような建造物を見に行く少し変わった旅行は、技術革新のスペクタクル、新しい近代性として大衆を魅了した。当時のブリタニア橋はディズニーランドのようなもので、周遊旅行客に日常の景色を乱す「新たなセンセーション」を巻き起こしたが、同時に設計者であり建築家のロバート・スティーヴンソンをたたえるものでもあった。こうした目的地のほとんどは、周遊旅行によって可能になるまで、大勢の一般人が訪れることはなかった。

目的地に到着すると、群衆はときに、スペースを確保するための措置を講じた。これは数の多さによるもので、驚くほど成功することもあった。1851年の万国博覧会によって異例な規模の周遊旅行客が生じたが、その行儀のよさに報道陣は驚いた。ある報告書は、博覧会に集まった10万人もの人々が、毎日の「巨大な集まり」で「9時間の間、押し合いへし合いしながら……規則に違反することは一度もなかった」ことに驚嘆している。[10] しかし、周遊旅行者はときによそ者とみなされ、そこにはあらゆる「異質さ」が含まれていた。1844年にマンチェスター・

アンド・リーズ鉄道でヘブデン・ブリッジからハルへ向かう3200人の格安旅行が実施されると、報道は「わが町は何度も何度も……安くて合理的な楽しみを求めて、驚いたり楽しんだりするよそ者でごった返した。戯曲家の表現を借りれば、『聞こえる叫びは相も変わらず、やつらが来た！［『マクベス』五幕五場］』といったところだ」と書き立てた。[11]

住民にとって、これらの周遊旅行客はそれまで見たことのない人々であり、土地に馴染みがなく、住民でないことがすぐにわかった。新しく来た人々の奇妙さは、個人的なものではなく出自によるものであり、目的地にやってくるよそ者は、迎え入れる人々から「異質な」特徴を持つ独特な集団と見られていた。住民同士が親密につき合っている小さな共同体で、観光客をよそ者と表現するのは容易に理解できるが、「よそ者」に関する報告は、住民同士が顔見知りとは限らない大きな町にも見られる。そこでは、周遊旅行者の群衆は、服装やアクセント、行動から、あるいは大勢で集まっていることから、別の土地からの訪問者と認識された。19世紀には、「よそ者《ストレンジャー》」は、人気の観光地を訪れる人々に対する中立的な呼び方だった。例えば、1840年代に出版された、各町への『ストレンジャーズ・ガイド』などがある。グランジーの『ハンプトン・コート宮殿および庭園へのストレンジャーズ・ガイド』は、わずか3ペンスで販売され、したがって大衆市場向けだったことがわかる。[12]「よそ者」の来訪に関する報告は、1840年から1860年まで続き、特にヨークシャーで顕著に見られた。群衆に対する最初の反応は驚きだった。思いがけず、説明のつかない謎だったからだ。例えば1840年には、リーズの工員

1250人からなる周遊旅行の群衆がハルに到着し、その群衆が「とんでもない数だったので、住民はこのようなよそ者の流入が何を意味しているのかまったくわからず、途方に暮れて」いるし、その後の彼らの出発は「目新しい光景を見ようと集まった大勢の見物人」に見送られた。[13] 1848年8月、ヨークの通りは、ハダースフィールドやその近郊から安い遊覧列車でやってきた周遊旅行客の「膨大な数のよそ者の集団で完全にあふれ返っていた」といわれた。[14] 1855年の聖霊降臨節には、周遊列車がヨークシャーのウェスト・ライディングから多くの人をヨークに運び、地元の記者は「市民は、見知らぬ顔の群衆がひっきりなしに目の前を通り過ぎるのに驚かずにはいられないだろう」と指摘している。ヨークシャー哲学協会の敷地は「群衆」に開放され、「包囲され、占拠され、賞賛された」。そこは「普段はもっと身分の高い市民にふさわしい」場所だった。[15] 汽船の周遊旅行でよそ者がやってくることへの過敏な反応は、1851年4月の青年禁酒協会によるベルファストからバンガーへの周遊旅行の報告にも表れている。それには、甲板が身なりのよい商人と、その妻や娘たちで完全に埋め尽くされ、彼らは休日の晴れ着で装い、女性たちは食べ物の入ったバスケットを持っていたと書かれている。[16] バンドが演奏し、浮かれ騒ぎに冗談、笑い、陽気さの頂点に達していた。バンガーの若い男女は、到着した人々に目を光らせたが、妬みが感じられたため、バンガーの若者は自分たちの「町はよそ者の侮辱は受けない」と断言した。しかし、大勢のよそ者に対する地元の解説者の見解は、彼らがいつもの大通りをふさいでいることよりも、目新しさと、彼らの精神を教育し道徳的誘惑を避ける手助けをしたという喜びが結びついたものに傾いていた。
ステレオタイプは、ときに報道で盛んに使われた。1851年の万国博覧会に参加した周遊旅行客に関する記事では、群衆の描写に人種的ステレオタイプを用いている。記事は「アングロサクソンの領域」、「熱心なアイルランド系ケルト人」、「短気なウェールズ人」、「真面目で思慮深いスコットランド人」、「陽気なフランス人」、「冷淡なドイツ人」、「誇り高くよそよそしいスペイン人」に言及し、彼らが「禁酒と礼儀正しさというひとつの大きな融合」に落ち着いたと書いている。[17] 別の地域や他国から来た人々を、ステレオタイプな誇張で表現し、違いを強調することは、まったく問題ないと考えられていた。8月のある火曜日には、ロンドンの禁酒デモの後で大勢の禁酒旅行者が万国博覧会を見学し、その日の入場者6万8000人のうち2万人を占めた。チャーティストの『ノーザン・スター』紙は、これは明らかに「禁酒の大義がこの国に集めた最大の『禁酒軍』」であり、彼らは「秩序ある習慣」を身につけた労働者階級の家族だと主張した。[18] しかし報道では、そのうちの大集団がウェールズの歌を歌い、「この場所にまったく新奇なセンセーションを巻き起こした」と伝えられている。そして、どうやら聴き手をひどく興奮させ、混乱させてしまったようで、ひとりが「3人の女性に暴行を加え」、殴り倒してしまった。その結果、歌は禁止された。報道陣はこの出来事をやや面白がって扱い、禁酒者が入場してくると噴水が止まり、いつもの飲み物が飲めなくなるという事実を取り上げた。[19]
「よそ者であること」の要素が、珍しいアクセントや服装に関係する場合もあるにはあるが、よそ者に関する報告のほとんどは、こうした特徴については触れていない。しかし、ロンドンを訪れる労働者階級の大群衆に人々が慣れたと感じていてもおかしくない1850年に、新たな現象が起こり、「よそ者であること」にさらなる層が加わった。『ノッティンガムシャー・ガーディアン』紙のロンドン特派員は、ロンドンを訪れた「フランス人の格安旅行」について、「奇怪な口ひげ、巨大な帽子、謎めいたブラウス、理解不能な連続性（ズボンの形）という格好の、何百人もの『外国人』」と描写している。『モーニング・ポスト』紙は、サウス・イースタン鉄道がロンドンにもたらしたこの旅行には1400人のパリ市民が参加していたと報じ、長々とした行列と異様な外見を「大半が労働者階級で、ブラウスを着用し、ひげを生やし、大いに好奇の目を集めた」と評している。[20] ここでもまた、その目新しい体験は地元の人々にとって歓迎されざる侵略ではなく、見世物として受け止められ、そのため周遊旅行客は空間を占有することが許されたのである。

一般に、よそ者の周遊旅行客に潜在する迷惑の度合いに、否定的な反応はほとんどなく、迎え入れる町からの報告書にも、この点に関して群衆に不満を述べているものはない。「よそ者」は、地元の商人にお金を落とす経済的なチャンスとして歓迎されていた可能性はある。たとえ観光客が労働者階級で、1日だけの滞在だったとしても、こうした側面を認める解説者もいた。1846年5月、ハドソンは前年に開通したスカボロー行きの新路線で、シーズン最初のヨーク・アンド・ノース・ミッドランド鉄道の格安旅行を提供した。『ハル・パケット』紙は、

「200マイル近い道のりを走り、その一部にはヨークシャーで最も美しい景色が広がり、さらに『北の海水浴場の女王』を訪ねることができる」と興奮気味に書いている。この周遊旅行は中産階級を引きつけることを想定していたようだが、同時に記事は鉄道会社役員の寛大さを強調し、この構想が「大衆」の参加を促すことを期待している。結局、12両編成の列車に200人ほどしか乗らず、スカボローの人々を大いに失望させた。スカボローの商業関係者は、彼らがリゾート地で消費することで利益が得られると考えていたようだ。行動は明らかによかったようで、報道は、次回は「少し休んで元気を取り戻すために」もう少し長く滞在してもらう必要があると指摘している。[21]

トーマス・クックは主に中産階級を市場としていたが、観光の経済的恩恵を強調する広報的価値を認識していた。1858年にエディンバラで開かれた公開の会合で、彼は自分が12年間、毎シーズン平均3000人の旅行者をスコットランドに招き、スコットランド経済に約36万ポンドの利益をもたらしたと主張した。[22] 19世紀半ばには、地方の記者が労働者階級の周遊旅行客による目的地での消費力を計算した例がいくつもある。1844年8月には、ある報告書でハルへの周遊旅行の価値が計算されている。それによれば、過去23日間に約2万人の観光客が格安旅行で町を訪れ、ひとりあたり約2シリングを消費し、鉄道会社の利益に加え合計2000ポンドの価値があったと推定されている。[23] 1844年10月の『プレストン・クロニクル』紙に掲載された覚え書きによれば、北部からロンドンへやってくる最近の格安宿泊旅行では、1万ポンドもの大金が使われたと見積もられている。[24] しかし、ビジネスチャンスは諸刃《もろは》の剣《つるぎ》だった。1851年8月の、ブラックバーンからブラックプールなどの海辺のリゾートを訪ねる格安旅行に関する報道記事は、目的地で金を消費することが、送り出す側の町の商人への支出をどれほど減らしたかについて論評している。それによれば、8月の土曜日にブラックプールを訪れた1万2000人の観光客は、地元で使われたはずの1800ポンドを消費した可能性があり、これは地元経済にとってかなりの損失だった。[25] 潜在的な消費力はほかの目的にも使われた。1857年6月の『リヴァプール・マーキュリー』紙によると、聖霊降臨節に5万3000人以上の労働者が参加したランカシャー・アンド・ヨークシャー線の旅行の結果、労働時間の喪失、鉄道運賃、個人的な出費をひとりあたり6ポンドとして計算すると、3日間で少なくとも1万5000ポンドが消費されたと推定されている。この計算は、この時期の製造業地区には経済危機の証拠がほとんどなかったことを示すのに使われている。そうでなければ、これらの人々がレジャー活動に費やすお金を持っているはずがないからだ。[26]

しかし、ときには受け入れ側が旅行者を都合よく利用していると報じられることもあった。1849年の『プレストン・クロニクル』紙に、格安旅行で湖水地方を訪れた旅行者が、ポーターがグラス1杯「2ペンス半」だったことに不満を述べたという記事が掲載された。[27] 同年には、日曜学校の子供たちがランカスターからウィンダミアへ格安旅行に出かけた際、地元の人々がグラス1杯の水を飲ませるのに子供たちに前払いを要求したという苦情もあった。これは「ボウネスの住民の貪欲な性癖」と書き立てられた。[28]

周遊旅行の群衆には、必ずしも明確にはなっていないが、それとない行動規範があったかもしれない。こうした規範は、目的地の人々の目には逸脱と映ることもあり、群衆が不利な立場に置かれることもあった。1849年7月にリーズ日曜学校組合（非国教徒）が格安旅行でリポンを訪れたとき、参事会長から大聖堂を訪れて「好きなことをしてよい」という許可が与えられたらしい。その結果、彼らが「大聖堂の身廊で歌い、遊び、夕食を食べた」という苦情が報じられた。[29]一部の行動規則は、目的地に到着したとき、地元住民の歓迎されざる接近から周遊旅行客を「守る」ための防御策として考案された。1857年にマンチェスターで開催された美術名宝博覧会に向かうため、スウィントンの子供たち400人がウォースリー運河を船で旅し、ノット・ミル（のちの市の中心部、ディーンズゲート駅）に上陸したときの運河旅行の報道に、その一端がうかがえる。[30]報道記事には、子供たちが前日に、行動規則、旅行費用を払ってくれた保護者の親切心、いうことをよく聞いて訪問先の子供たちの注目に惑わされないことなどを、問答形式で指導されたことが記されている。筆者は、旅行者が上陸したとたん、「ぼろをまとった非国教徒の群れ」に取り囲まれた様子を描写している。参加者のひとりは、現地の人々の顔があまりにも黒ずんでいたため、その体験を「インクの中を航海している」ようだったと回想している。指示された隊列から外れるよう、多くの「誘惑物」が訪問者に差し出されたが、彼らは抵抗したと報告されている。解説者は道徳的な筆致で次のように指摘している。

「片方には、400人以上の力強く、元気で、はつらつとした少年少女の、知的で、きちんとして、清潔で、快適な服を身に着けた集団、もう片方には、か弱い赤ん坊から年を取って白髪頭を垂れる老人まで、無知で、哀れで、惨めな人々」

これは環境から来る行動を用いて、ランカシャーの都市と農村の労働者階級集団を、視覚的にきわめて印象深く対比させたものといえるだろう。

周遊旅行者が侵略者とみなされることもあったが、それは新しく来た人々が「部外者」で、何とかして空間に「印をつけ」たり、それを支配したりして、活動を中断させ、秩序や日常からの分断をもたらそうと企んでいるのではないかという懸念から生じたものだった。また、その数の多さが、階級というより集団による力の脅威を感じさせたのかもしれない。特に群衆の素行があまりよくないという報告があると、地域社会が周遊旅行者の大群衆をそのような目で見ることもあった。こうしたレジャー目当ての群衆が、旅行先の空間を利用して自分たちの存在を誇示し、観察者や解説者を刺激し不安がらせたことは、多くの新聞に例示され、プラスにもマイナスにも作用した。1846年7月、180人の少年がノース・ブリティッシュ鉄道でエディンバラのヘリオット病院からベリックへ向かった際には、「訪問者は住民に大きなセンセーションを巻き起こし、どこへ行っても賞賛する大群衆がついてきた」という。彼らはトウィードマス周辺を

「興味深い行列」を作って行進した[31]。新たな空間を行進するさまは、驚嘆に値する光景となり、大勢の住民が彼らの後を追って歓声をあげたと繰り返し報道された。こうした騒々しい空間の占拠を喜ぶ人ばかりではなかった。1849年7月、600人が職場旅行でマンチェスター・シェフィールド・アンド・リンカンシャー鉄道の新路線を利用して、シェフィールドからグリムズビーに向かった。彼らはグリムズビー教会を訪れ、「自分たちの到着を地元の人々に知らせようと、『町に嵐を巻き起こし、新しい秩序がもたらされようとしているかのように鐘を鳴らした』。『公民たち』は面白がったが、そうではない老人は、このように唐突で無作法なやり方では、『金床の火花』も『井の中の蛙《かわず》』だと文句をいった[32]」

目的地の町によっては、社会の風格を維持することを重視し、周遊旅行者が迷惑な変化をもたらすとみなすこともあった。イースト・ライディング・オブ・ヨークシャーのホーンシーにあるホテルの1859年の広告を見ると、ホテルを「鉄道がほかの海水浴場に頻繁に運んでくる周遊旅行客の群衆が引き起こす喧騒や迷惑がない」場所と位置づけることで、こうした「侵略」から守ろうとしていたことがわかる[33]。

地域住民が旅行者の訪問を阻止する手段を講じるときに、コレラのような病気への恐怖が武器として使われることもあったようだ。19世紀初頭から中期にかけてコレラが流行した際には、この恐ろしい病気の感染経路について多くの議論が巻き起こった[34]。伝染病論者は、病気は人から、または汚染された水に含まれる微生物から広がると考え、瘴気《しょうき》論者は、コレラは通りや家の不潔さから発生する空気に含まれる「発散物」やガスによって広がると考えた。1800年までは前者が議論で優位に立っていたが、19世紀には瘴気論者が優勢となり、衛生改善への圧力となった。伝染病論者は、かつては「支配階級」に属する傾向があった。一方、瘴気論者は身分の低い医師が多かったが、伝染病論者が採用した隔離措置が意味することを心配する商人もいた。1849年、マンチェスターの寄稿者は、観光が自分たちの商売に損害を与えているため「ある大きな町のパブ経営者は……リヴァプールのコレラに関して誇張した報告を広めている。旅行客がその町を訪れないようにさせるためだ」と書いている。[35] 1854年のふたつの報告書では、コレラの原因に関する両方の意見を反映したさまざまな立場から、この不安の中での鉄道周遊旅行の役割が強調されている。コレラの蔓延における「病原体」の役割は公の場で盛んに議論されたが、この時期までには、コレラの原因は直接感染というより、劣悪な排水や不衛生な下水処理に起因していると一般的に認められていた。[36]『シェフィールド・アンド・ロザラム・インディペンデント』紙は、グリムズビーにほど近い東海岸のリゾート地、クリーソープスでコレラが大流行したと報じた。ここはヨークシャーの職工とその家族が周遊旅行で多数訪れる場所だった。シェフィールドとバーバリーからふたつの大規模な旅行団体が到着したが、旅行者のうち4人が夜の間に死亡した。[37] 記事によれば、町はひどく驚き、その結果、町の指導者や鉄道会社は、車両を手配したり、無料切符を発行したりして、周遊旅行客が一刻も早く帰れるよう大いに支援した。その後数日間で、40～50人がコレラを発症し、15人が死亡したため、この脅威は口実というよりも非常に現実味のあるものだった。シェフィールドの記者は、この集団感染はクリーソープスの排水と衛生にまつわるお粗末な習慣に起因するとしており、したがって周遊旅行客の退避は、地元での発病を防ぐために行われたようだ。この病気は大きな不安を呼び起こしたが、この場合は、活動的保菌者としての周遊旅行者に対する不安ではなかったと思われる。しかし、プレストンの北にあるポールトン＝ル＝サンズへのヨークシャーからの周遊旅行で、旅行客の中に3人の死者が出たとき、『ランカスター・ガゼット』紙の記者は集団感染を周遊旅行客のせいだとした。とはいえ、ポールトンの下水道には改善が必要で、甲殻類のごみを肥料にするために路上で腐らせていたことも認めている。のちに開かれた保健委員会では、この集団感染は管理が行き届いていない汚水溜めが原因とされた[38]。「ポールトンには今やヨークシャーの観光客がまったくいない」と不満を述べる記事が出たように、地元の報道機関は、これが地元経済にとって深刻な打撃であるという見方を示した。周遊旅行者を巻き込んだ命にかかわる病気の蔓延は、旅行先の人々にとって大きな懸念だったようだ。それはリゾート地としての評判に影響するためでもあったし、周遊旅行者を保菌者と信じていたためでもあった。そのため、ときには町へ入れないこともあった。

安息日厳守主義者、貴族、報道機関といった有力者の集団はどれも、法律、金、議決権を使って、大衆が目的地を訪れるのを阻止するのに一役買った。こうした集団の根底には、階級的な動機があった。例えば、安息日厳守派の運動は上流階級よりも労働者階級に焦点を当てる傾向があり、上流階級の人々は田舎の屋敷や馬車の閉ざされたドアの奥で、邪魔されることなく日曜日のレジャー活動を続けることができた。安息日厳守主義者は日曜日の周遊旅行を規制し、公園などのレジャー空間の利用も制限した。彼らは日曜日の行動を、路上や教会などの公共空間で「容認できる」か「容認できない」かで表現した。民主的な空間と考えられる海辺でさえ、浜辺や海には境界線がないことから、前浜の所有者の立場によっては安息日厳守主義者の影響が勝り、周遊旅行の群衆は目障《めざわ》りな群れとして非難されることがあった。[39] 小さな海辺のリゾートに到着する周遊列車は、しばしば侵略とみなされた。日曜日の周遊旅行客が目的地の空間を占拠すると、日曜日は静かに義務を果たすべきと考える安息日厳守主義者から、騒々しく楽しげな振る舞いに対する批判が起こった。1849年7月、マンチェスターからフリートウッドを訪ねた『マンチェスター・タイムズ』紙の特派員は、毎日何千人もの労働者階級の旅行者がランカシャー・アンド・ヨークシャー鉄道で到着していると指摘した。[40] 彼は特に、日曜日の旅行に懸念を示している。

「過去4回の安息日に、全国各地から連日2000人近い人々が、この地の海岸や砂丘や通りに放たれ、静かで秩序を重んじる信心深い地域住民を大いに困らせている……何千人もの人が……軽薄で騒々しく混乱した鉄道駅に集まる。彼らは笑い、陽気に旅をする……彼らを追いかけるのは大勢の下層階級の人々で、『ひとり頭ーペニーで』休憩所と熱湯を提供する……彼らは町じゅうを歩いたり、ヨット遊びや水浴びを楽しんだりするが、礼儀正しさにはほとんど配慮していない」

彼の印象では、周遊旅行者は、新しく来た人々やその行動に影響されやすい地元の貧しい人々を引きつけた。彼は地元住民が教会や日曜学校にあまり出席していないことに不満を漏らしている。「なぜなら労働者階級や貧民階級は……こぞってよそ者の到着や行動を注視しているか、その訪問をうまく利用することに夢中だからだ」。筆者は、旅行者はシーズンに一度しか来ないのだから、土曜日のほうが望ましいと考えており、ペイリーの労働者の土曜旅行を例に挙げた。これは非常に行儀よく、組織的なものだったようで、彼の安息日厳守主義を後押しした。

1851年8月の『イプスウィッチ・ジャーナル』紙の特派員は、イースタン・カウンティーズ／イースタン・ユニオン鉄道が日曜日にロンドンからイプスウィッチまで格安周遊列車を運行した際の群衆問題に不満を表した。彼の不満は、地元の人々が群れをなして列車の到着を待ち、ときには喧嘩をしたり酒を飲んだり、周遊旅行客から金を巻き上げようとしたりして、安息日が乱されることだった。[41] 1858年8月、ウェールズの小さな町ランゴレンに押し寄せた日曜日の周遊旅行者は、有力な安息日厳守主義者グループの攻撃を受けた。彼らは、この「侵略」に対する攻撃で、自分たちの声を確実に新聞に届けた。[42] 1849年9月の、シェフィールドからワークソップ・マナー・パークへの日曜学校旅行の報告では、その素晴らしい行動が以前のシェフィールドの平日学校の旅行と比較されている。平日学校の旅行では、木や低木が何本か折られ、行儀の悪さは管理者の監督不足のせいとされた。解説者は、もしこのようなことが再び起これば、「高貴な所有者は、シェフィールドやマンチェスターなど大規模で人口の多い近隣の新興都市に対して、不本意ながらパークの門を閉じるほかないと感じるだろう」とほのめかした。こうした記事の背景には、宗教的緊張という底流があったようだ。1851年9月には、日曜日のパークの閉鎖が発表された。これは「破壊」が報じられたことと、「(毎週日曜日に鉄道で運ばれてくる) 神聖な日を顧みないよそ者の大量流入」に反対する町の安息日厳守主義者の圧力を受けてのことだった。[43]

安息日厳守主義者の見解は、周遊旅行者の「侵略」の受け入れ方に影響を与えた。1854年8月、イースタン・カウンティーズ鉄道がエセックスの小さな港町ハリッジに路線を開通させ、北ヨーロッパの港への重要な連絡路にすると、鉄道会社は日曜日の周遊列車を運行した。ところが、『エセックス・スタンダード』紙は安息日厳守主義的な反論でこれを非難し、2000人がハリッジに到着すると「小さな町の住民に対する迷惑と騒動は言葉でいい尽くせないと聞いている」と報じた。その1か月後の報道は、「陸路と水路で」訪れる周遊旅行者について触れている。200人の客が次々と降ろされ、「夕方まで思う存分歩き回り、はしゃぎ回った」というが、何曜日のことだったかは不明だ。1855年と1856年には、イースタン・カウンティーズの従業員によるハリッジへの大規模な旅行が報じられたが、1855年の土曜日の旅行が好意的に報じられたのに対し、1856年の日曜日の旅行は批判され、憤慨した安息日厳守主義者の手紙が誌面に並んで掲載された。[44]

安息日厳守主義者の圧力によって、1850年代に法律が導入された結果、労働者階級の周遊旅行者は、階級に基づく差別の対象となった。1854年にビール販売法が制定されると、彼らの地位を「本物の」旅行者とみなすかどうかに疑念が生じた。[45] 有力な集団(特に判事、警察、パブ経営者)は、周遊旅行の集団が目的地のパブへ行くことについて、特に微妙な反応を見せた。周遊旅行者の地位については、見る者の視点によって、さまざまな解釈があった。この法律は階級差別の顕著な例で、富裕層が訪れるホテルではなく、労働者が頻繁に訪れるパブに適用された。これはイングランドとウェールズで、日曜日と祝祭日のパブでのビール販売を、午後1時から2時30分までと午後6時から10時までの間に制限するものだった。つまり、長旅を終えて午後10時以降に到着した人は、ビールを飲むことができなかった。庶民は何百マイルも離れた大都会への旅で大きな野望を達成したと思ったかもしれないが、権力者集団は、午後10時までの制限を免除されるのは「真正の旅行者」だけであるとして、周遊旅行者を格下のレジャー消費者に追いやることで労働者階級を締め出し、レジャー空間をめぐる争いに再び勝利したのである。[46]

判事はこの問題の裁定で重要な役割を果たしたが、その判断は彼らの見解がどれほど自由主義的であるかによって左右された。真正という用語は、判事にどのような人物を「本物の」旅行者と認めるか慎重に判断させるために、それまでの法律用語に加えられたもので、単なる周遊旅行者は本物の旅行者ではないということを暗に含んでいた。周遊旅行者が「真正の旅行者」とみなすのを拒否されれば、目的地で軽食を入手することができなかった[47]（対照的に、汽船の周遊旅行客は夜遅くまで旅をすることはなかったものの、船内で軽食をとっていた）。新しい法律は厄介なものであることがわかった。当時、町にやってくる周遊旅行者は切実に飲み物を求めていることが多かったからだ。1854年8月13日の日曜日にこの法律が施行されると、サウス・ウェスタン鉄道の終着駅であるウォータールーや、イースタン・カウンティーズ鉄道の終着駅であるショーディッチ周辺のパブで特に問題が発生し、怒った周遊旅行者の間で暴動が起こった[48]。

判事の立場からすれば、周遊旅行者は大人数で、労働者階級の可能性が高く、非常に迅速にやってくることから、目的地に来た本物の旅行者と判断するのに、これらの要素がすべて不利に働いたようだ。警察が日曜日の午後10時以降に周遊旅行者にサービスを提供していたパブの経営者を連行してくると、判事はこの免除の解釈に頭を悩ませた。好意的な判事もいた。1854年10月にサザークで起きた事件の報告書の中で、あるパブ経営者は、周遊旅行客を入店させる前に周遊切符を見せるよう求めたと述べ、彼の見解では、ほとんどの周遊旅行客は「町から100マイル」離れたところからやってきたので、彼らを真正の旅行者とみなしたということだ。報告書によれば、警察は「パブにいたのは田舎者のようだった……しかし、誰が旅行者で誰がそうでないかを見分けるのは……困難だった」という。判事は彼らを旅行者と判断した。「旅行者」という用語については激しい議論が交わされ、判事の間でもさまざまに意見が分かれた[49]。ほとんどの解釈で、格安旅行の利用者は差別された。例えば特別委員会の証人は、真正とは「楽しみ以上のもの」を意味すると断言している。大衆が楽しむための旅行はしばしば「適切」とみなされなかったが、もちろん中産階級や上流階級は、長年にわたり差別されることなくこのような旅行をしていた。テムズの判事エドワード・ヤードリーは、委員会に対して「周遊旅行者は『遊覧や遊歩』のために出かけるのだから、旅行者と断定できない」と述べている。こうした議論は、既存の社会構造の中で、この新しい移動の重要性について合意に達するのがいかに難しかったかを明確に示している。ロンドンのある判事は、「旅行者」という言葉を定義することは不可能だと考え、次のような自由主義的な（ただし性差別的な）解釈をした。すなわち「レクリエーションや仕事のために、軽食が必要な距離まで出かけた男性」である。しかし彼の見解では、旅行者に「真正な」を加えた場合には、周遊旅行者は除外された。それには快楽よりも充実した、価値あるものという意味が含まれるからだ。この法律はすべての周遊旅行者を含むという判事もいれば、すべての周遊旅行者を除外するという判事や、移動距離によって異なると示唆する判事もいた。

警察もこの問題に関係していた。「鉄道でロンドンに到着した乗客は、この法律でいう旅行者の定義の範囲内ではない」と警察にいわれたという報告がある。労働者階級の旅行者だと証明するには、パブの経営者にとっても警察にとっても、さまざまな困難があった。この証明は、彼らの言葉や、周遊旅行者がすでに手放している可能性のある切符の提示に頼っていたからだ。[50] パブ経営者も困っていた。彼らの保護機関は、採算の取れる事業を維持するために異を唱えることなく制約に同意し、営業が制限されるのを認めていたからだ。[51] このように、彼らは周遊旅行者を旅行者と認識して受け入れ、同時に収益性の高い成長市場から大きな利益を得たいと熱望しながらも、法律上の義務に対する懸念から、再び法律が改正されるまで行動を制限されていた。

1854年12月までには、新しい法律によって周遊旅行者と彼らの権利が圧政的な影響を受けていることに注目したキャンペーンが拡大していた。主導したのは、元いた同業組合を脱退した不満を持つパブ経営者と、彼らの擁護者で「福音主義の宿敵」だったリベラルな議員ヘンリー・バークリーだった。[52] バークリーが委員長を務め、彼の支持者で埋め尽くされた特別委員会が調査を任命された。[53] バークリーは、労働者階級のニーズを支援する必要性を認識し、彼らが目的地でパブ内外の新しい空間を占めたいという願望をバラ色に描くと同時に、彼の地元（ブリストル）からの日曜旅行者は、周遊旅行中に足しげく教会に通っていると主張した。彼は、大衆が海辺を訪れ、視野を広げる新しい機会を歓迎した。[54] バークリーは、特別委員会による簡単な勧告をすかさず利用し、1855年に廃止法を押し通した。これは日曜日の閉店時間を午後11時まで延長し、旅行者の免除から「真正」という言葉を削除したものだった。もちろん、これもまた、法的な定義がないまま用語が使用されていたことを意味している。[55] しかし、この法律が迅速に廃止されたのは、バークリーの巧みな作戦だけでなく、1855年の日曜営業規制に反対する暴動に市民が不安を抱いていたことも大きかった。[56]

報道機関は、周遊旅行者に対する目的地の人々の見解を形成するのに大きく影響した。しかし、新しい周遊旅行者の群衆に対する市民や記者の見方や認識については、事実や礼儀正しい行動というお決まりの談話以外、この時期の報道にほとんど取り上げられていない。それぞれの刊行物には政治的立場があり、安息日厳守主義、商業的利益、鉄道株主の見解や圧力が、掲載される論評や記事に影響した。読者投書欄には、ほかの記事と同様に、編集者の好みによって選択、編集、検閲されたものが掲載された。地方紙は地元に焦点を当て、地方の人々が自分たちの町に誇りと愛着を感じるようになったヴィクトリア朝時代には、公共建造物や記念碑、市民の華やかさを描くようになった。周遊旅行に関する記事には、大勢の観光客を迎えることで、特に観光客からの注目に慣れていない目的地の住民に、誇りと皮肉が入り交じった不思議な感情が生まれたことを示しているものもある。周遊旅行に関する記事は、しばしば地方紙の「ローカル情報」欄に掲載され、新聞社の拠点周辺の町や村で活動する地元記者から情報を得た。[57]そのため、彼らの視点は地元の素晴らしさを強調する傾向があり、通常は、大勢の人々が地元を訪れたことを非常に誇らしげに報告した。ヨークからウィットビーへのある旅行での「絶え間なく降り続く雨で台無しとなり、町やその近辺についてあまりいい印象は得られなかった」といった、どうしようもない状況を除いては、旅行を否定的に描く記者はめったにいなかった。[58]地元に対する誇りや忠誠心は、農村部では一般的な価値観だったが、ヴィクトリア朝時代を通じて町や都市へと広がり、クラブ、バンド、スポーツチームといった新しい集団によって強化され、一種の部族主義まで生まれた。[59]ときには、地元住民や企業には不便だが、印象的な見物になることもあった。リルでは1857年、鉱山労働者や炭鉱労働者を中心とする労働者がレクサムからの旅行で到着し、記者はリルに一本だけある大通りを歩く周遊旅行者の群衆をこう描写した。「通りにはあらゆる周遊旅行客が、端から端までほとんど埋め尽くすまで押し寄せた。楽しみを求める人間の、ぎっしりと密集した黒い集団だ」[60]

特定の地域の周遊旅行者に対する見方は、その地域特有の性格を反映することがあった。1858年の報道では、リヴァプールに「大量に流入」したウェスト・ライディングの周遊旅行客は、筆者に「粗野な態度や話し方」といった行動とともに、ウェスト・ライディングの製造業地区の繁栄ぶりを再認識させている。[61]1845年と1846年に格安旅行でシェフィールドを訪れた観光客は、いくつかの地元企業の製造工程を視察する機会を与えられたが、これは20世紀に入った1980年代から1990年代に発達した産業観光の興味深い先駆けである。[62]1845年のこうした工場見学について、地元の解説者はきわめて辛辣で、プラカードの「考案者」は「物事を飾り立てるのが並外れて巧み」であり、地元住民に「自分たちの偉大さを認識」させたと指摘している。当時のシェフィールドには都市のエリート、すなわち地域への誇りを育むような政治指導者がいなかった。1851年にはイングランドの七大都市に入る大きな町であったにもかかわらず、シェフィールドは都市というよりも、労働者階級のさまざまな共同体の集まりだった。[63]それでも1846年までには、この活動はより誇らしげに語られるようになっていた。「人々は、わが町の住民の親切な許可を得て、町の主要な施設で安定した製造業のさまざまな工程の視察にあずかった」。周遊旅行は、町の業績に対する誇りを育む助けになっていた可能性もある。

ブラッドフォードは急速に発展した町で、1847年に共同体となったが、急進的という評判が高く、1830年代から1840年代にかけての救貧法反対運動による暴動や、オレンジ党員やチャーティストによる蜂起で知られた。[64] 1850年の要覧では、ブラッドフォードの公共建造物について軽蔑的に書かれており、同年の『ブラッドフォード・オブザーバー』紙の記者が、ブラッドフォードへの周遊旅行は「むしろ斬新なアイデアだ」と評したのを見ても驚くにはあたらない。[65] 彼の記事には、大雨の日にシェフィールドの人々が周遊旅行をしたときのことが書かれ、旅行者たちは「足首まで泥に浸かった」という。町には感心しなかっただろうと懸念しつつも、ブラッドフォードは産業と商業に誇りを持っているので、このような旅行がもっと頻繁に行われることを望んでいると記者は書いている。[66] ノッティンガムでは1857年、市民としての誇りを刺激しようとするジャーナリストが、自分たちは周遊旅行客のための路線ではないと不満を漏らし、ブラッドショーの鉄道ガイドがノッティンガムを旅行の目的地として非常に不当かつ不正確に扱っていると述べた。[67]

報道機関はときに、新しい鉄道周遊旅行が、ある地域の町と町の関係に影響を与えることを示している。1840年のシェフィールドからリーズへの周遊旅行を報じた新聞は、「これほど無害で、近隣の町の住民の間に、思いやり深く社交的な感情を生み出すよう考え抜かれた娯楽はない」と評している。[68] どこまでが現実で、どこまでが記者の願望であったかは不明だが、これは確かに、周遊旅行での相互訪問に関連して、機械工協会の活動に一貫するテーマだった。１８５０年のヨークからウィットビーへの旅行のように、周遊旅行が目的地の町からの答礼訪問につながることもあった。[69]

「小旅行者《トリッパー》」という言葉は、鉄道時代の産物として使われ、限られた時間でひとつの場所へ安く旅行する労働者階級の旅行者を指した。[70] この言葉は、１８５０年代初頭の地方紙で、鉄道周遊旅行に関連して初めて常用されるようになったと思われる。１８５２年には、聖霊降臨節の日曜日におよそ８０００～1万人が周遊運賃を利用して「大集団」でヨークを訪れ、その中にはトッドモーデンからの８００人の「小旅行者」も含まれていたと報じられている。[71] だがこの言葉は、少なくとも１８１３年には早くも、マーゲートで「海辺に1週間滞在する小旅行者」という表現で、一般的な行楽客に関して使われていた。[72] １８５１年、詩人でジャーナリストのイライザ・クックは、自分の『ジャーナル』の「格安小旅行者」に関する記事で次のように書き、この言葉を定着させた。

「ここ数年に、製造業地区に誕生した新しい人種。小旅行者《トリッパー》とは、鉄道と怪物列車が成長したものである。それ以前には、このようなものはなかった[73]」

このことは、この新しい現象の重要性が高まっていることを示しており、レジャー旅行者という新しい「部族」の出現を宣言している。
同時に、報道機関は自らの意図に沿うように、周遊旅行の群衆をより否定的に描くこともできた。労働者階級は長年にわたり、たいていは裸で、差別されることもなく海水浴を楽しんできた。したがって、労働者階級が上流階級や中産階級にならって海辺の行楽地を利用したとは必ずしもいえなかった。[74]「パドジャマーズ」と呼ばれた人々は荷車でブラックプールを訪れ、裸で水浴びし、大いに酒を飲んだが、ほとんど金を使わなかったので、地元の商人には恩恵がなかった。[75]新しい鉄道客の群衆をめぐる問題は、彼らについて回る地元の行商人の迷惑行為でさらに悪化した。[76] 1856年の周遊旅行者の群衆に関する報告には、ブリストルからウェストン＝スーパー＝メアに到着した人々が平和を乱す様子が描かれている。地元住民がひどく動揺したことが暗示されているが、残念ながら、この報告を裏づけるほかの証拠はないようだ。

「野蛮人の群れが文明化された町へ周遊旅行に来るというのが、彼らに対してわれわれ町民が抱く一般的な感情を表すのにふさわしい唯一の姿だ。ブリストルの悪評高い界隈《かいわい》の最下層のくずである少年少女、若い男女の集団が、あらゆる大通りに群がり、あらゆる片隅に侵入した。鳥の声は神を冒涜する言葉にかき消され、罪のない耳はみだらな言葉遣いに驚かされる。空気はほとんど幼児のような者の口から吐かれる有害なパイプの煙に毒される。庭は強奪され、道という道を酔った少年が千鳥足で歩いている。町の路上では頻繁に喧嘩が起こり、みだらな光景が昼間から繰り広げられる。ふたりの警察官と、それを補助する3人の特別警察官に、町や郊外を好きにうろつく5000人から6000人の監視を期待するのは、もちろん論外だ[77]」

「最下層のくず」である「野蛮人の群れ」と「文明化された町」を比較したこの記事は、驚くほど激しい言葉遣いで、旅行者が目的地の人々からどう見られているかを描写している。5000～6000人という大勢の訪問者が、当時人口9000人ほどの小さな共同体を荒らすのは当然で、そのため地元住民がこの出来事に衝撃を受けたのも理解できる[78]。大挙してやってくる都会人の群衆の数の多さに加え、ウェストン＝スーパー＝メアの「文明的な」海水浴場とブリストルの「悪評高い界隈」との根底にある対立が一因となって、報道機関はこの種の行為をまったく容認できないものとして伝えている。もちろん、解説者の内にある価値観が、この行為に対する報道機関の認識をどこまで形成したかははっきりしない。この記事が書かれたのは、ウェストンを周遊旅行者による今後の侵略から守るためだった可能性もある。

1849年5月、『タイムズ』紙は、大衆が新たな地平線を探索したがっているかもしれないという考えを否定し、英仏海峡を越える大衆の移動開発への熱意を抑えようとした。また、周遊旅行客の団体がパリへ行こうとしていることに大いに警戒感を示し、さらなる周遊旅行で「これらの移動者の質が低下する」ことを懸念している。[79] 筆者は、周遊旅行の安さが影響を及ぼすだろうと指摘した。「嘲笑的で激しい気性のパリの群衆」を前に、「どんちゃん騒ぎの周遊旅行の団体」の参加者が、パリの路上で「良識と礼儀をわきまえた」行動を取るのは難しいというのだ。彼は、周遊旅行業者は投機家にすぎないと批判し、周遊旅行者は正式な「使節団」ではないため、いずれかの側に無作法な振る舞いがあっても特別な配慮は期待できないと指摘した。つまり、周遊旅行団体の行動は、彼らが上流階級でないため信用できないと暗に示しているのだ。筆者は彼らの行動は好ましくなく、「イギリスの評判」を悪化させると思い込み、したがって、労働者階級の周遊旅行者の団体は海外へ行くべきではないと考えている。このように、報道機関は周遊旅行者が新しいレジャー空間を手に入れる鍵を握る周遊旅行業者の起業家精神を攻撃したが、仕事目的で移住する労働者にも当てはまるとは主張していない。

このような報道機関の批判は、労働者階級が海外旅行への野心を膨らますのを頑として抑え込もうとしている。おそらくこうした論評の影響で、周遊旅行の主催者は、中産階級や上流階級の旅行者には課されない制約を設けて旅行を企画したと思われる。1860年、労働者によるパリへの周遊旅行が企画され、1861年5月にようやく実施された。周遊列車はロンドンだけでなく、リヴァプール、マンチェスター、リーズ、シェフィールド、ブラッドフォード、ヨーク、ブリストル、バースからの旅行客1700人を乗せ、列車と汽船を乗り継いでロンドン、フォークストン、ブローニュ、パリ間を旅行した。立案者は、この旅行に政治的な動機がないことを苦労して強調し、労働者階級の旅行者が社会秩序を乱さないと断言することはできないが、旅行は英仏の労働者仲間の親睦を図り、製造技術を共有するために計画されたと聞いていると述べた。[80]こうした態度は、おそらくこの周遊旅行が、元々はフランス人のクロッツ・ロウセルが企画したという経緯から生まれたのだろう。ロウセルはフランス皇帝に手紙を書き、パリへの「義勇軍の周遊旅行」を企画したいと提案した。当然ながら、軍事的な意味合いを帯びているという見地から、イギリスからもフランスからも支持は得られなかった。[81]

周遊旅行者の新たな旅行先は、都市、歴史的建造物、海辺、田園地帯などさまざまだった。貴族は鉄道会社に土地を売り、そこに路線が敷かれた。海辺のリゾート地の一部では、こうした鉄道会社の土地所有のパターンが、リゾートの開発や大衆のアクセスに影響を与えた。田舎の屋敷のような貴族的な空間は、19世紀半ばの周遊旅行者に非常に人気があった。[82]18世紀後半には早くも、田舎の屋敷の訪問が盛んになっていた。ホレス・ウォルポールは1783年、ロンドンの自宅を見に来る人々に「毎日、四六時中苦しめられている」と愚痴をこぼしており、毎年夏には約300人が訪れたという記録が残っている。[83]だが、19世紀半ばまでは、「礼儀正しい観光客」として「田舎の屋敷を訪問する優雅な娯楽」を楽しんでいたのは、貴族に近づくことを熱望するジェントリや知的職業階級だった。

田舎の屋敷訪問の民主化を実現したのは鉄道だった。1849年6月、マンチェスター・バクストン・マトロック・アンド・ミッドランド・ジャンクション鉄道がダービーの北にあるアンバーゲイトから開通したとき、路線はロウズリーまでしかなかったが、都合のよいことに、チャッツワースの大邸宅まではわずか3マイルだった。[84] 労働者階級の団体がこうした田舎の屋敷にやってくると、群衆の規模の大きさが報じられたが、地主たちは特に心配していなかった。一部の貴族は、労働者階級が必ずしも自分たちの美しい地所への脅威にはならないと考えていた。チャッツワースでは、常にすべての訪問者を受け入れるという精神があった。デヴォンシャー公爵夫人は1844年の告知を紹介しているが、実際には少なくとも1831年まで遡る。それはJ・C・ラウドンが国内の庭園ツアーの報告で記したものだ。

「デヴォンシャー公爵は、一年じゅう毎日、朝10時から夕方5時まで、チャッツワース邸とその敷地内を、どんな人でも見学することを許可している……公爵は、最も身分の低い人にもすべてを見せるだけでなく、例外なく誰にでも噴水を披露するようはっきりと指示した[85]」

1849年以前は、チャッツワースの立地上、適切な交通手段を持たない人には訪問は難しかったと思われるが、この例では珍しく、「最も身分の低い人」として、階級が混在していた可能性が強調されている。ラウドンは公爵の姿勢を賞賛し、人々の行動について、例によって肯定的な意見を述べている。

「これはまさに、莫大な富と見識のある気前のよさから来る行為である……良識の精神だ……チャッツワースで何かが傷つけられたという話は聞いたことがない。どの集団も個人も、常に案内係がつけられているからだ」

新しい鉄道のおかげで、この時期、毎年夏に8万人がチャッツワースを訪れたといわれている。これは庭師長ジョセフ・パクストンのエネルギーと行動力によるものかもしれない。彼がデヴォンシャー公爵の薫陶《くんとう》を受け、卑しい身分から這い上がったことが、公爵と本人の両方の励みとなり、より多くの庶民にこの地所を見学させるようにした可能性がある。ダービーから400人が参加した最初の団体周遊旅行は1849年6月に行われたが、片道約11マイルを往復するのに二等車で3シリング6ペンスという料金はかなり高価に思える。ただし、これには屋敷と敷地への入場料が含まれており（公爵は、訪問者からチップを受け取らないよう職員に明確に指示していた）、希望者はハドン・ホールとマトロック・バスを見学することもできた。[86]1849年7月には、シェフィールドから別の「遊覧旅行と禁酒の集い」が行われたことが記されている。乗合馬車などの乗り物が列車を迎えるために用意され、パクストンは庭園内の近道を通ることを許可したが、それらはすぐに満員になり、多くの人々は屋敷までの3マイルを喜んで歩いた。1日に約4000～5000人が到着し、「屋敷の前の大きな庭園と敷地は、休日の装いを凝らした人々で埋め尽くされた」という。[87] このことは、労働者階級の周遊旅行客が、貴族の力と報道機関の承認に支えられて、新しいレジャー空間を利用できる場合もあったことを示している。

貴族が自分たちの偉大な業績をなるべく多くの人に認めてもらい、賞賛してもらいたいと考えることもあり、そのことが訪問者の行動の見方に影響を与えた場合もあったようだ。また、改革派やチャーティズムへの懸念から、急進主義から身を守るための一種の妥協策として、貴族が大衆に家を開放することを認めた場合もある。[88] 彼らは中産階級からの圧力を受け、自分たちの地位にふさわしい行動、すなわちノブレス・オブリージュとして、組織化された周遊旅行者の訪問を受け入れたが、チャッツワースの場合、公爵とパクストンは、自分たちが非常に誇りにしている素晴らしい作品を大衆に鑑賞してもらいたいと心から願っていたようだ。1854年、パクストンは、チャッツワースを訪れる労働者階級の人々は常に静かで行儀がよいと主張し、あるグループが庭園内でなく、禁止されている敷地内で弁当を食べはじめたところ、仲間のグループが彼らに注意した例を挙げている。[89]

1847年、リーズ機械工協会がヨークシャーのほかの機械工協会の仲間や一般市民とカースル・ハワードへ旅行したときには、何千人もがこの場所を訪れ、「高貴な所有者」は一度に30人ずつだが、群衆に家を開放した。[90] 1853年、カースル・ハワードに姉を訪ねていたグランヴィル伯爵夫人の日記には「安い周遊列車はわたしを魅了する……人々はまるでブローニュの森にいるように、食べ物の入ったバスケットを持って座っているし、メソジスト派の学校では賛美歌の美しい歌声が聞こえる」と書かれている。[91] ランカシャーのラフォードに住むサー・トーマス・ヘスケスは、リヴァプール＝プレストン間で開通したばかりのイースト・ランカシャー鉄道を利用した格安旅行の参加者が、1850年、1851年、1852年に何度か屋敷を訪れるのをもてなした。リヴァプールとプレストンからやってきた数百人から数千人の労働者階級の禁酒主義者は、彼の地所で開かれた「禁酒大会」に集まった。報道機関は彼らの行儀のよさと楽しい時間を強調し、地元の村人たちも活動に参加して、最後には国歌が歌われたと報じた。[92] 屋敷の主は、やや父権主義的なやり方で、中産階級と労働者階級の交流を促した。禁酒がテーマの周遊旅行もあり、秩序だった行進が行われた。大衆の訪問は許可されたが、その許可はヘスケスの基準によって下され、彼は地所の支配を維持していた。同様に、1849年5月にウェスト・ヨークシャーのカークリーズ・パークを訪ねた日曜学校の周遊旅行では、子供たちは義務として行列を組まされ、訪問中には所有者の「親切に感謝」した。[93]

ほかにも例がある。1852年、ロンデズボロー卿は、近隣の町からの600人の周遊旅行者を田舎の屋敷に迎え、非常にぴりぴりした態度で使用人すら見せようとしなかったといわれたにもかかわらず、「大勢の訪問者のレクリエーションに強い関心を寄せているようだった」と報告されている。[94] 貴族の中には、周遊旅行者に新しい公共空間を積極的に提供しようとした者もいた。マンチェスター・シェフィールド・アンド・リンカンシャー鉄道の会長でもあったヤーバラ伯爵は、1849年にリンカンシャーに所有するブロックルズビー・パークで、リンカーン悔悛《かいしゅん》婦人会の資金集めのために周遊旅行客の訪問を企画し、1万人が集まった。また、近くのソーントン・アビーでも大規模な禁酒旅行の参加者を迎え入れ、例えば1849年8月の月曜日には2万5000人が集まった。[95] 1856年、リトルトン卿は新聞に投書し、ハグレイにある田舎の屋敷を職場旅行にふさわしい場所として検討するよう雇用主に呼びかけた。「簡単なルール」に従うことを除けば、人数や回数の制限はなかった。[96] これらは、貴族が所有する空間に周遊旅行の大群衆がいることが、脅威ではなく許容できることとみなされ、大勢の労働者階級が参加していたにもかかわらず、こうした行事が立派な雰囲気を醸し出し、労働者集団の評価を高めたことを示している。

しかし、大衆が自分たちの空間に入ってくることに貴族が脅威を感じることもあったようだ。スタッフォードシャーのオールトン・タワーズの敷地と庭園を訪ねる格安旅行は、1850年9月の月曜日にマンチェスターから4000人以上の観光客を集めた。庭園から花が摘み取られたと報告され、一部の酔っぱらいの「重大な違法行為」と「暴力」もあったため、庭師長は庭園を立ち入り禁止にした。[97] チェシャーでは、アルダリーに住むスタンレー家が、新しい路線（マンチェスター・アンド・バーミンガム鉄道のアルダリー駅は1842年5月に開業した）の周遊旅行客が地所に侵入することに反対した。[98] レディ・スタンレーは、日曜学校の少年たちの大集団をしぶしぶ受け入れていたようだが、おそらく学校の教師が「寛大さ」にきちんと感謝しているように見えたからだろう。それでも彼女は、「彼らの間に議論は起こらない」と予測しながらも、家族のリベラルな見解に反して、政治的な議論になるのではないかと危惧している。当時のスタンレー家にとっては、マンチェスターの南部に住む裕福な住民「コットントット」のほうがもっと気がかりだったようだ。マンチェスター・アンド・バーミンガム鉄道の副会長だったワディントンは、スタンレー夫妻を個人的に訪問し、大衆が入場できない日、例えば「プライベートの日」に「コットントットのお偉方」の訪問を許可するよう説得した。スタンレー卿は息子の妻に、彼らは「立派な人々」だと主張したが、レディ・スタンレーは、彼らは特に不愉快な存在だと指摘した。「もし……横になって本を読んだり、スケッチをしたり、考えごとをしたりしているときに……突然、コットントットの騒々しい一団が現れたら……きっと不快に思うことでしょう」。レディ・スタンレーは、コットントットが庶民にはない力を持っていることを認識していた。彼女は、「コットントットのお偉方」のほうが、工員よりも厄介だと面白おかしく語った。「ずかずか入ってきたり、不愉快に思ったりしても、手錠をかけることも大きな犬をけしかけることもできないのだから」と。こうしたほのめかしから、この所有者が、行儀が悪いと思った大衆に対しては拘束力を行使できると感じていたのがわかる。しかし、レディ・スタンレーには勝ち目のない戦いであり、1844年までにエッジには散歩道と座席が整備された。それでも、大衆がこの美しい場所にたどり着くには、不便なことがいくつかあった。1844年、マンチェスターからアルダリーへの格安旅行で、約3000人がこの小さな村に降り立ったが、マンチェスター・アンド・バーミンガム鉄道の取締役は「食料等の供給部門」を完全に見落としており、乗客が持参しない限り、食べ物や飲み物がまったくなかったと報告されている。[99]

19世紀半ばの鉄道周遊旅行に関する新聞記事のほとんどは、お馴染みの定型句を使った語り口で、群衆の行儀のよさ、大衆への有益な道徳的効果、そして最後に事故もなく無事に帰宅したことを強調していた。こうしたいい回しは、都市のエリートと結託して、自分たちの町や都市を肯定的に描こうとする地方紙の編集者による共謀の結果と思われる。彼らは社会改革の必要性に直面しながら、一種の強烈な郷土愛を提示しようとしたのである。[100]暴動があったという評判が地元経済に悪影響を及ぼすのを避けるため、外部の人間にできるだけ秩序だった印象を与えることが肝要だと考えられていた。例えば『マンチェスター・ガーディアン』紙は、当初は急進的だったが、その後、市の製造業や商業の利益を代表するようになり、一方で、公共の公園や合理的娯楽といった地域の改善を支持するようになったため、周遊旅行を肯定する傾向があった。[101]

周遊旅行を取り上げる報道機関の記事や論評は、独特の調子を帯びたが、それが根本的な「現実」を表現していない可能性があることは明らかだ。新しい周遊旅行が空間をどのように使ったかについては、さまざまな視点から証拠を見つけることができる。例えば1850年には、非国教の日曜学校から行儀のよい少人数の教師が周遊旅行でエクセター大聖堂を訪れると思われていたのが、蓋を開けてみれば3000人の非国教徒の群衆が、大聖堂の周囲で暴れ回ったというくつかの新聞で報じられた。保守系や英国国教会を支持する新聞には、これらの周遊旅行者が司教の王座に登り、説教壇を占拠し、聖水盤の中で瓶に入った水を飲み、法衣を試着したという苦情が掲載された。対照的に、リベラルな『マンチェスター・タイムズ』紙は、そのような行動には触れず、高位の聖職者が彼らに特別な計らいをしたと報じたのみで、暴動と報道されているのは、反非国教派の報道機関が話を誇張したことによるものではないかとほのめかした。[102] 侵入が報道されたさらなる例として、1851年にスコティッシュ・ボーダーズで起きた事件がある。ニューカッスルのスティーヴンソン・エンジン工場からケルソーに向かう約900人の工員が、酒に酔っていたことが報じられた。見ていた人は、帽子もコートもなく千鳥足で歩く人々がいたと苦情を述べ、「完全な暴動に発展」し、「駅が酔っぱらいの暴徒に占拠されそうになった」と訴えた。結局、ふたりの男が拘留された。この記事は『ブリストル・テンパランス・ヘラルド』紙に掲載されたものだったため、周遊旅行全般というより飲酒に批判的な独自の視点を持っている。[103] 帽子やコートがないという批判は、もはや「立派」ではないという、重大な特色を反映している。それは服を脱いでいる状態を示すものだからだ。

ハンプトン・コート宮殿は1838年に大衆に開放され、このことは1840年に急進派の作家ウィリアム・ハウイットに賞賛された。彼はまた、蒸気機関のおかげで多くの庶民が新しく開通したロンドン・アンド・サウサンプトン鉄道を利用し、宮殿からそれほど遠くないキングストン駅まで安く旅行できるようになったことも指摘している。[104] ハンプトン・コート駅自体は、改名したロンドン・アンド・サウス・ウェスタン鉄道が1849年に開業したが、宮殿の歴史家は、この新駅は入場者数にほとんど影響を与えず、1850年から1870年にかけての年間平均入場者数は20万人程度だったと主張している。彼の意見では、その頃にはほかの観光地が利用できるようになっていたのが原因だった。ウィリアム・ハウイットは、この新しい名所が大衆に占拠されたことを賞賛し、「(貴族が住んでいない部分を)まさに民衆が所有した」と述べた。[105] 彼は「日曜日または月曜日の平均入場者数は今や2500人となり、8月の入場者数は3万2000人にのぼった！」と語っている。周遊旅行者の行動に関する報道への、彼と彼の批判者の意見は、典型的な対立意見で、1840年に世間の注目を集めた。ハウイットは「あらゆる階級のロンドン市民の群れが、どんな行動を起こしたか？」と尋ねた。階段のわずかな引っかき傷を除けば「イギリス人の破壊好きが……発揮されることは少しもなかった」し、「これほど秩序があり、満足しきった群衆」を見たことはないと彼はいっている。破壊について触れたのは、古い建物を取り壊そうとする有力者グループへの当てこすりのようだ。労働者階級よりも景観を損なっているのは、こうしたグループのエリートだというのだ。ハウイットは、聖霊降臨節の月曜日にはハンプトン・コートで何千人もの貧しい人々が礼儀正しく振る舞い、中には安い鉄道旅行の代わりにスプリング付きの幌馬車で移動する人々もいたと述べている。政治や社会改革の影響を受けた彼は、大衆に文化を紹介し、大衆のための教育の利点を確認し、大衆のための合理的娯楽の恩恵を実証する上での、この新しい移動手段の重要性について心に残る主張をした。

一方、匿名の批評家は『ジェントルマンズ・マガジン』で、観光客に対するハウイットの好意的な意見に憤慨し、「破壊」が「絶え間なく行われている」と書いた。彼は「犯罪者たちが……勝手気ままに悪さをし……花を集めたり盗んだりして……その被害のために罰金を科せられたのを何度も見た」と主張した。また、関係者が「どの町にもはびこる最も耐えがたい迷惑であることに変わりはない……女性たちは無防備に外を歩くこともできない」といい、不潔を意味するイタリア語のイモンデッツァという言葉でその行為をほのめかした。[106]このように、見る者の背景によって、行動の見方にはふたつの視点が存在した。また、労働者階級にはそれに適した公共空間があり、その他の空間からは彼らを排除すべきという明らかな視点があった。

観察者が異なる見解を持っていたことは、1852年に『タイムズ』紙でハンプトン・コート宮殿における周遊旅行者の問題行動が再び大げさに書き立てられたときに明らかになっている。当初、社説は、日曜日の午後に水晶宮を開くという提案に宗教的な反対があったことを批判し、貧しい人々は教会に行かないので、水晶宮を開いても開かなくても彼らが教会に行くことはないだろうとほのめかした。これは階級的な影響を浮き彫りにした。中産階級や上流階級とは異なり、労働者階級にとって日曜日は余暇を楽しめる唯一の日であり、代わりとなる緑地も近くになかった。数日後、匿名の特派員がこの記事に反応し、こうした新しい空間での大衆の振る舞いについて議論を醸す意見を展開した。彼は安息日厳守主義者であるイズリントンのダニエル・ウィルソン師が、ハンプトン・コート宮殿（かなり前から、すでに日曜日に非公式に開かれていた）の訪問者について、「人々は酔っぱらってやってきて、主日の午後の庭園の光景は筆舌に尽くしがたい……この世の地獄を作り出している」と述べたことに不満を申し立てた。特派員は、これはすべて事実無根であり、自分は酔った人を見たことがないので、警察に確認すべきだと書いている。彼の主張はのちに、宮殿礼拝堂のオルガニスト、ドクター・ゼラによって裏づけられた。ゼラは7年間にわたり、毎週日曜日に宮殿に来て、大衆の行動を見てきたが、それは「秩序正しく、静かで、礼儀正しく」、酔っている人は見たことがないということだった。尊敬される立場にあり、定期的な目撃者でもある彼は、行動に関して信頼できる情報源だと思われる。ウィルソンは自ら、情報提供者と再び話をしたが、その人物は同じことを繰り返したと書いている。そして、「日曜日と比べると、平日に宮殿を訪れる人々の立派な態度や振る舞いには顕著な違いがある」と述べ、根底にある真意と階級的偏見を明らかにしている。最後に、あるドイツ人特派員は、日曜の定期的な訪問者の中に「行儀の悪い人や酔っぱらい」を見たことがないと書いている。「大勢の人々の品行方正で静かな振る舞いにはしばしば心を打たれる。その多くは謙虚で立派な人々だった」。このことは、「貧しい階級は行儀を知らないという主張」と矛盾すると彼は断言している。[107] 宮殿の歴史家は1891年、ウィルソンはこの件を個人的に体験しておらず、安息日厳守主義者の「見境のない、又聞きの非難」を利用して、証拠を求められると「問題を回避し、主張を繰り返し、曖昧な一般論に逃げ込んだ」と述べている。[108]「行儀が悪い」という、裏づけのない大ざっぱな主張に頼れば、安息日厳守主義者などの宗教団体や、改革派やジャーナリストの可能性もある解説者の偏見が、周遊旅行者の行動に関する記述を歪めかねない。しかし概して、新しい移動手段において、労働者階級の行儀が悪かったと考える理由はない。

1854年9月に北ウェールズのバンガーで起きた「騒動」の記事で描かれるように、周遊旅行者は空間の侵略者あるいは占拠者と報じられることもあったが、このこともまた、多様な視点から見ることができる。バーケンヘッドの大規模な労働者集団がバンガーへの鉄道周遊旅行を楽しんだ。費用は雇用主であるブラッシー・ペト社が支払い、そのカナダ工場は、カナダのグランド・トランク鉄道の部品を製造するために建設された[109]。『リヴァプール・マーキュリー』紙に掲載された最初の報道記事には、旅行が実施されたことと、800人の労働者が参加したことが書かれたのみで、ブラッシーの義兄弟である支配人のジョージ・ハリソンが、各人に旅行費用に加え1日分の賃金を支給したという善行が強調されていた。ふたつ目の記事は『ノース・ウェールズ・クロニクル』紙に掲載され（国内のほかの新聞にも幅広く同時掲載された）、受け入れ側の人々を所有する空間から追い出すという侵略的性質が大きく書き立てられた。同紙は、旅行の結果バンガーで起こった恥ずべき騒動を報じ、格安旅行は「海水浴場にとって有害」だと激しく非難した。それは「無秩序な群衆」を連れてきて、立派な人々を近隣から追い出していると。これには1100人が関係していたと示唆されている[110]。

「大勢が酩酊状態でブリタニア橋の軽食堂に乱入し、手当たり次第に略奪し、破壊した。その後、メナイ・ブリッジ・ロードに沿って絶えず喧嘩し、暴徒化した無秩序な状態でバンガーに入った。そのうちの何人かは宿屋に入り、ポーターや蒸留酒を奪い、ほかの者たちはまた喧嘩を始めた。駅から市場まで町全体が騒然となり、このような暴動や混乱が起こっては、商人は店を閉めるほかなかった。こうした不品行を働いたごろつきたちは、互いに暴力を振るうだけでは満足せず、女性や子供を殴り、虐待した。ついに警察が介入し、3人の男が捕らえられ、月曜日まで留置所に入れられた後、判事の前に引き出されて罰金を科せられた。われわれは、ここに書いたような周遊旅行者がこれ以上来ないことを望んでいる。さもなければ、まともな人々はここに住もうと思わなくなるだろう」[111]

同日付の『クロニクル』紙に掲載された警察の報告は、3人の男が酩酊および治安紊乱で有罪判決を受けたことを伝え、さらに別の視点を加えている。そこには、男たちが争っていたときの市場付近の、騒然とした無秩序な光景が描写されている。「何百人もの人々が集まり、女性たちは上の部屋の窓から『人殺し』と叫んでいた」。法廷審問では、ブラッシー社の主任のひとりが男たちのために証言し、遺憾の意を表しながら、彼らは1000人という非常に大きな集団の中の黒い羊だとほのめかしたことが報告されている[112]。2週間後、さらに別の視点からの記事が掲載されると、これらの報道の重要性は文脈の中でとらえなくてはならなくなった。『ノース・ウェールズ・クロニクル』紙は、この旅行の企画委員会からの投書を掲載した。彼らはこの行動の報道によって不当に傷つけられ、今後の旅行に影響が出るのではないかと心配していた。投書によると、ほとんどの男性は酔っておらず、食事のできる場所は軽食堂しかなかったため、ほとんどは別の場所で弁当を食べたという。その後、彼らは「緑の芝生」に集まり、バンドの演奏に合わせてダンスを踊った後、帰りの列車に乗り遅れないよう、バンドを先頭にバンガーまで行進した。委員会はこの時点での喧嘩を否定したが、バンガーに戻るときに喧嘩があったことは認めた。人数は5～6人以下で、管理者が目撃していた。しかし、筆者の最大の関心事は、このような報道が「労働者の集団すべてに深刻な被害を与え」かねないことだった。『クロニクル』紙の編集者は、投書とともに発表された反論に我慢できなかった。それは「厚かましく、真実ではない」と主張し、「節度と秩序」を軽視する周遊旅行者を「ならず者」や「無法者」と呼び、筆者は報道機関をいじめようとしていると述べた。[113]

ふたつの記事は正反対の視点を反映している。例えば報道機関は「無秩序な群衆」のような言葉を使い、行儀の悪い観光客が「立派な」海水浴場の空間を奪い、破壊して、占有しようとしたように描いている。地元住民を立派でまともな人々として描いているのに対し、周遊旅行者は暴動を起こしやすく無秩序で、酔って喧嘩をするものとみなされた。一方で、旅行者はバンドを先頭に行進しながら駅に戻ることで、新しい空間の利用を制御した。それでも、地元紙はこれを挑発的な行動とみなし、男たちの行動を擁護した企画委員会をいじめと非難した。侵略の恐怖の中で秩序ある姿を保ちたい住民の視点と、群衆になると暴力的で無秩序と化すと事実を歪曲され、空間を占有しようとすると悪く書かれる労働者階級の不安が、ここで衝突したのである。この記述の真偽について判断するのは難しいが、行動に関する報道は否定に傾いていた。観察者の報告と裁判記録（いずれも批判的だった）は、当事者の反応とは対照的だ。当事者の反応にはかなりの紙面が割かれたが、その後、編集長に掲載を拒否された。

湖水地方は定期的に階級闘争の場となり、周遊旅行の群衆が到来してからは、観光客用の空間を占有する「よい観光客」と「悪い観光客」は、さまざまな視点から判断された。1847年にウィンダミア行きの鉄道が開通すると、新たに企画された湖水地方への格安旅行に、多くの大衆が参加した[114]。大勢の人々が人気の場所に集まり、中にはライダル・マウントに住んでいた詩人ワーズワースなど、地元の有名人目当てに来る者もいた。この「侵略」は、当時の報道機関で記者や読者投稿によって熱く討論され、こうした場所を占有するのに、どのような人物がふさわしいかという議論に発展して、新しい旅行者のヒエラルキーにもつながった。大衆の「侵略」が、おそらくこうした場所に浸透するようにやってきた中産階級や上流階級の「旅行」とは異なる扱いを受ける可能性があることが、報道によって浮き彫りになった。1844年にケンダル・アンド・ウィンダミア鉄道が発案されたとき、ワーズワースは、自分の地所が「ウィンダミア周辺に一度に何百人も吐き出す格安列車の痴漢行為から守られるべきだ」と懸念をあらわにし、顰《ひん》蹙《しゅく》を買った[115]。このことからは、痴漢行為の特徴のどちらが悪いとされているのかわからない。テクノロジーの影響なのか、周遊旅行者の群衆か。彼はモラルの観点から、下層階級が地元住民に低俗な習慣をもたらすと示唆した。「このように、流入してくるよそ者と下層階級の住民の両方で、品行が損なわれることは明らかだ」。同時に彼は別の武器も使った。安息日厳守主義者の見解を持ち出し、大衆が仕事から解放される日曜日に行われる可能性が高いとして周遊旅行に反対した。続いて、「夏の観光客《ツーリスト》（この単語は鉄道という概念を排除している）」に言及し、ここでも階級に基づくヒエラルキーを強調した。この中で周遊旅行者は、単に階級に基づくだけでなく、列車で速くやってくるという理由で、間違いなく下位に属していた。当時、ワーズワースは「観光客」に自家用の移動手段を持つ人々のような高い地位を与えていたようだが、やがて観光客は旅行者《トラベラー》に比べて劣ったカテゴリーとなった。ワーズワースのエリート主義的な見解は、「間違いなく……教養のない人々の大集団を一度に特定の場所に移動させても、よいことはない」とし、移動そのものが問題であると暗に示した。彼はまた、「絵のように美しくロマンチックな風景を知覚することは……時間をかけ段階的な過程を踏んだ文化によってのみ可能である」といい、金もなく1週間に1日しか余暇のない人と比べて、こうしたことに費やす時間とお金のある人々が大いに有利であるとした。[116] 彼にいわせれば、それは「個人の中で……徐々に育つもの」であり、「不完全な教育を受けた階層が、たまに湖を訪れたところで、多くの利益は得られそうにない」……「社会の低い階層は、この美しい地域へ今以上に迅速に来られることで物質的な利益を得られることはなく、またそうなることもあり得ない」ということだ。このように、彼が周遊旅行者の群衆を攻撃する動機は、エリート主義、階級主義、安息日厳守主義の考え方から生じていた。彼は、自分の空間だと認識している場所に侵入してくる大衆を「痴漢行為」と非難し、この場所を楽しめるのは、彼が尊敬に値するとみなした人々だけだと考えていた。おそらくそうした人々は、速い交通手段で大挙してやってくる者ではないだろう。

1847年に鉄道が開通した後、こうした意見が試されるような周遊旅行が行われた。1848年8月、プレストンから湖水地方への周遊旅行が、メソジスト派、独立派、その他の非国教の日曜学校によって企画された。「主催者の主な目的は、生徒たちを競馬場から遠ざけることだった」という。また、両親や友人も参加した。[117] 列車7本、148両の客車がウィンダミアに向かった。この風光明媚な場所は、ほとんど玄関先といっていいほど近かったが、多くの人々は「これほど北まで」来たことはなかった。列車はランカスターとケンダルを通過し、ウィンダミアでは水上遊覧のためのボートや汽船が用意され、旅行者は湖周辺のさまざまな場所を訪れた。何人かはライダルへ行き、「ある一団は、尊敬すべき詩人ワーズワースの敷地に入り込み、窓から彼の住まいを覗くほど無礼で下品だった」と報告されている。ランカシャー・アンド・ヨークシャー鉄道は、ボウネスで軽食用のテントを貸し出した。報道は「谷間の住人と山岳の住人」のもてなしに言及している。大人数にもかかわらず、群衆は訪問先の地域社会に歓迎されていたようだ。これは物議を醸す議論に光を当てる重要な事実だろう。翌週の『プレストン・クロニクル』紙には、旅行中の「不適切な行為」に苦情を訴える手紙が掲載された。[118] 筆者は、ウィンダミアに鉄道が開通すれば、「下品な人々が安い列車で大挙してやってきて、隠遁や学習、瞑想を楽しむためにこの美しい地方に住まいを構えている人々のプライバシーを尊重したり、感情を考慮したりしない」ことは予測されていたと書いている。彼は、チャールズ・ナイトが湖水地方のガイドブックで、地元住民にとって迷惑な訪問者は、実は鉄道が開通する前に訪れていたジェントリだとほのめかしていたのを思い起こしている。

「人々はここに住む著名人の屋敷をうろつき回り、ドアをノックしてサインを求め、窓から覗き込み、庭を占拠し、家に押しかけて賛辞を贈り、見聞きしたことを新聞に投書するが、その多くは想像でしかない」

筆者は、この行動は別の新聞による次のような報道に似ていると不満を訴えた。「さまざまな集団がライダル・マウントを訪れた……詩人は不在だったが、人々は彼の庭を歩き回って楽しんだ……多くの女性が庭の椅子に座った……」。対照的に、同じ月の『タイムズ』紙は、これらの侵略は主にジェントリによるものだとし、湖水地方が「観光客でごった返し、その中には国内外の貴族、神学者、ジェントリ、詩人、画家などがいた」と書いている。また「ライダル・マウントの詩人ワーズワースに捧げられる、国内外の最も偉大で、高貴で、学識ある人々の敬意は驚くべきものだ。当代随一の詩人であり愛国者であるワーズワースに会おうと殺到する訪問者に、桂《けい》冠《かん》詩人は文字通り毎日のように辟易《へきえき》している[119]」。報道機関は、大衆に湖水地方への侵略を促すのに積極的な役割を果たした。翌年の『プレストン・クロニクル』紙は、労働者向けの聖霊降臨節の旅行に先立ち、コラムで読者に湖水地方の観光ガイドを提供し、ワーズワースの屋敷と、それが木々に隠れて見えないことを強調しながらも、彼の家の前からの美しい眺めを楽しむことを勧めた。確かにその年の8月に日曜学校が湖水地方へ旅行したとき、一部の訪問者が彼の敷地内を歩く許可を得たと報告されている。[120] このレジャー空間を獲得したことで、労働者階級は観光客として受け入れられたいという願望を後押ししてくれる意外な味方を見つけたのだ。しかし、大勢の周遊旅行者がやってくることで、目的地の宿泊施設が不足することもよくあった。例えば1856年8月、ウィンダミアのボウネスでは、下宿屋が緊急用の寝室として居間の床を提供する羽目になった。[121] こうした地域での労働者階級の行動に対する認識には明らかに違いがあり、迷惑の度合いについて相反する意見が出ることもあった。大衆が訪れることで、住民にとって厄介であるものの、さほど迷惑ではないものから、それよりもずっと重大で明確な迷惑までのバランスが崩れるおそれもあった。ワーズワースのような影響力のある評者は、大衆を観光客として受け入れられるか否かの議論を形成するのに貢献したが、彼の意見は当時あまり多くの人に支持されず、湖水地方への観光客の流入が防げなかったのももっともだ。[122]

労働者階級に別の楽しみを提供するのが妥当かどうかについて、多くの公開討論が行われた。1857年のマンチェスター美術名宝博覧会は大成功と広く認められ、1857年5月から10月にかけて、100万人以上の来場者がオールド・トラッフォードの会場を陸路や鉄道で訪れた。そのため、開催中も開催後も、どれほどの労働者階級が周遊旅行で来たのか、また彼らがどのように行動したかについて、新聞ではさまざまな議論が交わされた。鉄道網の拡大により、北部や中部地方からの来場者が容易に、かつ安価に展覧会に足を運べるようになり、展示室と駅は屋根付きの通路で結ばれた。[123] 鉄道会社は、イベントに来やすくするための苦労を惜しまなかった。マンチェスター・サウス・ジャンクション・アンド・アルトリンチャム鉄道は、マンチェスターのオックスフォード・ロードとロンドン・ロードに、博覧会への輸送のための新しい駅を建設し、切符売り場はホームではなく路上に作った。オールド・トラッフォードでは、博覧会会場の隣に周遊旅行用の大きなホームが特別に建設され、乗客を雨から守るために屋根が付けられた。雇用主、日曜学校、禁酒協会が旅行を手配し、交通手段と昼食が提供された。例えば、1857年9月には、マックルズフィールドのウィンクワース・プロクター社から450人の労働者が展覧会を訪れた。[124] 労働者階級を呼び込むために、展覧会の入場券は通常1シリングのところ、土曜日の午後には6ペンスに値下げされることもあった。その結果、6ペンスで入場できる最後の日となった9月の晴れた祝日には、約2万人の入場者があり、その多くが労働者階級だった。

ロンドン・アンド・ノース・ウェスタン鉄道（ヘンリー・マーカスを含む）やグレート・ノーザン鉄道など、多くの会社や旅行業者が展覧会へのツアーを催行した。[125] しかし、イングランド北部より広い地域からの来場者に対する関心が高まる中、トーマス・クックは1857年8月、遅まきながら代理人に任命され、幅広い人脈を利用してスコットランドやアイルランド発の旅行に事業を拡大した。[126] トーマス・クックがこの呼び物で労働者階級をターゲットに打ち出したといえる新機軸は「月光旅行」だった。これは月曜日の午前0時にニューカッスルを出発し、午前7時にマンチェスターに到着して、翌日の夕方に戻るというものだ。しかし、出発の曜日と6シリング6ペンスという料金は不利に働いたようだ。[127] 1859年に発表された博覧会に関する報告書は、鉄道会社が初期の段階で博覧会に直行する周遊旅行を推進する熱意に欠けていたと非難している。[128] この報告書の補足資料には、博覧会への特別周遊列車が、出発地とおおよその乗客数とともに掲載されている。6月から10月中旬までに合計349本の列車が列挙され、そのうちの16本は、主にイングランド北部とミッドランド地方から1000人を超える周遊旅行客を運んだ。それには機械工協会による職場旅行も含まれている。ニューカッスル発やロンドン発の列車がまったく記載されていないことから、この記録には多くの漏れがあると思われる。

ある報告書は、労働者は絵画よりも大理石や木、金属で作られた作品を見ることに興味があったようだと示唆している。これは、労働者階級の文化的関心は製造工程に関連したものに限られるという、見下した視点を反映したものだ。[129] しかし確かに、ランカシャーのアシュトン近郊にあるウィテカー社の紡績工場で働く2000人の労働者が、博覧会への旅行とニュー・ブライトンへの旅行のどちらかを選択するよう指示されたとき、彼らはマージー川のほとりにある後者を選んでいる。それは特に、汽船での旅が含まれていたからだ。[130] 当時の解説者は、ランカシャーの職人は休暇に新鮮な空気を吸うことを好み、多くの職人は「行けといわれたから」行ったのであり、下層階級にはもっと「予備的な紹介」が必要だと指摘した[131]。しかし、こうした目的のためには1ペニーのガイドブックがあった。『何を見るか、どこで見られるか――職工のための美術名宝博覧会ガイド』である[132]。チャールズ・ディケンズが刊行した『ハウスホールド・ワーズ』の副編集長W・H・ウィルズは、中傷的な予測に反して、博覧会ではいわゆる「イギリスの暴徒の破壊的な傾向」は見られなかったと書いているが、労働者階級の参加者数が期待したほどではなかったことは認めている[133]。

呼び物がようやく一部の需要に応えられるようになると、周遊旅行の群衆の需要を満たすため、目的地でのインフラ整備が少しずつ拡大していった。1854年1月、シェフィールド植物園は、周遊列車で到着する大勢の禁酒会や機械工協会の群衆を収容するために、軽食用のテントを大規模な常設の建物に建て替えることを決定した。これは2000人が立って入ることができ、冬には温室として使用できた。資金は旅行企画者からの前払い金でまかなわれ、1854年の聖霊降臨節の日曜日のイベントに間に合うように完成した建物は、新たな「水晶宮」といわれた[134]。しかし、その他の需要は依然、満たされないままだった。1851年の万国博覧会でようやく、衛生技師のジョージ・ジェニングスによって初の公衆トイレが建設された。それに続き、ロンドンではフリート・ストリートとストランドに公衆トイレが設置された[135]。大量の日帰り周遊旅行者は、滞在型の中産階級の旅行者と同じような宿泊施設を必要としなかっただろうが、それでも周遊旅行者によって通りが混雑する〝ピンチ・ポイント〟が発生した場合には、群衆を管理するシステムを検討しなくてはならなかった。周遊旅行によって発生する大群衆を収容するため（そして、通常の交通を妨げないため）に、鉄道会社が施設の変更を計画した例は数多くある。1851年のセント・レジャーの競馬大会では、シェフィールドからやってくる周遊旅行者のために特別な臨時ホームが建設され、騒々しい群衆を通常の駅から遠ざけ、競馬の終了後は、多くの警察官の助けを借りて列車が次々に出発した。[136] 1852年、グレート・ウェスタン鉄道はパディントン駅に周遊旅行者用の独立した宿泊施設を建設した。[137] 1853年には、ロンドン・ブライトン・アンド・サウス・コースト鉄道もロンドン・ブリッジ駅に独立した周遊旅行者用の宿泊施設を建設した。これは水晶宮目当ての輸送量が増えることを見越してのことだ。[138]

異なる視点

これまで、鉄道旅行の歴史は、ブラッドショーの旅行案内を参照し、整然としたコンパートメントの窓からパノラマの景色を眺める中産階級の旅行者に焦点を当ててきた。こうした歴史は、主に証拠不足のために、もうひとつの種類である三等車の旅行者を無視してきた。労働者階級の旅行者の多くは、混雑した客車の屋根にぶら下がって命を危険にさらしたり、大雨の中、屋根なしの貨車で何時間もの移動に耐えたりした。交通史では、1844年の議会列車の導入で屋根なしの客車は終わりを迎えたといわれているが、この新しい研究によって、屋根なしの客車や貨車が、1872年に至るまで周遊旅行に頻繁に使用されていたことが明らかになった。駅の待合室に対するこれまでの見方もまた、中産階級の体験に基づいている。大規模な周遊旅行者の群衆が駅に来ることが予想されると、ドアは施錠され、危険な出来事の連鎖につながった。駅の空間は、少人数の中産階級の旅行者が整然と通るために設計されていた。これはしばしば周遊旅行の混雑に適さず、またこの時期、鉄道会社が周遊旅行者の需要を満たすために物理的な空間に特別な変更を加えることはまれだった。

ヘンリー・マーカスのような周遊旅行業者、鉄道会社、組織グループに比べれば、トーマス・クックがこの時期の大衆の移動に果たした役割がきわめて小さかったのは明らかだ。本書ではほかにも、ジョセフ・ブラウンやチャールズ・メリーといったあまり知られていない人々を、労働者階級の交通史に取り入れている。

19世紀半ばの鉄道周遊旅行は、労働者階級全般に対する社会の見方を大きく変え、おおむね肯定的な方向へ導いた。また、庶民が家から遠く離れた新しい風景や文化を体験できるようにもなった。新しい周遊旅行の結果、参加者とそれを目にした者の双方で、階級と行動に対する認識が修正されたと思われる。1851年の短い新聞記事は、ハダースフィールドから労働者階級の女性の小グループが、同行者なしで格安列車でロンドンの万国博覧会を見学したと報じているが、これは特に重要な事実だろう。[1] こうした観察記録は、現代の目から見れば何の変哲もないが、当時は驚くべきこととして受け止められていた慣習を浮き彫りにし、階級やジェンダーといった現代の視点から見て、鉄道周遊旅行がいかに社会を変えはじめたかを実証している。

日, 『Morning Post』, 1857年5月28日,『Morning Chronicle』, 1857年10月12日
126. 『Leicester Chronicle』, 1857年8月22日; 『Glasgow Herald』, 1857年9月11日, 1857年9月21日
127. 『Manchester Guardian』, 1857年9月10日
128. 1 January 1859; 『Exhibition of Art Treasures of the United Kingdom held in Manchester in 1857: Report of the Executive Committee』(マンチェスター, 1859), p. 42.
129. 『Leicester Chronicle』, 1857年8月22日
130. 『Liverpool Mercury』, 1857年8月19日
131. George Scharf,「On the Manchester Art Treasures Exhibition, 1857」,『Transactions of the Historic Society of Lancashire and Cheshire』, Vol 10 1857–8, pp. 313–314.
132. E.T. Bellhouse,『What to See and Where to See it: Or, an Operative's Guide to the Art Treasures Exhibition, Manchester, 1857』(マンチェスター, 1857).
133. 『Household Words』, 1857年10月10日, pp. 349–350.
134. 『Sheffield & Rotherham Independent』, 1854年1月28日, 1854年6月10日
135. David J. Eveleigh,「Jennings, (Josiah) George (1810–1882)」,『Oxford Dictionary of National Biography』(オックスフォード, 2014) [www.oxforddnb.com/view/article/56370, 2014年12月8日にアクセス]; Blair, M.『Ceramic water closets』(プリンス・リズバラ, 2000). p. 15.
136. 『Nottinghamshire Guardian』, 1851年9月25日
137. 『Royal Cornwall Gazette』, 1852年12月31日
138. 『Morning Post』, 1853年1月21日

異なる視点
1. 『Huddersfield Chronicle』, 1851年6月14日

89. Tinniswood,『The Polite Tourist: Four Centuries of Country House Visiting』, p. 153; 1854 (367)『Report from the Select Committee on Public Houses』, para.3110.
90.『Leeds Mercury』, 1847年6月12日
91. Susan H. Oldfield,『Some Records of the Later Life of Harriet, Countess Granville』(ロンドン, 1901), p. 161.
92.『Preston Chronicle』, 1850年6月22日, 1850年8月10日;『Liverpool Mercury』, 1851年8月22日;『Preston Chronicle』, 1852年6月5日
93.『Bradford Observer』, 1849年5月 31日
94.『Yorkshire Gazette』, 1852年11月6日; Alan Bell,「Denison, Albert, first Baron Londesborough (1805–1860)」,『Oxford Dictionary of National Biography』(オックスフォード, 2004) [www.oxforddnb.com/view/article/7485, 2014年12月8日にアクセス]
95.『Sheffield & Rotherham Independent』, 1849年6月23日, 1849年8月11日, 1850年8月10日
96.『Berrow's Worcester Journal』, 1856年4月19日
97.『Manchester Guardian』, 1850年9月28日
98. M.J.S. Stanley,『Ladies of Alderley: being the letters between Maria Josepha, Lady Stanley of Alderley and her daughterin-law Henrietta Maria Stanley during the years 1841–1850』(ロンドン, 1938), pp. 62–3, 72–4.
99.『Manchester Times』, 1844年9月14日;『Manchester Guardian』, 1844年9月4日
100. F. David Roberts,「Still More Early Victorian Newspaper Editors」,『Victorian Periodicals Newsletter』, 5 (1972), pp. 21–23.
101. G.A. Cranfield,『The Press and Society: from Caxton to Northcliffe』(ロンドン, 1978), pp. 190-1.
102.『Morning Post』, 1850 年8月26日(『Wolmer's (Exeter) Gazette』より);『Trewman's Exeter Flying Post』, 1850 年8月29日(すべて保守);『Manchester Times』, 1850 年8月28日(『Western Times』より) (リベラル)
103.『Bristol Temperance Herald』, 1851 p. 156 (『Kelso Mail』より). 工場名(Stephenson)は、新聞記事では「Stevenson」と綴りを間違われている。
104. R.V.J. Butt,『The Directory of Railway Stations: details every Public and Private Passenger Station, Halt, Platform and Stopping Place, Past and Present』(スパークフォード, 1995), pp. 113, 134; E.P.A. Law,『The History of Hampton Court Palace: Volume 3』(ロンドン,1891), p. 362; William Howitt,『Visits to Remarkable Places』(ロンドン,1840), pp. 235–239.
105. Tinniswood,『The Polite Tourist: Four Centuries of Country House Visiting』, p. 139; William Howitt,『Visits to Remarkable Places』(ロンドン, 1840), pp. 235–236.
106.『Gentleman's Magazine』, 1840年5月, p. 455.
107.『The Times』, 1852年10月30日, 1852年11月2日, 1852年11月5日, 1852年11月20日, 1852年11月22日
108. E.P.A. Law,『The History of Hampton Court Palace: Volume 3』(ロンドン, 1891), p. 365. 宮殿は毎週金曜日には公開されなかったため、安息日厳守主義者は、宮殿の職員が休みを取っていないとは主張できなかった。また、日曜日には宮殿は午後まで開かなかったため、人々が教会へ行けないと主張することもできなかった。
109. David Brooke,「Brassey, Thomas (1805–1870)」,『Oxford Dictionary of National Biography』(オックスフォード, 2006) [www.oxforddnb.com/view/article/3289, 2014年12月8日にアクセス]
110.『North Wales Chronicle』, 1854年9月16日;『Liverpool Mercury』, 1854年9月12日
111.『North Wales Chronicle』, 1854年9月16日
112. 同。
113.『North Wales Chronicle』, 1854年9月30日.
114. John K. Walton,『The British Seaside: Holidays and Resorts in the Twentieth Century』(マンチェスター, 2000), p. 20.
115.『Morning Post』, 1844年12月11日
116.『Morning Post』, 1844年12月20日
117.『Preston Chronicle』, 1848年8月12日
118.『Preston Chronicle』, 1848年8月12日
119.『The Times』, 1848年8月22日,『Preston Chronicle』, 1848年8月26日
120.『Preston Chronicle』, 1849年5月26日8月12日, 1849年8月25日
121.『Morning Post』, 1856年8月28日
122. J.D. Marshall and John K. Walton,『The Lake Counties from 1830 to the Mid-Twentieth Century: a Study in Regional Change』(マンチェスター, 1981), pp. 205–206.
123.『Lancaster Gazette』, 1857年5月2日
124.『Hull Packet』, 1857年9月18日
125. 例えば次を参照:『Daily News』, 1857年8月20

『Manchester Guardian』, 1855年7月30日,『The Standard』, 1855年8月15日
56. Brian Harrison,「The Sunday Trading Riots of 1855」, pp. 235-236.
57. Walvin,『Victorian Values』, pp. 108–111; Briggs,『Victorian Cities』, p. 85.
58. 『Yorkshire Gazette』, 1848年8月26日, p. 5.
59. Walvin,『Victorian Values』, p. 109.
60. 『Wrexham Advertiser』, 1857年7月11日.この記事では、炭鉱労働者と、鉛などその他の採鉱労働者とを区別しているようだ。
61. 『Bradford Observer』, 1858年8月12日
62. 『Sheffield & Rotherham Independent』, 1845年9月13日, 1846年9月5日
63. Briggs,『Victorian Cities』, p. 36; Walvin,『Victorian Values』, p. 12.
64. Briggs,『Victorian Cities』, pp. 148–149,153.
65. 『Ibbetson's General and Classified Directory, Street List and History of Bradford』(ブラッドフォード, 1850), p. vii.
66. 『Bradford Observer』, 1850年8月22日
67. 『Nottinghamshire Guardian』, 1857年1月22日
68. 『The Yorkshireman』, 1840年10月10日
69. 『Yorkshire Gazette』, 1850年8月17日
70. Walton,「British Tourism between Industrialisation and Globalisation」, pp. 113–115.
71. 『Yorkshire Gazette』, 1852年6月5日. 当時のヨークの人口はおよそ41,000人にすぎなかった。(C.H. Feinstein,『York 1831–1981: 150 Years of Scientific Endeavour and Social Change』(ヨーク, 1981)), p. 113.
72. John Ashton,『Modern Street Ballads』(ロンドン, 1888), p. 80は、『Drakard's Paper』(1813年10月3日)での使用を参照している。
73. 『Eliza Cook's Journal』, 1851年7月19日.「格安小旅行」という用語は少なくとも1828年には、フランスへの格安旅行に関連して新聞で使われている。(『Bell's Life in London & Sporting Chronicle』, 1828年9月21日).『Bradford Observer』(1850年9月12日)への投書には「不運な格安旅行者」と署名されている。この用語は、『Lancaster Gazette』(1851年8月16日)の記事でも使われている。
74. John Travis,「Continuity and Change in English Sea-Bathing, 1730–1900: A Case of Swimming against the tide」, in Stephen Fisher (編),『Recreation and the Sea』(エクセター, 1997), pp. 14–19.
75. Walton,『The English Seaside Resort』, p. 11; Walton,『Blackpool』, pp. 22–24.
76. Walton,『The English Seaside Resort』, pp. 195–196.
77. 『Bristol Mercury』, 1856 年6月7日(『Weston-super-Mare Gazette』より). この出来事に関する詳しい証拠は見つかっていないが、ブリストル市民に対する非常に否定的な意見が地元の新聞に掲載されたのは驚くべきことである。これはウェストン=スーパー=メアの人々の根底にある安息日厳守主義的な動機を反映しているのかもしれない。
78. 次のデータより: www.visionofbritain.org.uk [2014年12月5日にアクセス]
79. 『The Times』, 1849年5月18日. この旅行は特に安くはなかった。マーカスは聖霊降臨節の日曜日のマンチェスターからパリへの往復三等切符を2ポンド15シリングで売り出している。(『Manchester Guardian』, 1849年5月23日)
80. 『Morning Chronicle』1860年12月15日, 1861年5月7日, 1861年5月27日;『The Standard』, 1861年5月18日;『Reynolds's Newspaper』, 1861年6月2日
81. 『Ipswich Journal』, 1860年11月10日
82. Peter Mandler,『The Rise and Fall of the Stately Home』(ニューヘイvuンおよびロンドン, 1997), pp. 71–106.
83. Adrian Tinniswood, The Polite Tourist: Four Centuries of Country House Visiting (London, 1998), pp. 91–92, 99.
84. しかし、のちに完全に開通している。団体訪問の時代については、Mandler,『The Rise and Fall of the Stately Home』, pp.73–85の解説を参照。
85. 『The Gardener's Magazine』, 1831年8月; Deborah V.F. Devonshire,『The House: a Portrait of Chatsworth』(ロンドン, 1982), p. 86.
86. 『Derby Mercury』, 1849年6月27日;『Sheffield & Rotherham Independent』, 1849年6月16日. 公爵夫人は、チャッツワースの図書室にあるスクラップブックの記事にも言及している。(Devonshire,『The House: a Portrait of Chatsworth』, pp. 86–88.)
87. 『Derby Mercury』, 1849年7月4日
88. Mandler,『The Rise and Fall of the Stately Home』, p. 82.

Star』, 1851年8月9日, 『Lloyds Weekly Newspaper』, 1851年8月10日
20. 『Nottinghamshire Guardian』, 1850年8月15日; 『Morning Post』, 1850年8月5日; OED.
21. 『Hull Packet』, 1846年5月22日, 1846年5月29日
22. 『Nottinghamshire Guardian』, 1858年12月2日
23. 『Hull Packet』, 1844年8月30日
24. 『Preston Chronicle』, 1844年10月26日
25. 『Blackburn Standard』, 1851年8月13日
26. 『Liverpool Mercury』, 1857年6月5日
27. 『Preston Chronicle』, 1849年9月29日
28. 『Preston Chronicle』, 21日 July 1849.
29. 『John Bull』, 1849年8月4日
30. 『Manchester Times』, 1857年3月21日
31. 『Caledonian Mercury』, 1846年7月6日
32. 『Sheffield & Rotherham Independent』, 1849年7月28日
33. 『Hull Packet』, 1859年8月5日
34. R.J. Morris,『Cholera 1832: The Social Response to an Epidemic』(ロンドン, 1976), pp. 95–96, 172–183, 201–202; Virginia Berridge,「Health and medicine」, in F.M.L. Thompson (編)『Cambridge Social History of Britain 1750–1950: Vol 3 Social Agencies and Institutions』(ケンブリッジ, 1990), pp. 171–242.
35. 『Manchester Guardian』, 1849年7月21日
36. Reinhard S. Speck,「Cholera」, in Kenneth F. Kiple (編), 『The Cambridge World History of Human Disease』(ケンブリッジ, 1993), pp. 643–649; William E.C. Nourse,『A Short and Plain History of Cholera: its Causes and Prevention』(ロンドン, 1857), pp. 12–16. これらの死者に関する報告は、例えば『Daily News』(1854年8月2日)を参照。ここでは下水道の配置が強調されている。『Sheffield & Rotherham Independent』(1853年9月17日)の、ニューカッスルのコレラに関する報道では、保健所は汚染された水が原因と考えていることが示唆されている。
37. 『Sheffield & Rotherham Independent』, 1854年9月2日
38. 『Lancaster Gazette』, 1854年9月9日, 1854年9月16日, 1854年9月23日. ポールトン=ル=サンズはのちにモーカムに合併された。
39. Stephen Ward,『Selling Places: The Marketing and Promotion of Towns and Cities 1850-2000』(ロンドン, 1998), p. 31.
40. 『Manchester Times』, 1849年7月28日
41. 『Ipswich Journal』, 1851年8月16日
42. 『Wrexham & Denbighshire Advertiser』, 1858年8月28日
43. 『Nottinghamshire Guardian』, 1849年9月6日; 『Derby Mercury』, 1851年9月24日
44. 『Essex Standard』, 1854年9月1日, 1855年8月24日, 1856年8月29日
45. 『Sale of Beer, &c Act』, 17 & 18 Vict. Cap.79, ウィルソン=パッテン法の名でも知られている。; Brian Harrison, 『Drink and the Victorians』(ロンドン, 1971), pp. 328–329.
46. 「真正の(ボナファイド)」とは「本物の」という意味である。(OED).
47. 『Morning Post』, 1855年7月13日, 1855年7月20日; 『The Standard』, 1855年7月20日; 1854–55 (407)『First Report from the Select Committee on Sale of Beer, &c. Act』, para.1535, p. 113.
48. 『Morning Post』, 1854年8月14日, 1854年10月9日; 『Sheffield & Rotherham Independent』, 1854年12月16日; 『Morning Post』, 1855年7月11日; Brian Harrison,「The Sunday Trading Riots of 1855」, 『Historical Journal』 8 (1965) 219–245; 『Huddersfield Chronicle』, 1854年9月2日; 『Essex Standard』, 1854年7月26日; Joseph Livesey,『A letter to J. Wilson Patten, Esq., MP on the Drinking System, the late Sunday Bill, and the Maine Law』(プレストン, 1855); 『Morning Post』, 1855年7月13日
49. 1854–55 (407)『First Report from the Select Committee on Sale of Beer, &c. Act』; 1854–55 (427).
50. 『Huddersfield Chronicle』, 1854年9月2日
51. Brian Harrison,「The Sunday Trading Riots of 1855」, p. 220.
52. 同, pp. 220, 235.
53. 1854–55 (407)『First Report from the Select Committee on Sale of Beer, &c. Act』; 1854–55 (427) (427–I)『Second Report from the Select Committee on Sale of Beer, &c. Act』.
54. Sale of Beer, &c., Act,『Hansard』, HC Deb., 1855年6月26日, vol.139, cols.182–206; Charles Kent,「Berkeley, (Francis) Henry Fitzhardinge (1794–1870)」, rev. Matthew Lee,『Oxford Dictionary of National Biography』(オックスフォード, 2004) [www.oxforddnb.com/view/article/2207, 2014年12月8日にアクセス].
55. 『Sale of Beer Act, 1855』, 18 & 19 Vict. c18;

69.『Morning Chronicle』, 1854年1月27日, 1858年8月25日
70. Walvin,『Leisure and Society, 1830–1950』, pp. 41–44;『Hampshire Advertiser』, 1860年9月22日; W.W. Sanger,『History of Prostitution: its Extent, Causes, and Effects throughout the World』(ニューヨーク, 1858), p. 313; Walvin,『Victorian Values』, p. 130.
71.『Hampshire Advertiser』, 1851年7月26日;『Leicester Chronicle』, 1852年6月26日;『Morning Post』, 1852年8月18日, 1858年6月29日;『Morning Post』, 1859年4月12日,『The Standard』, 1858年7月31日
72.『The Standard』, 1858年9月15日
73.『Bury and Norwich Post』, 1891年9月29日

第九章

1.『Morning Chronicle』, 1851年8月19日
2.『Daily News』, 1856年2月12日
3.『Manchester Guardian』, 1851年4月23日
4.『Manchester Times』, 1851年4月23日
5.『The Era』, 1851年4月27日;『Bell's Life in London and Sporting Chronicle』, 1851年4月27日
6.『Liverpool Mercury』, 1856年2月22日;『Manchester Guardian』, 1864年5月10日, 1903年11月24日, 1904年3月11日, 1904年3月16日; National Archive RAIL 532/16 North Staffordshire Railway Traffic Committee Minutes 1860.The Chairman of NSR, ノース・スタッフォードシャー鉄道の会長ジョン・ルイス・リカルドは、トレント・アンド・マージー運河会社の会長でもあり、ロンドン・アンド・ノース・ウェスタン鉄道の取締役でもあった。(H. Pollins,「The Jews' Role in the Early British Railways」,『Jewish Social Studies』, 15 (1953), 53–62.)
7. Neil MacMaster,「The Battle for Mousehold Heath 1857–1884: 'Popular Politics and the Victorian Public Park」,『Past & Present』, 127 (1990), pp. 117–154; Peter Gurney,「The Politics of Public Space in Manchester, 1896–1919」,『Manchester Regional History Review』(1997), 12–23.
8. Walton,「The Social Development of Blackpool, 1788–1914」, pp. 243–244, 269, 379–388; Walton,『Blackpool』, pp. 23–43.
9.『Yorkshire Gazette』, 1852年3月27日
10.『The Observer』, 1851年10月12日
11. ウェスト・ヨークシャーやランカシャーからハルへ向かう周遊旅行が数多くあったことは、次に記載されている:『Hull Packet』, 1844年8月30日
12. 例えば: John Grundy,『The Stranger's Guide to Hampton Court Palace and Gardens』(ロンドン, 1847),『The Stranger's Guide through Gloucester』(グロスター, 1848).
13.『Hull Packet』, 1840年8月14日
14.『Yorkshire Gazette』, 1848年8月12日
15.『York Herald』, 1855年6月2日
16.『Belfast Newsletter』, 1851年4月23日
17.『The Observer』, 1851年10月12日
18. 実際には絶対禁酒者は6,000人ほどしかいなかったと主張する人もいる。(『Lloyds Weekly Newspaper』, 1851年8月10日)
19.『Ipswich Journal』, 1851年8月9日,『Northern

28.『Manchester Guardian』, 1846年6月17日
29.『Manchester Times』, 1855年9月1日
30.『Lloyds Weekly Newspaper』, 1851年9月14日(この裁判は、何人もの人物から矛盾した証拠が提出されたため、中断された)
31. 次も参照: Cunningham,『Leisure in the Industrial Revolution: c1780 – c1880』, pp. 130–1; Peter Bailey,「Adventures in Space: Victorian Railway Erotics, or Taking Alienation for a Ride」,『Journal of Victorian Culture』, 9 (2004), pp. 9–17.
32.『Manchester Guardian』, 1850年7月10日
33.『Bristol Mercury』, 1855年10月6日
34.『Morning Chronicle』, 1859年4月27日
35.『Huddersfield Chronicle』, 1859年10月1日
36.『Hull Packet』, 1846年7月17日
37.『Morning Chronicle』, 1856年9月3日
38.『Huddersfield Chronicle』, 1851年6月14日
39.『Manchester Times』, 1853年8月10日
40.『Wrexham and Denbighshire Weekly Advertiser』, 1858年9月18日
41.『Household Words』1858年4月 24日pp. 433–436;『Morning Chronicle』1858年3月12日, 1858年3月16日
42.『Preston Chronicle』, 1855年7月28日, 1855年9月15日;『Morning Chronicle』, 1855年7月31日;『Blackburn Standard』, 1855年8月29日, 1855年9月12日. 訴訟はダーウェンで審理され、のちにブラックバーンで審理された。
43.『Manchester Guardian』, 1843年9月16日
44. Redferは、20世紀初頭に消費者運動が一般的に不足していたことについて論じている。(Percy Redfern,『The Consumer's Place in Society』(マンチェスター, 1920)). 次も参照: John K. Walton,「Towns and Consumerism」, in Martin Daunton (編)『The Cambridge Urban History of Britain Volume 3 1840–1950』(ケンブリッジ, 2000), 715–744, およびMatthew Hilton,『Prosperity for All: Consumer Activism in an Era of Globalisation』(ニューヨーク, 2009), p. 5. 1852年には商用旅行者に関連する鉄道旅客協会が、1870年代には商用旅行者を代表して旅客税に反対する鉄道旅客協会が再び設立された証拠がある。(『The Standard』, 1852年12月28日;『The Observer』, 1876年3月5日;『Manchester Guardian』, 1876年12月23日;『Morning Post』, 1876年12月26日;『Sheffield and Rotherham Independent』, 1882年4月20日)
45. Brian Harrison,『Drink and the Victorians』(ロンドン, 1971), p. 62; Thompson,『The Rise of Respectable Society』, pp. 310–311; Cunningham,『Leisure in the Industrial Revolution: c1780 – c1880』, p. 73; Walvin,『Leisure and Society 1830–1950』, pp. 37–38.
46.『Saturday Review』, 1859年10月29日
47.『Leeds Mercury』, 1856年9月16日
48. Normington,『The Lancashire and Yorkshire Railway』, p. 61. 1846年、ブラッドフォード禁酒会の旅行における酩酊の度合いについて、報道機関が苦情を申し立てている。(『Bradford & Wakefield Observer』, 1846年8月27日)
49.『Morning Chronicle』, 1858年6月26日
50.『The Standard』, 1847 年9月4日(『Perthshire Courier』から転載)
51. 群衆の性質については次を参照: Elias Canetti,『Crowds and Power』(ロンドン, 1962)
52.『Sheffield & Rotherham Independent』, 1845年5月17日
53.『Preston Chronicle』, 1845年8月9日
54.『Hampshire Advertiser』, 1838年6月2日, 1838年6月9日
55. 例えば次を参照: Jordan,『Away for the Day』, p. 80.
56.『Daily News』, 1851年9月9日
57. Schivelbusch,『The Railway Journey: The Industrialization of Time and Space in the 19th Century』, pp. 174–177.
58.『Manchester Guardian』, 1846年6月6日
59.『Wrexham and Denbighshire Advertiser』, 1859年6月30日
60.『The Observer』, 1854年10月30日
61. W. Collins,『The Works of Wilkie Collins: Vol 12: No Name』(ロンドン, 1862), p. 268.
62.『Wrexham and Denbighshire Weekly Advertiser』, 1858年9月18
63.『Reynolds's Newspaper』, 1857年9月13日
64.『Manchester Times』, 1846年6月6日
65.『Sheffield & Rotherham Independent』, 1844年9月7日
66.『Preston Chronicle』, 1850年7月20日;『Blackburn Standard』, 1850年7月17日;『Morning Chronicle』, 1850年7月25日
67.『Lloyds Weekly Newspaper』, 1844年8月18日
68.『Morning Chronicle』, 1854年1月27日

第八章

1. 1857 Session 2 (2288)『Reports of the Inspecting Officers of the Railway Department to the Lords of the Committee of Privy Council for Trade, upon certain Accidents which have occurred on Railways during the months of March, April, May, June, and July, 1857. (Part third.)』, p. 27.
2. 『Liverpool Mercury』, 1857年6月3日
3. 『Liverpool Mercury』, 1847年6月3日
4. 『Sheffield & Rotherham Independent』, 1849年7月14日
5. 『Daily News』, 1855 年10月20日(『Household Words』より); Schivelbusch,『The Railway Journey: The Industrialization of Time and Space in the 19th Century』, p. 72. 例えば次を参照:『Daily News』, 1855年10月20日, 1857年9月7日, 『Bradford Observer』, 1855年5月17日, 『York Herald』, 1856年9月27日, 『Leicester Chronicle』, 1860年6月9日. また、次も参照: C. Hamilton Ellis,『Railway Carriages in the British Isles: from 1830 to 1914』(ロンドン, 1865), p. 40.
6. 『Leicester Chronicle』, 1860年6月9日
7. 1876 (312)『Report from the Select Committee on Railway Passenger Duty』, p. 11; Henry Parris, 『Government and the Railways in Nineteenth-Century Britain』(ロンドン, 1965), pp. 141, 144.
8. 1846 (681)『Reports of the Inspectors of Factories to Her Majesty's Principal Secretary of State for the Home Department, for the half-year ending 31st October, 1845』, p. 12.
9. 1859 Session 1 (2498)『Report to the Lords of the Committee of Privy Council for Trade upon the Accidents which have occurred on Railways during the year 1858』, p. 110.
10. 『Morning Chronicle』, 1857年7月13日; 『Preston Chronicle』, 1857年8月1日; 『Bradford Observer』, 1857年7月9日(『Preston Guardian』より)
11. 例えば次を参照: 『The Times of India』: http://articles.timesofindia.indiatimes.com/2011-10-23/delhi/30313088_1_passenger-trains-express-ghaziabad-station [2012年6月10日にアクセス]
12. 1857–58 (2405)『Reports of the Inspecting Officers of the Railway Department, upon certain Accidents which have occurred on Railways during the month of May, 1858. (Part third.)』pp. 41–2. NB: 'brake'ではなく'break'という用語は、19世紀を通じて使われている。さらなる例については次も参照: 1860 (2600)『Reports of the Inspecting Officers of the Railway upon certain Accidents which have occurred on Railways during the months of July, August, September, October, and November, 1859. (Part fifth.)』pp. 65–66.
13. Lee,『Passenger Class Distinctions』, pp. 24–31.
14. Peter Lecount,『A Practical Treatise on Railways』(エジンバラ, 1839), p. 141.
15. 屋根の上での周遊旅行の例は次を参照: 『Yorkshire Gazette』, 1848年9月2日, 『Preston Chronicle』, 1849年5月25日, 『Leicester Chronicle』, 1857年6月6日
16. Jordan,『Away for the Day』, p. 17.
17.『Sheffield & Rotherham Independent』, 1844年9月7日; 『Morning Chronicle』, 1844年9月7日(『Sheffield Iris』より)
18. 客車の定員は40人だった。
19. Gareth Rees,『Early Railway Prints: a Social History of the Railways from 1825 to 1850』(オックスフォード, 1980), p. 62. Lecountは1839年の推奨設計図で、先頭の客車の上に2人掛けの座席を2つ設置している。(Peter Lecount, 『A Practical Treatise on Railways』(エジンバラ, 1839), p. 124).
20. Lee,『Passenger Class Distinctions』, p. 13.
21.『Sheffield & Rotherham Independent』, 1844年9月7日; 『Morning Chronicle』, 1844年9月7日(『Sheffield Iris』より)
22. 『York Herald』, 1844年6月29日
23. Hugh Cunningham,『Leisure in the Industrial Revolution: c1780 – c1880』(ニューヨーク, 1980), p. 129.
24. Amy G. Richter,『Home on the Rails: Women, the Railroad, and the Rise of Public Domesticity』(ロンドン, 2005), p. 88.
25. Barbara Y. Welke,『Recasting American Liberty: Gender, Race, Law, and the Railroad Revolution』(ケンブリッジ, 2001), p. 254.
26. Simmons,『The Victorian Railway』, p. 334; Simmons and Biddle (編),『The Oxford Companion to British Railway History』, p. 566, 『Railway Chronicle』, 1845年11月22日; 『The Observer』, 1861年11月11日; 『The Spectator』, 1864年7月16日; 『Saturday Review』, 1864年7月23日
27. 『Railway Chronicle』, 1845年11月22日

1828年9月21日. この旅行は、残念ながら災難続きで終わった。
32. A.R. Schoyen,『The Chartist Challenge』(ロンドン, 1958), p. 105.
33.『Preston Chronicle』, 1850年7月27日
34.『Leeds Mercury』, 1852年8月28日
35.『Jackson's Oxford Journal』, 1850年9月21日
36.『Northern Star』, 1844年8月3日
37.『Manchester Times』, 1860年 7月21日
38. A. Delgado,『The Annual Outing and other Excursions』(ロンドン, 1977), pp. 53–54; ウォーカーの経歴については『The Era』, 1847年3月7日,『Leeds Mercury』, 1879年6月7日を参照。
39. 二等と一等の切符のみが販売されているため、中産階級向けの旅行である。(P. Brendon,『Thomas Cook: 150 Years of Popular Tourism』(ロンドン, 1991), pp. 36–7;『Leicester Chronicle』1845年7月5日, 1845年8月2日)
40.『Bell's Life in London and Sporting Chronicle』, 1858 年9月26日(『Preston Chronicle』より)
41.『Daily News』, 1853年10月13日
42.『Preston Chronicle』, 1844年7月20日. この周遊旅行でダブリンまで足を伸ばした人の中には、当地の牢獄に収監されていた政治指導者ダニエル・オコンネルを訪ねた人もいた。
43.『Preston Chronicle』, 1842年7月23日
44. Simmons,『The Victorian Railway』, pp. 86, 259.
45.『Daily News』, 1849年6月1日
46.『Bradford Observer』, 1855年5月17日;『York Herald』, 1856年9月27日.
47.『Morning Chronicle』, 1852年8月3日
48.『Preston Chronicle』, 1849年7月2日
49.『Daily News』, 1855年10月20日
50.『Newcastle Courant』, 1849年7月27日
51. 167ページ参照。
52.『Leeds Mercury』, 1844年10月5日
53.『Leeds Mercury』, 1844年9月7日,『Morning Chronicle』, 1844年9月7日
54.『Hull Packet』1844年9月13日;『Manchester Times』1844年9月14日
55.『Hull Packet』, 1850年8月9日
56.『Morning Chronicle』, 1852年8月3日
57.『Bradford Observer』, 1850年8月1日
58.『The Times』, 1852年8月26日
59.『The Standard』, 1860年11月6日
60.『Morning Post』, 1854年8月19日
61.『Hull Packet』, 1857年9月4日, 1857年9月8日
62.『Hull Packet』, 1851年9月12日
63.『Leeds Mercury』, 1848年9月2日
64.『Manchester Guardian』, 1850年11月16日
65.『Liverpool Mercury』, 1846年8月21日
66. 彼女は1833年に生まれ、1909年に死去している。(参照: Derek Hudson,『Munby: Man of Two Worlds: The Life and Diaries of Arthur J. Munby, 1828–1910』(ロンドン, 1972); Liz Stanley (編)『The Diaries of Hannah Cullwick, Victorian Maidservant』(ロンドン, 1984), pp. 45, 53, 79,128, 139)
67.『Derby Mercury』, 1851年8月13日
68.『Preston Chronicle』, 1849年6月2日
69.『Preston Chronicle』, 1858年6月19日
70.『Bradford Observer』, 1859年7月28日
71.『Reynolds' Newspaper』, 1851年9月14日
72.『Bristol Mercury』, 1851年9月27日
73.『Daily News』, 1852年8月18日
74.『Preston Chronicle』, 1852年8月28日
75.『Manchester Times』, 1853年7月9日
76. Vivienne Richmond,『Clothing the Poor in Nineteenth-Century England』(ケンブリッジ, 2013), p. 39.
77.『Manchester Times』, 1854年9月16日
78.『Liverpool Mercury』, 1856年4月26日
79.『Fraser's Magazine』, 1856年6月 Vol LIII pp. 639–647.

第七章

1. 『Manchester Times』, 1860年7月21日; C.W. Sutton,『Brierley, Benjamin (1825–1896)』, Rev. John D. Haigh, Oxford Dictionary of National Biography (Oxford, 2008), [www.oxforddnb.com/view/article/3405, 2014年12月8日にアクセス]
2. 『Punch』, 1852年8月21日
3. Jack Simmons (編),『The Railway Traveller's Handy Book of Hints, Suggestions and Advice before the Journey, on the Journey and After the Journey』(1862, 再版, バース, 1971), p. 44.
4. Walton,『British Tourism between Industrialisation and Globalisation』, pp. 113–115.
5. 『Daily News』, 1855 年10月20日(『Household Words』より). 『Daily News』は風刺的な記事をときおり掲載することで知られていた。(C. Mitchell,『Newspaper Press Directory』(ロンドン, 1847), p. 65).
6. 匿名の書き手は、Lohrliによって劇作家・ジャーナリスト・詩人のRobert Barnabas Brough であることが特定されている。(Lohrli,『Household Words: A Weekly Journal 1850–1859』, pp. 145, 214); Cynthia Dereli,『Brough, Robert Barnabas (1828–1860), Oxford Dictionary of National Biography』(オックスフォード, 2004) [www.oxforddnb.com/view/article/3577, 2014年12月8日にアクセス]
7. 例えば次を参照:『Bury & Norwich Post』, 1856年9月24日, Simmons and Biddle (編), 『The Oxford Companion to British Railway History』, pp. 454–455, Matthew Hilton,『Smoking in English Popular Culture』(マンチェスター, 2006), p. 48.
8. 『Preston Chronicle』, 1857年8月1日
9. ミスター・マーカスの周遊旅行については101ページも参照。
10. Henry Mayhew,『London Labour and the London Poor: a Cyclopaedia』(ロンドン, 1851).
11. 『Daily News』, 1857年9月7日
12. ロンドン・アンド・サウス・ウェスタン鉄道に対してよく使われる名称。
13. 『Manchester Times』, 1860年7月21日
14. C.W. Sutton,『Brierley, Benjamin (1825–1896)』, Rev. John D. Haigh, 『Oxford Dictionary of National Biography』(オックスフォード, 2008) [www.oxforddnb.com/view/article/3405, 2014年12月8日にアクセス]
15. 文学や神話の登場人物をテーマとしたマーケティングキャンペーンを打ち立てるのは、現代ツーリズムの発展手法と共鳴している。
16. James Walvin,『Leisure and Society, 1830–1950』(ロンドン, 1978), pp. 97–112.
17. Newcastle Railway – Sunday Travelling, 『Hansard』, HL Deb., 1835年6月11日, vol. 28, cols. 646–54.
18. H. Berghoff and B. Korte,「Britain and the Making of Modern Tourism: an Interdisciplinary Approach」, in H. Berghoff and others (編),『 The Making of Modern Tourism: the Cultural History of the British Experience
1600–2000」(ニューヨーク, 2002), p. 11.
19. Chancellor (編),『Master and Artisan in Victorian England』, p. 142.
20. H. Hibbs (編),『Victorian Ouseburn: George Whitehead's Journal』(オウズバーン, 1990), p. 52.
21. 『Manchester Times』, 1850年8月31日(『Leicester Mercury』より)
22. Schivelbusch,『The Railway Journey: The Industrialization of Time and Space in the 19th Century』(カリフォルニア州バークレー, 1986), pp. 60, 75–6.
23. 『A Guide to the Liverpool & Manchester Railway』(リヴァプール, 1830); 『Hull Packet』, 1835年7月17日
24. 『Preston Chronicle』, 1846年7月18日, 1846年7月25日
25. Victoria Cooper and Dave Russell,「Publishing for Leisure」, in David McKitterick (編), 『The Cambridge History of the Book in Britain 1830–1914』(ケンブリッジ, 2009), 475–499; 『The Bookseller』, 1871年8月3日
26. P. Joyce,『Democratic Subjects: the Self and the Social in Nineteenth Century England』(ケンブリッジ, 1994), p. 63.
27. Paul J. Zak and Jorge A. Barraza,『Empathy and Collective Action』, (2009), http: //ssm.com/abstract=1375059 [2012年7月18日にアクセス]
28. 『Manchester Times』, 1850年11月23日
29. 例えば、『Leeds Mercury』,1840年6月27日の機械工協会の旅行に関する記事を参照。
30. 『Preston Chronicle』, 1842年7月23日
31. 『Bell's Life in London & Sporting Chronicle』,

129. Simmons,『The Victorian Railway』, p. 274; 1840 (474)『Fifth Report from the Select Committee on Railway Communication』, p. 242.
130. C.E. Lee,『Passenger Class Distinctions』(ロンドン, 1946), pp. 8–9, 18.
131. Jordan,『Away for the Day』, p. 222;『Northern Star』, 1851年6月7日
132. Henry Parris,『Government and the Railways in Nineteenth-Century Britain』(ロンドン, 1965), pp. 97–98,141,144.
133. 1851 (1332)『Report of the Commissioners of Railways for the year 1850. Appendix No. 78: Cheap Excursion Trains』;『Morning Post』, 1850年10月17日. なぜ一部の事例で24時間以内でなければならないのかは明らかになっていない。
134.『Morning Post』, 1850年10月17日. この免除には周遊列車の一等車は含まれていなかった。ロンドン・アンド・ノースウェスタン鉄道のような会社が除外された理由は不明である。
135.『Household Words』, 111 (1851) 355–6, 匿名だが、Lohrliによればおそらく Ossian MacPherson。,『Household Words: A Weekly Journal 1850–1859』, p. 80;『Household Words』, 1851年7月19日も参照。
136.『Morning Chronicle』, 1851年9月15日;『The Standard』, 1851年9月30日, 1851年10月13日;『Daily News』, 1852年8月12日;『Morning Post』, 1853年1月27日
137. 1856 (2114)『Report to the Lords of the Committee of Privy Council for Trade and Foreign Plantations of the Proceedings of the Department relating to Railways, for the year 1855』, pp. xvii–xviii.
138. P.S. Bagwell,『The Transport Revolution from 1770』(ロンドン, 1974), p. 176.
139.『The Standard』, 1844年10月23日; 1846 (698) (752)『Report of the Officers of Railway Dept 1844–45』, pp. xxvi–xxvii.
140. 1846 (698) (752)『Report of the Officers of the Railway Department to the Lords of the Committee of Privy Council for Trade: with appendices I. & II. for the years 1844–45』, pp. 489–490; Simmons,『The Victorian Railway』, p. 274;『Manchester Times』, 1846年12月11日
141. Parris,『Government and the Railways in Nineteenth-Century Britain』, p. 145.
142. これには、相当数にのぼる鉄道職員の死傷者は含まれていない。
143. 1856 (2114)『Report to the Lords of the Committee of Privy Council for Trade and Foreign Plantations of the Proceedings of the Department relating to Railways, for the year 1855』, pp. xvii-xviii. この数字は、通常の格安三等車と議会列車を除いたものである。
144. 汽船の周遊旅行の事故に関する収集データを見つけるのは不可能だとわかった。1839 (273)『Report on Steam-vessel Accidents』は、汽船事故全般の集計を試みており、過去10年間に92隻の船で事故が発生し、634人(船員と乗客の合計)が死亡したことを明らかにしている(p.1)。これらの事故は一般に、ボイラーの爆発、衝突、火災、難破によるものである。
145. Gourvish,『Mark Huish and the London & North Western Railway: a Study of Management』, p. 38.
146. Lee,『Passenger Class Distinctions』(ロンドン, 1946), pp. 21–2,33–5; 1845 (419)『Railway Carriages. Lithographed Plans of Carriages sanctioned by the Railway Department of the Board of Trade, for the Conveyance of Third Class Passengers; with Returns relative to Railway Carriages』
147. Simmons,『The Victorian Railway』, p. 77.

Chartist Movement』(ケンブリッジ, 1987), pp. 109, 115–7, 143.
90. Morris,『Structure, Culture and Society in British Towns』, p. 407, 423.
91.『Liverpool Mercury』, 1855年5月29日
92.『Leeds Mercury』, 1846年8月22日;『Bradshaw's Monthly Railway and Steam Navigation Guide』, 1846年3月1日
93.『Leeds Mercury』, 1846年8月22日
94. Tylecote,『Mechanics Institutes of Lancashire and Yorkshire before 1851』, pp. 58, 61.
95. Donald Read,『Press and People 1790–1850: Opinion in three English Cities』(ウェストポート, 1975), p. 89.
96.『Morning Post』, 1853年8月12日
97.『The Economist, 1851年2月1日
98.『Dundee Courier』, 1857年6月24日
99.『Leicester Chronicle』, 1840年8月29日;『The Standard』, 1844年8月13日.「モンスター・カドリール」は1840年代にフランスの指揮者ルイ・ジュリアンによる「モンスター」コンサートで有名になった。(John Rosselli,「Jullien, Louis (1812–1860)」,『Oxford Dictionary of National Biography』(オックスフォード, 2004) [www.oxforddnb.com/view/article/15164, 2014年12月8にアクセス)
100.『Living Age』, 1844年10月5日
101.『Bradford Observer』, 1844年10月10日
102.『Leicester Chronicle』, 1844年10月5日
103.『Chambers' Edinburgh Journal』, 1844年9月21日(ここからの抜粋が、同日の『Manchester Times』に掲載されている)
104.『The Standard』, 1857年12月26日
105.『Manchester Times』, 1849年8月22日
106.『Manchester Times』1850年5月25日
107.『Dundee Courier』, 1850年9月4日;『Manchester Times』, 1850年5月25日
108. 例:『North Wales Chronicle』, 1852年5月28日(『Liverpool Mail』からの再掲),『Northern Star』, 1849年9月29日. 筆者はGAFと書かれている。
109.『Manchester Times』, 1850年5月25日
110. 例:『Manchester Times』, 1850年5月25日,『North Wales Chronicle』, 1852年5月28日(『Liverpool Mail』から転載)
111. 例えば次を参照:『Manchester Times』, 1850年5月25日,『Living Age』, 1844年10月26日(『Athenaeum』から転載)
112.『Manchester Times』, 1853年8月27日
113. 例:『Morning Post』, 1860年4月13日,『Manchester Times』, 1850年5月25日
114.『Manchester Guardian』, 1841年6月2日
115. 例えば、1844年鉄道規制法に関する議論の中で、ブルーム卿は日曜日の周遊旅行について語っている。(『Morning Chronicle』, 1844年8月3日)
116.『Sheffield & Rotherham Independent』, 1853年9月17日 (『Liverpool Journal』から転載)
117.『Knight's Excursion Companion: Excursions from London 1851』(ロンドン, 1851), p. iv;『Morning Chronicle』, 1851年10月31日
118. 例:『Illustrated London News』, 1850年9月21日,『Manchester Times』, 1850年5月25日
119. 例:『Bradford Observer』, 1849年9月27日,『The Observer』, 1857年8月16日
120.『The Standard』, 1850年9月17日;『Illustrated London News』, 1850年9月21日
121.『Manchester Times』, 1850年5月11日; A.J.A. Morris,「Edwards, John Passmore (1823–1911)」,『Oxford Dictionary of National Biography』(オックスフォード, 2009), www.oxforddnb.com.libproxy.york.ac.uk/view/article/32981 [2014年12月8日にアクセス]
122.『Daily News』, 1849年4月20日 (シムーンとは、熱く乾いた砂漠の砂嵐のこと)その後の報道(『Daily News』, 1849年4月30日)では、列車に警察官が乗っていたことで、ノリッジへの旅ではスリが食い止められたと指摘されている。
123.『The Times』, 1859年6月16日; 1859 Session 1 (2498)『Report to the Lords of the Committee of Privy Council for Trade upon the accidents which have occurred on railways during the year 1858』, pp. 15–16.
124.『Leisure Hour』, 1857, p. 334.
125.『Morning Chronicle』, 1850年10月9日, 1850年10月10日;『The Standard』, 1850年10月10日;『Lloyds Weekly Newspaper』, 1850年10月13日
126. Jack Simmons,『The Railway in England and Wales, 1830–1914: the System and its Working』(レスター, 1978), p. 37.
127. Herbert Spencer,『Railway Morals and Railway Policy』(ロンドン, 1855), p. 23; Geoffrey Alderman,『The Railway Interest』(レスター, 1973).
128. Tomlinson,『The North Eastern Railway: its Rise and Development』, p. 373.

Mercury』, 1857年7月2日
56.『The Standard』, 1859年4月14日
57.『Derby Mercury』, 1860年8月29日
58.『Liverpool Mercury』, 1864年1月4日
59.『The Standard』, 1859年4月14日
60.『The Standard』, 1858年1月12日;『Liverpool Mercury』, 1864年10月26日
61.『Daily News』, 1858年6月3日
62.『Liverpool Mercury』, 1858年6月24日
63.『Liverpool Mercury』, 1863年12月3日
64.『Cheshire Observer』, 1858年5月8日;『Morning Chronicle』, 1861年11月8日
65.『Aberdeen Weekly Journal』, 1879年7月7日
66.『Liverpool Mercury』, 1880年4月19日
67.『Huddersfield Chronicle』, 1880年4月24日
68.『Liverpool Mercury』, 1888年11月12日
69. Melly,『A Paper on Drinking Fountains』
70.『The Standard』, 1859年4月14日
71.『Lloyds Weekly Newspaper』, 1859年7月17日
72. Briggs,『Victorian Cities』, p. 124.
73. R.J. Morris,「Structure, Culture and Society in British Towns」, in M.J. Daunton (編),『The Cambridge Urban History of Britain Vol.3, 1840–1950』(ケンブリッジ, 2000), pp. 400–401.
74. Briggs,『Victorian Cities』, pp. 89–94, 101.
75. Hewitt,『The Emergence of Stability in the Industrial City: Manchester, 1832–67』, pp. 43–44.
76. Walvin,『Beside the Seaside』, p. 41.
77.『Manchester Guardian』, 1844年6月15日, 1844年6月19日
78. Reid,「Playing and Praying」, pp. 758, 762–3; David Hodgkins,『The Second Railway King: the life and times of Sir Edward Watkin, 1819–1901』(カーディフ, 2002); David Hodgkins,『Writing the Biography of Edward Watkin』(ヨーク, 1999), IRS Working Paper, www.york.ac.uk/inst/irs/irshome/papers/watkin.htm [2010年12月7日にアクセス]; C.W. Sutton,『Watkin, Sir Edward William, first baronet (1819–1901)』, rev. Philip S. Bagwell,『Oxford Dictionary of National Biography』(オックスフォード, 2004) [www.oxforddnb.com/view/article/36762, 2014年12月8日にアクセス]; Hewitt,『The Emergence of Stability in the Industrial City: Manchester, 1832–67』, pp. 162–3. Briggs,『Victorian Cities』, p. 135; Kidd,『Manchester』, p. 46.
79. Simmons and Biddle,『The Oxford Companion to British Railway History from 1603 to the 1990s』, p. 558.
80. 例えば次を参照: Reid,「Playing and Praying」, pp. 788–790; James Obelkevich,「Religion」in F.M.L. Thompson (編),『Cambridge Social History of Britain 1750–1950 Vol. 3: Social Agencies and Institutions』(ケンブリッジ,1990), pp. 337–340.
81. B.E. Maidment,「Class and Cultural Production in the Industrial City」in A.J. Kidd (編),『City, Class and Culture』, p. 157.
82.『Northern Star』, 1843年6月17日, 1844年6月8日
83.『Northern Star』, 1845年6月19日, 1845年8月9日, 1845年8月23日
84. 参照:『Northern Star』1842年8月20日, 1843年6月17日, 1843年7月29日, 1843年8月12日, 1843年8月26日, 1843年9月2日, 1844年6月8日, 1844年6月22日, 1845年5月31日, 1845年6月19日, 1845年8月9日, 1845年8月23日, 1845年8月30日, 1846年7月11日, 1847年5月29日, 1847年8月14日, 1848年9月9日, 1849年5月5日, 1849年5月26日, 1849年6月28日, 1850年4月20日, 1850年4月27日, 1850年5月25日, 1850年7月13日, 1850年7月27日, 1851年6月14日, 1851年7月19日
85.『Northern Star』, 1843年8月26日, 1845年7月19日
86. Malcolm Chaseは、チャーティストの群衆がイベントへの周遊旅行やその他の文化的・社会的活動のために鉄道を総体的に利用したことについては情報を提供していない。(参照: Malcolm Chase,『Chartism: A New History』(マンチェスター 2007), pp. 38, 214).
87. 例えば、1848年のオールダム・エッジでのキャンプミーティングを参照。(『Manchester Times』, 1848年3月25日). 1848年4月のロンドンにおけるデモの際、『シェフィールド・アンド・ロザラム・インディペンデント』紙の1848年4月11日の記事によると、いくつかの鉄道会社が「膨大な数の人員」を動員したが、同じ日付の『リヴァプール・マーキュリー』紙によると、鉄道会社は「こうした目的のために便宜を図ることをきわめて適切に拒否した」という。
88. Jack Simmons,『The Victorian Railway』(ロンドン, 1991), p. 365.
89. John Saville,『1848: The British State and the

18. C.H. Feinstein,「Pessimism Perpetuated: Real Wages and the Standard of Living in Britain during and after the Industrial Revolution」,『Journal of Economic History』58 (1998), pp. 625–658.
19. John Burnett,『Idle Hands: The Experience of Unemployment, 1790–1990』(ロンドン, 1994), p. 93.
20. Walton,『Lancashire: A Social History, 1558–1939』, p. 167.
21. R.D. Baxter,「National Income: The United Kingdom」, the Statistical Society of London, 1868 年1月21日(ロンドン, 1868)の前の論文で確認。
22. Reid,「Playing and Praying」, p. 747.
23. Royle,『Modern Britain: a Social History 1750–199』, p. 271.
24. Reid,「Playing and Praying」, p. 751;『Morning Chronicle』, 1852年10月27日;Walvin,『Beside the Seaside』, p. 54; Reid,「The Decline of Saint Monday 1766–1876」, p. 86.
25. Baines,『The Social, Educational, and Religious State of the Manufacturing Districts』, p. 55.
26.『Leisure Hour』, 1854年4月6日
27.『Manchester Guardian』, 1844年6月19日
28.『Manchester Times』, 1870年10月8日;『Essex Standard』, 1856年8月6日
29. Tomlinson,『The North Eastern Railway: its Rise and Development』, p. 372; Simmons,『The Victorian Railway』,pp. 303–304.
30.『Preston Chronicle』, 1858年9月4日
31.『Preston Chronicle』, 1844年8月24日
32.『Preston Chronicle』, 1849年8月11日
33.『Aberdeen Journal』, 1852年1月28日, 1854年8月16日
34. Best,『Mid-Victorian Britain 1851–75』, p. 134.
35.『Aberdeen Journal』, 1860年4月4日, 1860年7月4日
36.『Leeds Mercury』, 1846年4月18日–1846年10月10日;『York Herald』, 1846年10月24日;『Bradford Observer』, 1846年7月30日;『Hull Packet』, 1846年5月22日– 1846年9月25日;『Liverpool Mercury』, 1846年5月8日–1846年10月2日;『Manchester Times』, 1846年5月30日–1846年7月25日;『Manchester Guardian』, 1846年5月16日–1846年8月5日;『Preston Chronicle』, 1846年4月4日–1846年9月12日
37. Reid,「The 'Iron Roads'」, 57–73.
38. Walton,『The Blackpool Landlady』, p. 34; Reid,「The 'Iron Roads'」, p. 84.
39.『Manchester Times』, 1850年3月27日
40. Bailey,「This Rash Act」, pp. 106–109.
41. Douglas Reid,「Weddings, Weekdays, Work and Leisure in Urban England 1791–1911: The Decline of Saint Monday revisited」,『Past and Present』, 153 (1996), pp. 135–163.
42.『Leeds Mercury』, 1846年6月6日
43.『Manchester Guardian』, 1846年6月3日
44.『Manchester Guardian』, 1840年6月10日
45.『Manchester Times』, 1846年6月6日
46. ダナム・パークはマンチェスターの南10マイル、アルトリンチャム近郊にある田舎の屋敷である。『Manchester Guardian』, 1846年6月6日;『Manchester Times』, 1846年6月5日, 1846年6月12日. 速達の荷物は運河に沿って速歩の馬が引いた。(David E. Owen,『Canals to Manchester』(マンチェスター, 1977), p. 15.)
47. Simmons and Biddle,『The Oxford Companion to British Railway History』, p. 308.
48. L. Faucher,『Manchester in 1844』(1844, 再版, ロンドン, 1969), p. 15; B.R. Mitchell,『British Historical Statistics』(ケンブリッジ, 1988), pp. 24–26.
49.『Manchester Guardian』, 1846年6月10日
50.『York Herald』, 1856年2月9日
51. Baines,『The Social, Educational, and Religious State of the Manufacturing Districts; Leeds Mercury』, 1840年8月29日
52. 例えば次を参照:『Bradford Observer』, 1858年8月12日
53. Elizabeth J. Stewart,「Melly, George (1830–1894)」,『Oxford Dictionary of National Biography』(オックスフォード, 2012年5月) [www.oxforddnb.com/view/article/55914, 2014年12月8日にアクセス]; Philip Hoare,「Melly, (Alan) George Heywood (1926–2007)」,『Oxford Dictionary of National Biography』(オックスフォード, 2011) [www.oxforddnb.com/view/article/98953, 2014年12月8日にアクセス]
54. Charles P. Melly,『A Paper on Drinking Fountains, read in the Health Department of the National Association for the Promotion of Social Sciences』(リヴァプール, 1858).
55.『Newcastle Courant』, 1856年8月22日,『Leeds

部のエリートと少数のアイルランド人によって支配されていたのに対し、リヴァプールのカトリックはほとんどが労働者階級のアイルランド人だった(Walton,『Lancashire: A Social History, 1558–1939』, pp. 184–185; Michael Savage,『The Dynamics of Working Class Politics: The Labour Movement in Preston, 1880–1940』(ケンブリッジ, 1987), pp. 110–11.
70. Jack Simmons,『The Victorian Railway』(ロンドン, 1991), pp. 285–286.

第六章
1.『Manchester Times』, 1850年8月17日に再掲載されている。
2. Mark Harrison,「The Ordering of the Urban Environment: Time, Work and the Occurrence of Crowds 1790–1835」,『Past & Present』, 110 (1987) p. 140.
3. T. Wright,『Some Habits and Customs of the Working Classes by a Journeyman Engineer』(ロンドン, 1867), pp. 115–116.
4. D.A. Reid,「The Decline of Saint Monday 1766–1876」,『Past and Present』, 71 (1976), 76-101; Wright,『Some Habits and Customs of the Working Classes by a Journeyman Engineer』, pp. 115–116;『Morning Chronicle』, 1850年10月7日
5. J. Burnett,『Useful Toil: Autobiographies of Working People from the 1820s to the 1920s』(Harmondsworth, 1974), p. 302.
6.『Morning Post』, 1849年11月1日
7. Walton,『The Blackpool Landlady: A Social History』, pp. 34–35.
8.『Preston Chronicle』, 1841年10月2日
9.『Manchester Times』, 1850年8月17日
10. Robert Poole,『Popular Leisure and the Music Hall in Nineteenth-Century Bolton』(ランカスター, 1982), p. 52;『Bury & Norwich Post』, 1856年9月10日
11. Alastair J. Reid,「Wright, Thomas (1839–1909)」,『Oxford Dictionary of National Biography』(オックスフォード, 2006) [www.oxforddnb.com/view/article/47426, 2014年12月8日にアクセス]
12. Wright,『Some habits and customs of the working-classes by a Journeyman Engineer』, pp. 115–130.
13. Royle,『Modern Britain: A Social History, 1750–1997』, pp. 58–59.
14. K. Morgan,『The Birth of Industrial Britain: Social Change, 1750–1850』(Harlow, 2004), p. 10.
15. John K. Walton,「The North-West' in F.M.L. Thompson」,『The Cambridge Social History of Britain 1750–1950, Vol.1』(ケンブリッジ, 1990), p. 362.
16. Baines,『The Social, Educational, and Religious State of the Manufacturing Districts』, p. 55.
17. Harrison,『Early Victorian Britain 1832–51』, p. 39.

常に不便な時間帯に限られていた。(Gourvish,『Mark Huish and the London & North Western Railway』, p. 69.)

37. 『Berrow's Worcester Journal』, 1854年4月22日

38. Wigley,『The Rise and Fall of the Victorian Sunday』, p. 54.

39. Jordan,『Away for the Day: The Railway Excursion in Britain, 1830 to the Present Day』, p. 29.

40. Marshall,『The Lancashire & Yorkshire Railway: Volume One』, p. 49–52.

41. Brooke,「The Opposition to Sunday Rail Services in North Eastern England, 1834–1914」, p. 96.

42. 同, p. 108.

43. 同, p. 99; Wigley,『The Rise and Fall of the Victorian Sunday』, p. 54.

44. 『Leeds Mercury』, 1840年8月29日

45. 『Leeds Mercury』, 1840年9月5日

46. 『Morning Chronicle』, 1850年10月10日

47. 『Essex Standard』, 1851年5月16日; 『The Times』, 1851年5月14日

48. J. Wrottesley,『The Great Northern Railway: Vol 1 Origins and Development』(ロンドン, 1979), p. 96; Wigley,『The Rise and Fall of the Victorian Sunday』, p. 85; 『The Standard』, 1850年10月26日

49. D.A. Reid,「The 'Iron Roads' and 'the Happiness of the Working Classes': the Early Development and Social Significance of the Railway Excursion」,『Journal of Transport History』, 17 (1996), 57–73. グランド・ジャンクション鉄道、ロンドン・アンド・バーミンガム鉄道(のちのロンドン・アンド・ノース・ウェスタン鉄道)、ミッドランド鉄道、グレート・ウェスタン鉄道など、バーミンガム周辺の鉄道会社の方針については、Reidは触れていない。

50. Major,「The Million Go Forth: Early Railway Excursion Crowds 1840–1860」; 『Leeds Mercury』, 1846年4月18日–1846年10月10日; 『York Herald』, 1846年10月24日; 『Bradford Observer』, 1846年7月30日; 『Hull Packet』, 1846年5月22日–1846年9月25日; 『Liverpool Mercury』, 1846年5月8日– 1846年10月2日; 『Manchester Times』, 1846年5月30日–1846年7月25日; 『Manchester Guardian』, 1846年5月16日–1846年8月5日; 『Preston Chronicle』, 1846年4月4日–1846年9月12日. Reid,「Iron Roads」, pp. 57–73.

51. Walton,『Lancashire: a Social History, 1558–1939』, p. 184.

52. 『Preston Chronicle』, 1846年5月2日

53. John K. Walton,「The Social Development of Blackpool, 1788–1914」(未刊行の博士論文 , ランカスター大学, 1974), p. 383; John K. Walton,『Blackpool』(エジンバラ, 1998), pp. 24–29.

54. Royle,『Modern Britain: A Social History 1750–1997』, p. 329; Walton,『Lancashire: a Social History』, 1558–1939, p. 184.

55. Jack Simmons,『The Express Train and other Railway Studies』(ネアン, 1994), p. 182.

56. 『Leeds Mercury』, 1840年 8月29日

57. 『Leeds Mercury』, 1846年6月6日

58. Granville,『Spas of England and Principal Sea-Bathing Places』, pp. 411, 415.

59. 1856年、ミッドランド鉄道の会長ジョン・エリスは、日曜日に他の種類の列車を走らせていたものの、周遊列車は走らせていなかったと断言している。(『Sheffield & Rotherham Independent』, 1856年8月23日).

60. 1844 (318)『Fifth Report from the Select Committee on Railways』, para. 4343.

61. 『Hull Packet』, 1846年10月9日

62. 『The Standard』, 1845年6月26日; 『Hampshire Advertiser』, 1852年5月22日 May 1852.

63. Brooke,「The Opposition to Sunday Rail Services in North Eastern England, 1834–191」, p. 95.

64. L. Faucher,『Manchester in 1844』(1844, 再版, ロンドン, 1969), p. 24.

65. Brooke,「The Opposition to Sunday Rail Services in North Eastern England, 1834–1914」, p. 104. 1845年には、日曜日の旅行がほかの日に比べて割高だったという証拠もある。(『Manchester Guardian』, 1845年7月23日)

66. 『Leisure Hour』, 1857, p. 334.

67. A.J. Kidd,「The Middle Class in Nineteenth Century Manchester」in Alan J. Kidd (編)『City, Class and Culture: Studies of Social Policy and Cultural Production in Victorian Manchester』(マンチェスター, 1985), p. 10; 『Cheshire Observer』, 1859年6月25日; Wigley,『The Rise and Fall of the Victorian Sunday』, pp. 101, 131.

68. Simmons,『The Victorian Railway』, p. 284.

69. プレストンではカトリックが非常に強く、プレストンの人口の約35%から支持を得ており、農村

第五章

1. E.P. Rowsell,「Crushed on a Sunday」,『New Monthly Magazine』, 110 (1857), p. 447.
2. Reid,「Playing and Praying」, p. 752;『Royle, Modern Britain: A Social History 1750–199』, p. 244. Brooke,「The Opposition to Sunday Rail Services in North Eastern England, 1834-1914」, pp. 95,108.
3.『Preston Chronicle』, 1845年8月2日
4.『Derby Mercury』, 1860年11月7日
5. B.S. Trinder,「Joseph Parker, Sabbatarianism and the Parson's Street Infidels」,『Cake and Cockhorse』, 1 (1960), pp. 25, 27.
6. Tomlinson,『The North Eastern Railway: its Rise and Development』, pp. 373–374.
7.『The Standard』, 1857年7月24日
8.『Preston Chronicle, 1845年8月2日;『Sheffield & Rotherham Independent』, 1856年8月23日
9.『Hampshire Advertiser』, 1859年11月19日, 1859年11月26日, 1859年12月17日; Simmons,『The Railway in Town and Country 1830–1914』, p. 156,『Hampshire Advertiser』, 1860年6月16日,『Hampshire Advertiser』, 1860年6月30日
10.『Preston Chronicle』, 1845年8月2日
11. E.P. Rowsell,「Crushed on a Sunday」, pp. 446–451.
12. Brooke,「The Opposition to Sunday Rail Services in North Eastern England, 1834–1914」, p. 104.
13. J. Wigley,『The Rise and Fall of the Victorian Sunday』(マンチェスター, 1980), p. 85.
14. Railway Clauses Consolidation Bill,『Hansard』, HC Deb., 13日 March 1845, vol.78, cols. 776–83.
15.『Northern Star』, 1845年3月29日(『Punch』より)
16. Walvin,『Beside the Seaside』, p. 42.
17. Newcastle Railway – Sunday Travelling,『Hansard』, HL Deb., 1835年6月11日vol. 28, cols. 646–54.
18. Western Railway – Travelling on Sundays,『Hansard』, HC Deb., 1835年5月26日, vol. 28, cols. 150–61.
19. Railway Clauses Consolidation Bill,『Hansard』, HC Deb., 1845年3月13日, vol.78, cols. 776–83;『Derby Mercury』, 1861年4月18日
20.『The Examiner』, 1841年11月20日
21. Wigley,『The Rise and Fall of the Victorian Sunday』, p. 56.
22.『Northern Star』, 1844年8月10日; Railways Bill,『Hansard』, HL Deb., 1844年8月5日, vol. 76, cols.1720–5;『Punch』, 1844年8月24日. Wigley,『The Rise and Fall of the Victorian Sunday』, pp. 54–57.
23.『Preston Chronicle』, 1844年8月24日
24. Wigley,『The Rise and Fall of the Victorian Sunday』, p. 120; Simmons,『The Victorian Railway』, pp. 285, 287.
25. リッチモンド汽船会社は、マーゲートへの日曜船を運行していた。1831–32 (697)『Report from Select Committee on the Observance of the Sabbath Day』, pp. 205–210.
26. 1831–32 (697)『Report from Select Committee on the Observance of the Sabbath Day』, pp. 91–95, Armstrong and Williams,『The Steamboat and Popular Tourism』, p. 72.
27. Wigley,『The Rise and Fall of the Victorian Sunday』, p. 54; Simmons,『The Victorian Railway』, p. 282; 1847 (167)『Railways. Copy of all Regulations of every Railway Company on the subject of Travelling on Sunday』
28.『Sheffield & Rotherham Independent』, 1856年8月23日, Brooke,「The Opposition to Sunday Rail Services in North Eastern England, 1834–1914」, p. 96.
29. Brooke,「The Opposition to Sunday Rail Services in North Eastern England, 1834–1914」, pp. 95–6; Hull and Selby Railway,『Hansard』, HC Deb., 1836年3月30日, vol. 322, cols. 843–6;『Manchester Guardian』, 1849年7月 21日
30. Brooke,「The Opposition to Sunday Rail Services in North Eastern England, 1834–1914」, p. 96.
31.『Manchester Guardian』, 1849年7月21日
32.『Manchester Times』, 1849年8月1日. しかし1850年までには、周遊旅行は再び土曜日から月曜日まで行われていたようだ。(『Manchester Guardian』, 1850年8月3日)
33. Brooke,「The Opposition to Sunday Rail Services in North Eastern England, 1834–1914」, p. 102.
34.『Manchester Guardian』, 1849年8月11日
35.『Manchester Guardian』, 1845年7月23日
36. Brooke,「The Opposition to Sunday Rail Services in North Eastern England, 1834–1914」, p. 97;『Hull Packet』, 1835年10月16日. 1844年、マーク・ヒュイッシュの下でグランド・ジャンクション鉄道は日曜日に三等車を運行したが、非

ていると思われ、それがSimmonsの見解なのは確実だろう。(『Preston Chronicle』, 1844年5月4日; Simmons,『The Railway in Town and Country, 1830–1914』, p. 134;『Liverpool Mercury』, 1843年5月19日;『Preston Chronicle』, 1843年5月27日)

11. John K. Walton,「British Tourism between Industrialisation and Globalisation」, in H. Berghoff and others (編),『The Making of Modern Tourism: the Cultural History of the British Experience 1600–2000』(ニューヨーク, 2002), p. 113–115.
12.『Liverpool Mercury』, 1869年3月23日, 1869年3月24日
13.「Henry Marcus」,『1841 Census』, Liverpool, Lancashire, HO107, piece 561, folio 18/18, page 28; 1851『Census』, Liverpool, Lancashire, HO107, piece 2183, folio 560, p. 13;『Cheshire Marriage Licence Bonds and Allegations, 1606–1905』, 1843年8月22日
14.『Leeds Mercury』, 1850年5月18日,『Preston Chronicle』, 1850年5月11日
15. Neele,『Railway Reminiscences』, p. 30.
16.『North Wales Chronicle』, 1849年4月 24日. とはいえ、ロンドン=パリ間の三等往復運賃34シリングは、特別安いものではなかった。
17.『Liverpool Mercury』, 1852年8月27日, Terry Gourvish,『Mark Huish and the London & North Western Railway: a study of Management』, p. 123;『Morning Chronicle』, 1850年6月17日, 1850年9月9日
18.『Manchester Times』, 1853年12月24日
19.『The Era』, 1850年9月29日
20.『North Wales Chronicle』, 1850年12月21日;『Liverpool Mercury』, 1851年11月21日
21.『Bradford Observer』, 1850年12月5日
22.『Liverpool Mercury』, 1854年3月10日
23.『Chambers Edinburgh Journal』(1853), p. 280.
24.『Preston Chronicle』, 1852年5月29日
25.『Liverpool Mercury』, 1864年8月2日
26.『Liverpool Mercury』, 1864年8月2日;『North Wales Chronicle』, 1850年12月21日
27. 例えば次の記事を参照:『Liverpool Mercury』, 1847年5月11日(元の手紙はこの新聞ではたどれない),『Preston Chronicle』, 1851年10月11日, 1851年11月22日;『Liverpool Mercury』, 1851年11月21日, 1859年6月9日, 1859年11月9日;『Birmingham Daily Post』, 1858年9月22日;『North Wales Chronicle』, 1862年5月31日
28.『Liverpool Mercury』, 1869年3月23日, 1869年3月24日
29.『Liverpool Mercury』, 1869年3月23日; The National Archives, London, RAIL 1080/99,『Railway Clearing House Superintendents' Meetings Minutes』, 1851年2月20日
30.「Henry Marcus」,『1861 Census』, Strand, London, RG09, piece 179, folio 77, p. 25.
31. G.P. Neele,『Railway Reminiscences』, pp. 140–141;『Manchester Times』, 1875年12月11日
32. 当時、彼はフォークナー・ストリート40番地に住んでいた。短い遺書の記録によると、彼は亡くなったとき、1,000ポンドから8,000ポンドを娘のジュリアに遺している。(England and Wales, National Probate Calendar (Index of Wills and Administrations), 1858–1966.)
33.『Huddersfield Chronicle』, 1853年6月25日
34.『Weekly Standard』, 1894年3月24日. トーマス・クックのほかに、1870年代にはミッドランド鉄道のミスター・バウワーなどの周遊旅行業者がいた。(『Birmingham Daily Post』, 1870年4月12日, 1870年6月28日), 1870年代から1880年代にかけてグレート・ノーザン鉄道と仕事をしていたミスター・ケイギルは、最終的に破産宣告を受けた。(『Leeds Mercury』, 1879年4月12日;『Leicester Chronicle』, 1883年5月12日;『The Standard』, 1884年11月6日), ミスター・コールスは1870年代、グレート・ウェスタン鉄道と仕事をしていた。(『Leeds Mercury』, 1872年5月27日)
35. Normington,『The Lancashire and Yorkshire Railway』, p. 67.

60.『Bradford Observer』, 1848年6月8日. 機械工協会は関係する鉄道会社の名前に言及していないが、こうした広告ではよくあることのようだ。
61. リーズ機械工協会の湖水地方への旅行を参照。『Leeds Mercury』, 1850年7月20日
62.『Manchester Times』, 1849年9月12日
63.『The Temperance Movement: its Rise, Progress and Results』(ロンドン, 1854).
64. F.M.L. Thompson,『The Rise of Respectable Society: A Social History of Victorian Britain 1830–1900』(ロンドン, 1988), p. 310; Edward Royle,『Modern Britain: A Social History, 1750–1997』(第2版, ロンドン, 1997), p. 46.
65. M. Hewitt,『The Emergence of Stability in the Industrial City: Manchester, 1832–67』(オールダーショット, 1996), pp. 173–177.
66. Morris,「Voluntary Societies and British Urban Elites, 1780–1850」, pp. 102–3.
67.『Derby Mercury』, 1841年8月4日
68.『Yorkshire Gazette』, 1850年7月13日
69.『Preston Chronicle』, 1844年8月17日, 1845年6月14日, 1845年10月25日; James Weston, Joseph Livesey: The Story of his Life, 1794–1884 (ロンドン, 1884), pp. 93–94. ジョセフ・ディアデンは、その背後にある委員会の一員だった。
70.『Preston Chronicle』, 1849年7月28日
71.『Leeds Mercury』, 1846年8月15日, 1846年8月22日, 1846年8月29日
72. West Yorkshire Archive Service (WYAS): Bradford. DB16 C25,『The sixth annual report of the Bradford Long-Pledged Teetotal Association, 1849; Bradford Observer』, 1858年4月8日
73.『The Leader』, 1850年7月27日
74.『The Leader』, 1850年7月27日;『Lloyds Weekly Newspaper』, 1851年7月20日, 1860年7月22日;『Morning Post』, 1852年6月23日, 1857年9月30日;『John Bull』, 1855年7月7日, 1859年7月2日, 1867年8月17日;『The Lady's Newspaper』, 1855年7月7日;『Daily News』, 1859年6月28日, 1861年7月11日, 1867年8月15日;『Pall Mall Gazette』, 1865年7月11日;『Illustrated London News』, 1852年7月3日
75.『The Leader』, 1850年7月27日
76.『Illustrated London News』, 1852年7月3日

第四章

1.『North Wales Chronicle』, 1853 年12月31日(『Liverpool Chronicle』から転載)
2. Simmons and Biddle,『The Oxford Companion to British Railway History from 1603 to the 1990s』, p. 150.
3. John K. Walton,「Thomas Cook: Image and Reality」, in Richard Butler and Roslyn Russell,『Giants of Tourism』(マサチューセッツ州ケンブリッジ, 2010), p. 87. 周遊旅行業者の広告やコメントの例は次を参照:『York Herald』, 1853年9月24日;『Berrow's Worcester Journal』, 1854年6月3日, 1856年7月12日;『Wrexham and Denbigh Weekly Advertiser』, 1854年7月15日. ミスター・ジョーンズという人物が1857年にリヴァプールからの格安旅行を企画している。(『Liverpool Mercury』, 1857年6月5日).99ページも参照。
4.『Leeds Mercury』, 1846年4月18日-1846年10月10日;『York Herald』, 1846年10月24日;『Bradford Observer』, 1846年7月30日;『Hull Packet』, 1846年5月22日–1846年9月25日;『Liverpool Mercury』, 1846年5月8日–1846年10月2日;『Manchester Times』, 1846年5月30日– 1846年7月25日;『Manchester Guardian』, 1846年5月16日–1846年8月5日;『Preston Chronicle』, 1846年4月4日– 1846年9月12日; Reid,「Iron Roads」, pp. 57–73.
5.『Bradford Observer』, 1846年7月16日
6.『Chambers Edinburgh Journal』, (1853) p. 279.
7. J. Denton (編),『The Thirlway Journal: A Record of Life in Early Victorian Ripon』(リポン, [1997]), p. 44.
8. 例えば、1845年のミッドランド鉄道によるレスターからスカボローまでの3日間の周遊旅行では、二等の往復運賃が7シリングだった。(『Leicester Chronicle』, 1845年8月30日)
9. Jack Simmons,「Thomas Cook of Leicester」,『Transactions of the Leicestershire Archaeological and Historical Society』, 47 (1973), pp. 22–26;『Leeds Mercury』, 1846年4月18日;『Bradford Observer』, 1846年4月16日
10.『Derby Mercury』, 1840年8月26日; Simmons,『The Victorian Railway』, pp. 295–6;『Freeman's Journal』, 1844年4月27日;『Liverpool Mercury』, 1845年7月11日. しかし、1844年に彼が出したプレストンからロンドンへの格安旅行の広告は、中産階級をターゲットにし

テーマはその後、19世紀の多くのアメリカの詩や歌で使われた。通常、活字になるのは上り線のみで、地獄に関する下り線は、パロディとしてそれほど多く登場しない(Norm Cohen and David Cohen (編),『Long Steel Rail: the Railroad in American Folksong』(第2版, アーバナ, 2000) p. 607.)
18. 『Leeds Mercury』, 1846年8月22日
19. 『Bradford Observer』, 1857年7月9日
20. 『York Herald』, 1888年3月31日, 『Sheffield & Rotherham Independent』, 1888年4月3日
21. Morris,『Class, Sect and Party』, p. 197.
22. Mabel Tylecote,『Mechanics Institutes of Lancashire and Yorkshire Before 1851』(マンチェスター, 1957), pp. 121–122, 274.
23. M. Tylecote,『Mechanics Institutes of Lancashire and Yorkshire Before 1851』, p. 122. 知識を広めるとは、おそらく有益なテーマの共同学習や新聞へのアクセスを指すのだろう。
24. R.J. Morris,「Voluntary Societies and British Urban Elites, 1780–1850: an Analysis」,『Historical Journal』, 26 (1983), 95–118.
25. J. R. Lowerson,「Baines, Sir Edward (1800–1890)」,『Oxford Dictionary of National Biography』, (オックスフォード, 2004) [www.oxforddnb.com/view/article/1090, 2014年12月8日にアクセス]
26. 『Blackburn Standard』, 1846年8月12日
27. 84ページ参照。
28. 『Hull Packet』, 1846年5月22日～1846年9月25日
29. Victor Bailey,『'This Rash Act': Suicide Across the Life Cycle in the Victorian City』(スタンフォード, 1998), pp. 105–115.
30. 『Morning Chronicle』, 1851年3月10日
31. 同
32. 『Leeds Mercury』, 1846年9月15日; Walton,『The English Seaside Resort』, p. 28.
33. 『Lloyds Weekly Newspaper』, 1844年8月18日
34. E. Royle,「Mechanics Institutes and the Working Classes, 1840–1860」, 『Historical Journal』, 14 (1971) pp. 307–308.
35. Tylecote,『Mechanics Institutes of Lancashire and Yorkshire before 1851』, pp. 68–69.
36.同, pp. 74–5.
37. E. Royle,「Mechanics Institutes and the Working Classes, 1840–1860」, p. 305.
38. J. M. Ludlow and L. Jones,『Progress of the Working Class, 1832–1867』(1867, 再版, クリフトン, 1973), pp. 169–170; Barnett Blake,「The Mechanics Institutes of Yorkshire」,『Transactions of the National Association for the Promotion of Social Science』, (1859), 335-340; John V. Godwin,「The Bradford Mechanics Institute」,『Transactions of the National Association for the Promotion of Social Science』, (1859), 340–345.
39. レスター機械工協会は1841年に動議を可決した。「もし機械工協会の敵が……政治的議論の温床、社会主義者の群れと告発し……レスター機械工協会の会合にわざわざ参加しようとするなら……その口は永遠にふさがれるだろう」(『Leicester Chronicle』, 1841年5月22日)
40. Tylecote,『Mechanics Institutes of Lancashire and Yorkshire before 1851』, p. 274.
41. 『Leeds Mercury』, 1840年6月27日
42. Tylecote,『Mechanics Institutes of Lancashire and Yorkshire before 1851』, p. 173.
43. 同, pp. 120–1,173–174.
44. これが特別割引料金だったかどうかは不明である。
45. 『York Herald』, 1838年6月16日
46. Tylecote,『Mechanics Institutes of Lancashire and Yorkshire before 1851』, p. 274.
47. 『Yorkshire Gazette』, 1849年6月9日
48. 『Yorkshire Gazette』, 1849年6月9日
49. 『The Yorkshireman』, 1840年8月29日
50. Simmons,『The Victorian Railway』, p. 272.
51. 『Leeds Mercury』, 1850年7月20日, Tylecote,『The Mechanics Institutes of Lancashire and Yorkshire before 1851』, pp. 78, 220–1, 237, 275.
52. 『Yorkshire Gazette』, 1849年6月2日
53. 『Leeds Mercury』, 1846年7月18日
54. Tylecote,『The Mechanics Institutes of Lancashire and Yorkshire before 1851』, p. 275.
55. 『Leeds Mercury』, 1846年7月2日, 1846年7月4日, 1846年7月18日;『Northern Star』, 1846年7月25日;『Bradford Observer』, 1846年7月16日
56. 『Leeds Mercury』, 1846年8月8日
57. 『Leeds Mercury』, 1846年7月18日
58. 例えば次を参照: 『York Herald』, 1838年6月16日;『Leeds Mercury』, 1840年6月27日
59. 『Bradford Observer』, 1848年5月25日, 1848年6月1日, 1848年6月8日;『Leeds Mercury』, 1848年6月10日

96.『Manchester Times』, 1858年10月2日
97.『Liverpool Mercury』, 1857年7月1日; 1857 Session 2 (2288)『Reports of the Inspecting Officers of the Railway Department upon certain Accidents which have occurred on Railways during the months of March, April, May, June, and July, 1857. (Part third.)』, pp. 32–34. 鉄道会社の乗客に対する法的責任は、注意と勤勉をもって取り組み、怠慢を避けなくてはならないという義務にまで及んでいた。(R.W. Kostal,『Law and English Railway Capitalism 1825–187』(オックスフォード, 1994), pp. 279–313.
98. Simmons,『The Railway in Town and Country 1830–1914』, p. 248.
99.『Manchester Times』, 1849年6月30日
100. 1872年までは、毎年聖霊降臨節には150～200両の家畜車が、周遊列車に使用するために「備え付け」られたとも報告されている。Simmons,『The Railway in Town and Country 1830-1914』, p. 248; J. Marshall,『The Lancashire & Yorkshire Railway: Volume One』(ニュートン・アボット, 1969), p. 258.
101. 1852–3 (246)『Third Report from the Select Committee on Railway and Canal Bills, Appendix No 10』
102. Marshall,『The Lancashire & Yorkshire Railway: Volume Two』, p. 250; Normington,『The Lancashire and Yorkshire Railway』, pp. 67–68.
103. D. Joy,『Regional History of the Railways of Great Britain: Vol VIII South and West Yorkshire (the Industrial West Riding)』(ニュートン・アボット, 1975), p. 108.
104.『Preston Chronicle』, 1860年1月14日
105. 1867 (3844)『Royal Commission on Railways』, paras. 13,187–13,194.
106. 同, paras. 12, 998–13,001.
107. Walton,「The Demand for Working Class Seaside Holidays in Victorian England」, p. 253; Marshall,『The Lancashire & Yorkshire Railway: Volume Two』, p. 250.
108. Normington,『The Lancashire and Yorkshire Railway』, pp. 53, 62, 65, 70,138, 148.

第三章

1.『Lloyds Weekly Newspaper』, 1844年8月18日
2.『Manchester Guardian』, 1844年7月27日
3. 例えば、プレストン労働者委員会無料図書館基金(『Preston Chronicle』, 1856年7月19日)、ピール・パーク委員会(『Bradford Observer』, 1856年9月4日)、LNWR文学協会(『Royal Cornwall Gazette』, 1858年7月16日)を参照。
4. Reid,「Playing and Praying」, p. 797; Asa Briggs,『Victorian Cities』(ハーモンズワース, 1968), p. 63.
5. E. Baines,『The Social, Educational, and Religious State of the Manufacturing Districts; with Statistical Returns of the Means of Education and Religious Instruction in the Manufacturing Districts of Yorkshire, Lancashire, and Cheshire』(ロンドン, 1843), pp. 22–26, 71.
6. K.D.M. Snell,「The Sunday-School Movement in England and Wales: Child Labour, Denominational Control and Working-Class Culture」,『Past & Present』,164 (1999), p. 163.
7. Simmons,『The Victorian Railway』, p. 272.
8. P. Bailey,『Leisure and Class in Victorian England: Rational Recreation and the Contest for Control』, p. 46.
9.『Manchester Times』, 1846年6月6日
10.『Manchester Times』, 1846年6月6日
11.『Leeds Mercury』, 1848年8月26日, 1848年9月9日
12.『Leeds Mercury』, 1846年9月12日
13. Cook,『Britain in the Nineteenth Century 1815–1914』, p. 119.
14.『Manchester Guardian』, 1858年8月25日,『York Herald』, 1858年10月9日
15. 例えば、1849年7月のハルからビバリーへの日曜学校の旅行がある。(『Yorkshire Gazette』, 1849年7月28日); R.J. Morris,『Class, Sect and Party: the Making of the British Middle Class, Leeds 1820–1850』(マンチェスター, 1990年), p. 197.
16.『Fraser's Magazine』, 1856年6月Vol LIII pp. 639–647.
17. 次も参照: Jordan,『Away for the Day』, p. 15. 道徳的なテーマとして鉄道を扱った初期の作品は、1843年に出版されたナサニエル・ホーソーンの短編小説「The Celestial Railroad」で、これはバニヤンの『天路歴程』を基にしている。この

ヴァプール, 1830)がある。
69. Stretton,『The History of the Midland Railway』, p. 42.
70. 同様の往復旅行は1週間後の7月27日にも運行された。旅客税の支払い額を減らすため、運賃は片道分しか徴収されなかった(Susan Barton,「The Mechanics Institutes: Pioneers of Leisure and Excursion Travel」,『Transactions of the Leicestershire Archaeological and Historical Society』, 67 (1993), 47–58). ミッドランド・カウンティーズ鉄道は、この2度の旅行の経済的利益を認識し、8月にさらに2度の旅行を企画した。例えば、レスターからノッティンガムへの往復で、三等車は2シリングだった(Stretton,『The History of the Midland Railway』, pp. 42–44.)
71. 『Chambers Edinburgh Journal』, 1853年, p. 279.
72. Samuel Salt,『Railway and Commercial Information』(ロンドン, 1850), p. 27.
73. T.L. Alborn,『Conceiving Companies: Joint-stock Politics in Victorian England』(ロンドン, 1998), pp. 1–2.
74. James Taylor,『Creating Capitalism: Joint Stock Enterprise in British Politics and Culture』(ウッドブリッジ, 2006), p. 145.
75. D. Brooke,「The Opposition to Sunday Rail Services in North Eastern England, 1834–1914」,『Journal of Transport History』, 6 (1963), pp. 96–97; Simmons and Biddle,『The Oxford Companion to British Railway History from 1603 to the 1990s』, p. 478.
76. Geoffrey Channon,『Railways in Britain and the United States, 1830–1940: Studies in Economic and Business History』(オールダーショット, 2001), pp. 41–42.
77. T.R. Gourvish,「A British Business Elite: The Chief Executive Managers of the Railway Industry, 1850–1922」,『Business History Review』, 47 (1973), 289–316.
78. D. Joy,『Regional History of the Railways of Great Britain: Vol VIII South and West Yorkshire (the Industrial West Riding)』(ニュートン・アボット, 1975), pp. 38–9;『Derby Mercury』, 1843年5月24日
79. Brooke,「The Opposition to Sunday Rail Services in North Eastern England, 1834-1914」, p. 96.
80. 1844 (318)『Fifth Report of the Select Committee on Railways』, paras. 4214, 4278–4280, 4298, 4343, 4347, 4381.
81. 1846 (687)『Second Report from the Select Committee on Railway Acts Enactments』, paras. 3319, 3328.
82. 『The Standard』, 1845年6月26日, 1845年7月1日
83. Simmons and Biddle,『The Oxford Companion to British Railway History from 1603 to the 1990s』, pp. 150, 248.
84. 『Morning Post』, 1850年7月26日.レイングは1852年、1851年の周遊旅行の輸送で17,750ポンドを稼ぎ出し、そのうち約15,000ポンドが万国博覧会に関連したものだったと報告している。;『Morning Post』, 1852年1月24日
85. ロンドン・アンド・ノース・ウェスタン鉄道でのマーク・ヒュイッシュに関する他の例ついては、Major,「The Million Go Forth: Early Railway Excursion Crowds 1840–1860」を参照。
86. John K. Walton,『Lancashire: a Social History 1558–1939』(マンチェスター, 1987), p. 116.
87. 『Manchester Guardian』, 1849年7月21日
88. Simmons,『The Railway in Town and Country 1830–1914』, pp. 201–2; John K. Walton,『The English Seaside Resort: A Social History, 1750–1914』(レスター, 1983), p. 26. 1849年、ランカシャー・アンド・ヨークシャー鉄道はロンドン・アンド・ノース・ウェスタン鉄道(LNWR)と共同でプレストン・アンド・ワイヤ鉄道を引き継いだ。
89. ウォルトンは、これは安息日厳守主義者の圧力によるものではなく、経済変動によるものだと指摘している。(John K. Walton,『The Blackpool Landlady: A Social History』(マンチェスター, 1978), pp. 18–19.)
90. 『Manchester Guardian』, 1849年7月21日
91. T. Normington,『The Lancashire and Yorkshire Railway』(ロンドン, 1898), pp. 49, 53.
92. G.P. Neele,『Railway Reminiscences』(ロンドン, 1904), p. 59; J. Marshall,『The Lancashire & Yorkshire Railway: Volume Two』(ニュートン・アボット, 1970), p. 250. ブラックモアは1875年に引退した。
93. 『Manchester Times』, 1849年9月12日
94. 『Manchester Times』, 1855年4月21日. イースト・ランカシャー鉄道は、特典として沿線の見どころを紹介するガイドを無料で提供した。
95. 『Manchester Guardian』, 1855年5月30日;『Manchester Times』, 1855年6月2日

シャー・アンド・ヨークシャー鉄道のブラックモア、ハーグリーヴス(マンチェスター・シェフィールド・アンド・リンカーンシャー鉄道)、ヨーク・アンド・ノース・ミッドランド鉄道の代表2名で構成されていた。グループ全体によるのちの決定の記録はなく、詳細な声明も失われているようだ。

51. The National Archives, London, RAIL 1080/114,『Railway Clearing House Superintendents' Meetings Minutes』, 1857年4月7日

52. Bagwell,『The Railway Clearing House in the British Economy』, p. 60.

53.『Preston Chronicle』, 1850年8月31日

54.『Household Words』, III 1851, pp. 355–356. 匿名だが、A. LohrliによればおそらくOssian MacPhersonである。『Household Words: A Weekly Journal 1850–1859』(トロント, 1973), p. 352.

55.『York Herald』, 1844年6月29日;『Hampshire Advertiser』, 1844年9月14日;『The Standard』, 1844年9月9日;『Manchester Times』, 1845年7月26日(1845年7月29日の『Morning Post』にも同時掲載された);『Nottinghamshire Guardian』, 1850年7月25日;『Bradford Observer』, 1850年9月19日(『The Builder』より). 1850年、『スタンダード』紙など各紙は、周遊列車が各鉄道会社の利益に与えた影響をまとめようとしている。(『The Standard』, 1850年9月17日)

56. これは非常に複雑である。参照: Simmons and Biddle,『The Oxford Companion to British Railway History』, pp. 114–116; Knoop,『Outlines of Railway Economics』, pp. 71, 81, 167–8, 230.

57.『The Standard』, 1844年9月9日(『Railway Chronicle』より)

58.『Hampshire Advertiser』, 1851年2月22日, 1851年3月1日

59. 例えば、1846 (687)『Second Report from the Select Committee on Railway Acts Enactments』, p. 235; 1867 (3844)『Royal Commission on Railways』, pp. 509, 588–89, 614, 863.

60. Simmons and Biddle,『The Oxford Companion to British Railway History from 1603 to the 1990s』, p. 322;『Leicester Chronicle』, 1844年10月26日. セント・パンクラス駅は1868年まで開業しなかった。

61. 周遊列車の危険な大きさは、最終的に安全勧告を含む商務庁の報告書につながった。(1846 (698) (752)『Report of the Officers of the Railway Department to the Lords of the Committee of Privy Council for Trade: with appendices I. & II. for the years 1844–45』)

62.『Chambers Edinburgh Journal』, 1844年9月21日(この記事の抜粋は、同日付の『Manchester Times』に掲載された);『Bradford Observer』, 1849年10月18日

63. S. Major,「The Million Go Forth: Early Railway Excursion Crowds 1840–1860」(博士論文, ヨーク大学, 2012年);『Liverpool Mercury』, 1846年5月8日～1846年10月2日;『Manchester Times』, 1846年5月30日～1846年7月25日;『Manchester Guardian』, 1846年5月16日～1846年8月8日;『Preston Chronicle』, 1846年4月4日～1846年9月12日; D.A. Reid,「The 'Iron Roads' and 'the Happiness of the Working Classes': the Early Development and Social Significance of the Railway Excursion」,『Journal of Transport History』, 17 (1996), 57–73; John R. Kellett,『Railways and Victorian Cities』(ロンドン, 1979), p. 18; Simmons and Biddle,『The Oxford Companion to British Railway History』, p. 308.

64. Simmons,『The Railway in Town and Country 1830–1914』, pp. 110–112, Simmons and Biddle,『The Oxford Companion to British Railway History』, pp. 308–311, 396–397.

65.『Manchester Times』, 1846年5月30日～1846年7月25日;『Manchester Guardian』, 1846年5月16日～1846年8月5日

66.『Manchester Guardian』1846年7月3日

67. この路線は1839年6月にダービーからノッティンガムまで開通し、1840年5月にはレスターまで、1840年7月にはラグビーまでつながった(C.E. Stretton,『The History of the Midland Railway』(ロンドン, 1901), pp. 38–40.)

68.『The Midland Counties' Railway Companion: With Topographical Descriptions of the Country Through Which the Line Passes and Time, Fare and Distance Tables Corrected to the 24th August. Also, Complete Guides to the London and Birmingham, and Birmingham and Derby Junction Railways』(ノッティンガム, 1840). リヴァプール・アンド・マンチェスター鉄道は開業と同時にガイドブックを発行している。例えば『A Guide to the Liverpool & Manchester Railway』(リ

年9月30日;『The Standard』, 1844年8月17日;『Chambers Edinburgh Journal』, 1853年10月29日, p. 279.
12.『Bradford Observer』, 1849年8月9日
13.『Yorkshire Gazette』, 1848年9月23日
14.『Yorkshire Gazette』, 1847年9月7日
15.『Manchester Guardian』, 1856年 8月11日
16. Barton,『Working Class Organisations and Popular Tourism 1840–1970』, pp. 41–71.
17. Simmons,『The Victorian Railway』, pp. 275–277.
18.『Morning Post』, 1853年7月4日
19.『Sheffield & Rotherham Independent』, 1851年8月9日; Charles H. Grinling,『The History of the Great Northern Railway 1845–1895』(ロンドン, 1898), pp. 103–104.
20.『Morning Chronicle』, 1852年2月26日
21.『Yorkshire Gazette』, 1851年7月26日
22. Charles H. Grinling,『The History of the Great Northern Railway 1845–1895』(ロンドン, 1898), p. 103.
23. これはまた、1851年の万国博覧会への周遊旅行の競争や牽制の影響もあり、不透明なものとなっている。
24.『Morning Post』, 1850年1月30日
25.『The Observer』, 1852年1月25日(明らかに万国博覧会の影響を受けている)
26.『The Builder』, 1850年9月14日
27.『The Builder』, 1852年8月21日
28. Douglas Knoop,『Outlines of Railway Economics』(ロンドン, 1913), pp. 71, 81, 167–8, 230.
29.『Morning Chronicle』, 1850年9月13日
30.『Morning Post』, 1851年8月15日
31.『Daily News』, 1851年8月15日
32.『Daily News』, 1852年2月13日
33.『Railway Times』, 1852年5月29日
34.『Blackburn Standard, 1858年2月10日(『Liverpool Daily Post』より);『Cheshire Observer』, 1858年2月6日
35.『Cheshire Observer』, 1858年6月5日
36.『Sheffield & Rotherham Independent』, 1852年9月4日. ここでいうデモとは、現代的のキャンペーン活動の意味ではなく、整然とした集会を意味する。
37.『Blackburn Standard』, 1857年4月22日
38. 1849年にはランカシャーの製造業地区はより裕福であったため、周遊旅行に参加できたと報告されている。(『Morning Chronicle』1849年6月21日, 1849年11月5日); J.F.C. Harrison,『Early Victorian Britain 1832–51』(ロンドン, 1988), p. 169.
39.『Manchester Times』, 1850年8月17日(『Liverpool Times』より)
40.『Railway Times』, 1851年 6月14日(『Liverpool Standard』より)
41.『The Observer』, 1852年2月2日(『Railway Times』より)
42.『Bristol Mercury』, 1854年8月26日;『Morning Chronicle』, 1854年8月21日;『York Herald』, 1864年6月25日, 1865年9月30日, 1869年11月6日, 1874年4月28日, 1874年5月30日;『Evening Gazette』, 1870年6月18日;『Northern Echo』, 1873年3月13日;『Birmingham Daily Post』, 1866年11月12日;『Manchester Guardian』, 1866年1月2日;『Preston Chronicle』, 1871年4月22日
43. Simmons and Biddle,『The Oxford Companion to British Railway History from 1603 to the 1990s』, pp. 412–13.
44. P. S. Bagwell,『The Railway Clearing House in the British Economy』(ロンドン, 1968), pp. 56–61.
45. The National Archives, London, RAIL 1080/99,『Railway Clearing House Superintendents' Meetings Minutes』, 1851年2月20日
46. Bagwell,『The Railway Clearing House in the British Economy』, pp. 56-57; Simmons,『The Victorian Railway』, p. 275;『Blackburn Standard』, 1851年5月28日(『Herapath's Journal』より)
47. パクストンとデヴォンシャー公爵は、何千人もの観光客をチャッツワースに呼び込み(275ページを参照)、シデナムの水晶宮は「人民の宮殿」と呼ばれた。(Jan Piggott,『Palace of the People: The Crystal Palace at Sydenham 1854–1936』(ロンドン, 2004)). パクストンから『Hampshire Advertiser』(1851年1月25日)への手紙も参照。
48.『Blackburn Standard』, 1851年5月28日;『Royal Cornwall Gazette』, 1851年5月30日
49.『Yorkshire Gazette』, 1851年7月26日
50. The National Archives, London, RAIL 1080/99,『Railway Clearing House Superintendents' Meetings Minutes』, 1852年9月23日, 1852年10月21日, 1852年12月2日. グループは、ランカ

を参照

63.『Leeds Mercury』, 1846年8月29日

64.『Nottinghamshire Guardian』, 1860年5月31日

65.『Manchester Guardian』, 1840年6月10日

66.『Manchester Guardian』, 1860年6月2日

67.『Wrexham and Denbighshire Weekly Advertiser』, 1857年7月18日

68.『Huddersfield Chronicle』, 1850年8月10日

69.『Nottinghamshire Guardian』, 1850年6月6日

70.『Nottinghamshire Guardian』, 1860年5月31日

71. T. Nevett,『Advertising in Britain, A History』(ロンドン, 1982), p. 53.

72. Barton,『Working Class Organisations and Popular Tourism 1840–1970』, p. 37.

73.『Manchester Guardian』, 1845年4月19日, 1845年5月3日, 1845年5月10日

74.『Manchester Times』, 1849年5月26日

75.『Huddersfield Chronicle』, 1855年9月1日

76.『Preston Chronicle』, 1849年6月16日

第二章

1.『Manchester Times』1845年7月26日

2. T.R. Gourvish,『Railways and the British Economy, 1830–1914』(ロンドン, 1980), pp. 26–27

3. 例えば次の例を参照: ノース・ミッドランド鉄道(『Sheffield & Rotherham Independent』, 1840年 9月26日), ハル・アンド・セルビー鉄道 (『Hull Packet』, 1841年5月28日), グレート・ノース・オブ・イングランド鉄道(『Yorkshireman』, 1842年5月21日), ミッドランド・カウンティーズ鉄道(『Derby Mercury』, 1843年5月24日), ヨーク・アンド・ノース・ミッドランド鉄道(『Yorkshireman』, 1842年 3月19日;『York Herald』, 1844年 5月25日). 周遊旅行業者がかかわっているが、広告には記載されていない例なのかどうか不明なこともある。例えば、1843年5月にマンチェスター・アンド・リーズ鉄道が他の路線と共同で宣伝した旅行などだ。(『Railway Times』, 1843年 5月13日). この時期、旅客税は鉄道会社にとって特に大きな問題だった。163ページを参照。

4. Tomlinson,『The North Eastern Railway: its Rise and Development』, p. 372.

5.『Derby Mercury』, 1841年7月21日

6. G.O. Holt,『A Regional History of the Railways of Great Britain: North West』(ニュートン・アボット, 1978), p. 23. 最終的には、鉄道会社自身がその路線を走るすべての交通を管理するようになった。(Gourvish,『Mark Huish and the London & North Western Railway』, pp. 31–33.)

7. Simmons,『The Victorian Railway』, pp. 273, 292–3;『Preston Chronicle』, 1841年10月9日. 1840年代初頭以降には空白期間があった可能性がある。1851年3月のロンドン・アンド・サウス・ウェスタン鉄道の報告書では、周遊旅行が1850年の新しい試みであることが示唆されている。(『Hampshire Advertiser』, 1851年3月1日)

8.『The Standard』, 1844年4月9日, 1844年9月9日;『Hampshire Telegraph and Sussex Chronicle』, 1844年4月29日)

9.『Morning Post』, 1847年4月10日(『Railway Record』より)

10. A. and E. Jordan,『Away for the Day: The Railway Excursion in Britain, 1830 to the Present Day』, (ケタリング, 1991), p. 103.

11.『Bristol Mercury』, 1842年9月17日, 1842年9月24日; 1844年9月7日;『Morning Post』, 1842

20. 『Yorkshire Gazette』, 1851年8月30日
21. 『Yorkshire Gazette』, 1850年6月15日
22. 『Yorkshire Gazette』, 1850年7月13日
23. 『Hull Packet』, 1835年7月17日
24. 『The Yorkshireman』, 1840年10月10日
25. 『Leeds Mercury』, 1847年6月12日; 『Yorkshire Gazette』1849年8月25日
26. 『Yorkshire Gazette』, 1850年5月11日
27. 『Yorkshire Gazette』, 1849年7月28日
28. 1840年代初頭には、集団が汽船旅行に参加した証拠があるが、おそらく自分たちのために汽船旅行を委託したものではなかったと思われる。例えば、ミドルスブラ、ストックトン、サンダーランドのオッドフェローは、1842年にウィットビーへの汽船による周遊旅行に参加し、同じ年にはストックトン機械工協会の一団がタインマスへの汽船周遊旅行に参加している。(『The Yorkshireman』, 1842年4月30日, 1842年5月21日, 1842年5月28日)
29. J. Simmons『The Railway in Town and Country 1830–1914』(ニュートン・アボット, 1986), p. 202
30. J. Simmons『The Victorian Railway』(ロンドン, 1991), pp. 295–6
31. 『Manchester Guardian』, 1835年6月20日; 『Preston Chronicle』, 1835年7月25日 (『Liverpool Mercury』より).
32. Jack Simmons and Gordon Biddle『The Oxford Companion to British Railway History from 1603 to the 1990s』(オックスフォード, 1991), p. 150
33. 『Leicester Chronicle』, 1846年5月16日
34. T. Gourvish『Mark Huish and the London & North Western Railway: a Study of Management』(レスター, 1972), p. 69
35. J.A. Thomas『A Regional History of the Railways of Great Britain Vol VI: Scotland and the Lower Borders』(ニュートン・アボット, 1971), p. 45
36. W.W. Tomlinson『The North Eastern Railway: its Rise and Development』(ロンドン, 1915), p. 374
37. 『Cornwall Royal Gazette』, 1836年6月10日
38. Joss Marsh「Spectacle」, Herbert F. Tucker (編)『A Companion to Victorian Literature and Culture』(オックスフォード, 1999), pp. 276–288; G.F.A. Best『Mid-Victorian Britain, 1851–75』(ロンドン, 1979), pp. 218–21
39. J. K. Walton,「The demand for working-class seaside holidays in Victorian England」, 『The Economic History Review』, New Series 34 (1981) p. 249–265
40. 同, p. 249
41. 『The Yorkshireman』, 1842年5月21日, 1842年6月4日, 1842年7月9日
42. 『Yorkshire Gazette』, 1849年6月9日
43. J. Armstrong and D.M. Williams「The steamboat and popular tourism」, 『Journal of Transport History』, 26 (2005), pp. 61–77
44. 『Yorkshire Gazette』, 1852年 10月30日
45. Valerie E. Chancellor『Master and Artisan in Victorian England』(ロンドン, 1969), pp. 16–17
46. 『Nottinghamshire Guardian』, 1852年9月9日
47. D. Brumhead and T. Wyke,「Moving Manchester」, 『Transactions of the Lancashire and Cheshire Antiquarian Society 100』(2004), p. 20
48. 『Manchester Guardian』, 1845年9月24日
49. S. Barton「The Mechanics Institutes: Pioneers of Leisure and Excursion Travel」, 『Transactions of the Leicestershire Archaeological and Historical Society』67 (1993), p. 51
50. 『Manchester Times』, 1851年 6月21日
51. 美術名宝博覧会のためのオックスフォード・ロードとロンドン・ロードの駅は、マンチェスター・サウス・ジャンクション・アンド・アルトリンチャム鉄道のために建設され、1857年5月から10月の間に開業した。(『Lancaster Gazette』, 1857年 5月2日)
52. 『Manchester Guardian』, 1859年8月8日; 『Nottinghamshire Guardian』, 1859年8月11日
53. 『Bury and Norwich Post』, 1849年7月4日
54. 『Yorkshire Gazette』, 1852年 3月27日
55. 『Blackburn Standard』, 1853年3月23日
56. 『Hampshire Advertiser』, 1860年10月27日
57. 『Sheffield & Rotherham Independent』, 1854年6月10日
58. Ian Carter『Railways and Culture in Britain: The Epitome of Modernity』(マンチェスター, 2001), p. 8; M.J. Daunton, B. Rieger (編), 『Meanings of Modernity: Britain from the late-Victorian era to World War II』(オックスフォード, 2001), p. 2
59. 『Morning Post』, 1859年10月12日
60. 『Yorkshire Gazette』, 1851年 7月5日, 1849年5月26日
61. 『Lancaster Gazette』, 1850年 4月13日; 『Yorkshire Gazette』, 1852年5月22日, 1852年7月31日
62. 例えば『Morning Chronicle』, 1860年12月15日

原 注

第一章

1.『York Herald』,1856年9月27日
2. J. Armstrong and D.M. Williams,『The steamship as an agent of modernisation 1812–1840』,『International Journal of Maritime History』XIX (2007), p. 154
3. James Walvin『Beside the Seaside: a Social History of the Popular Seaside Holiday』(ロンドン, 1978), p.31; Gary Cross and John K. Walton『The Playful Crowd: Pleasure Places in the Twentieth Century』(ニューヨーク, 2005), pp. 12–13
4. Augustus Bozzi Granville『Spas of England and Principal Sea-Bathing Places, 1: The North』(バース, 1971, orig 1841), pp. 344–347
5.『The Era』, 1853年5月22日.「The Million' was a phrase commonly used at the time for the mass of ordinary people」
6.『Preston Chronicle』, 1846年6月6日
7.『London Chronicle』, 1775年5月13日
8. J. Clarke and C. Critcher『The Devil makes Work: Leisure in Capitalist Britain』(ベイジングストーク, 1985), p. 58
9. In 1846 the Corn Laws were repealed, following lengthy campaigns (C. Cook, Britain in the Nineteenth Century 1815–1914 (London,1999), p. 128.
10. D.A. Reid「Playing and Praying」, M. Daunton (編)『Cambridge Urban History of Britain Vol.III 1840–1950』(ケンブリッジ, 2000), pp. 754,769; J.K. Walton「The Demand for Working-Class Seaside Holidays in Victorian England」,『Economic History Review』34 New Series (May 1981), pp. 249–265;『Manchester Guardian』, 1850年5月25日
11. Alan J. Kidd,『Manchester』(第3版, エジンバラ, 2002), p. 45
12. Granville『Spas of England』, p. 411, 415
13. P. Bailey『Leisure and Class in Victorian England: Rational Recreation and the Contest for Control, 1830–1885』(ロンドン,1978), pp. 14–15
14. Patrick Joyce『Visions of the People』(ケンブリッジ, 1991), p. 10; John Benson『The Working Class in Britain, 1850–1939』(ロンドン, 1989), pp. 3–4. 職業による定義が複雑さをはらんでいることは認識している。
15.『The Yorkshireman』, 1840年8月29日。トーマス・クックはこれに刺激を受け、1年後に旅行業に乗り出した。(Susan Barton『Working Class Organisations and Popular Tourism 1840–1970』(マンチェスター, 2005), p. 29
16.『The Yorkshireman』, 1840年10月10日.『Sheffield & Rotherham Independent』1840年10月3日
17.『The Times』, 1841年9月1日
18.『Caledonian Mercury』, 1846年7月6日
19.『Yorkshire Gazette』, 1849年7月21日

【著者】スーザン・メジャー（Susan Major）

2012年、ヨーク大学鉄道研究所で博士号を取得。国立鉄道博物館と大英図書館の資料を活用し、初期の鉄道旅行に焦点を当てた。本書はこの研究に基いている。RCHSブック・オブ・ザ・イヤーの最終候補作となる。ヨーク在住。

【訳者】白須清美（しらす・きよみ）

英米翻訳家。主な訳書にスタンフォード『天使と人の文化史』、ケリガン『写真でたどるアドルフ・ヒトラー』、バークリー『服用禁止』、ディクスン『パンチとジュディ』、ワルダー他『対テロ工作員になった私』など。

ヴィクトリア朝英国《ちょうえいこく》の
鉄道旅行史《てつどうりょこうし》

●

2024年7月26日　第1刷

著者…………スーザン・メジャー

訳者…………白須清美《しらすきよみ》

装幀…………岡 孝治

発行者…………成瀬雅人

発行所…………株式会社原書房

〒160-0022 東京都新宿区新宿 1-25-13
電話・代表 03（3354）0685
http://www.harashobo.co.jp
振替・00150-6-151594

印刷…………新灯印刷株式会社
製本…………東京美術紙工協業組合

ISBN978-4-562-07429-7, Printed in Japan